Rudolf Günther / Martha Bergler

Arbeitsplatz Stationäre Jugendhilfe

Ergebnisse einer vergleichenden Berufsfeldanalyse und Maßnahmevorschläge für Mitarbeiterinnen im Gruppendienst

Bericht zum Forschungsprojekt
„Wissenschaftliche Untersuchung für die Berufsfelder der älteren Mitarbeiter in den Einrichtungen der Heimerziehung"

bearbeitet im Auftrag des Diakonischen Werkes Württemberg
von der Forschungsgruppe Dr. Günther
Ringelbachstraße 18 · 7410 Reutlingen · Telefon (07071) 22735

IGFH

Internationale Gesellschaft für erzieherische Hilfen

IGFH-Sektion Bundesrepublik Deutschland der Fédération Internationale des Communautés Educatives (FICE) e.V.

Internationale Gesellschaft für erzieherische Hilfen (IGfH)
Lyoner Straße 34, 6000 Frankfurt am Main 71
Tel.: (069) 6692-2682

Schriftleitung: Gerhard Haag, geschäftsführendes Vorstandsmitglied
Redaktion: Wolfgang Trede

Bildnachweis: Bildarchiv der Kinderheimat Kleingartach

Herstellung: Walhalla Fachverlag, Regensburg

ISBN 3-925146-31-8

Vorwort des Herausgebers

Vielleicht schon immer, sicherlich jedoch seit der Professionalisierungswelle der Heimerziehung in den letzten beiden Jahrzehnten, seit Erziehen im Heim ein Beruf geworden ist, und nicht mehr vorrangig eine "Berufung" darstellt, sind Fragen nach dem Selbstbild und der Zufriedenheit des Personals "an der Basis" mit erheblicher Brisanz verbunden, und damit Thema auch für die IGfH. An drei Punkten sei dies verdeutlicht:

1) Bis heute gilt in der breiten Öffentlichkeit die unmittelbare pädagogische Tätigkeit in der Heimgruppe als zwar aufwendige und respektable, aber nicht als besonders voraussetzungsreiche. Erziehen gilt als "Jedermannsqualifikation", und im Horizont der klassischen Professionen (Ärzte, Rechtsanwälte oder Lehrer) scheint der/die Erzieher/in geradezu ein Un-Beruf zu sein.

(2) Das vergleichsweise niedrige Prestige, das Heimerziehern/innen in der Öffentlichkeit zukommt, findet im Inneren der Heimszene häufig seine Entsprechung in einer recht weitgehenden Ignoranz der Leitungsebene gegenüber den Wünschen und Bedürfnissen von Gruppenmitarbeitern/innen. "Personalentwicklung" ist zwar auch im Sozialbereich kein Fremdwort mehr, hat aber, wenn wir es recht sehen, bislang eher in die Sozialmanagementkurse von Leitungskräften, denn in die unmittelbare Praxis Eingang gefunden.

(3) Es gibt wenige pädagogische Berufsbereiche, in denen die Balance zwischen den Bedürfnissen der Kinder und Jugendlichen einerseits und den Interessen und Wünschen von Mitarbeitern/innen andererseits so schwierig auszutarieren ist, wie im Heim - wir erinnern hier nur an die intensiven Debatten um pädagogische Arbeitszeitregelun-

gen im Heim (zuletzt in den *Materialien zur Heimerziehung* 2/1990). Dabei besteht, wie alle wissen, zwischen beiden ein vergleichsweise einfaches Ableitungsverhältnis: denn nur zufriedene Erzieher/innen können Kindern und Jugendlichen das geben, was diese für ihre Entwicklung brauchen.

Die Internationale Gesellschaft für erzieherische Hilfen freut sich, die folgende, in Baden-Württemberg 1989/1990 durchgeführte Untersuchung von Rudolf Günther und Martha Bergler im Rahmen ihrer gelben Schriftenreihe veröffentlichen zu können, weil

- zum einen mit dieser Studie erstmals eine *vergleichende* Berufsfeldanalyse der beruflichen Situation von Erziehern/innen vorliegt - befragt wurden pädagogische Mitarbeiter/innen aus stationären Heimgruppen, Tagesgruppen, Kindertageseinrichtungen und Beschäftigte aus einem nicht-pädagogischen Bereich, der Tätigkeit in den Geschäftsstellen von Wohlfahrtsverbänden; der Vergleich zeitigt dabei hochinteressante und überraschende Ergebnisse: so beispielsweise die im Vergleich zu den stationären Gruppen noch größere Unzufriedenheit bei Mitarbeitern/innen in Tagesgruppen oder die Tatsache, daß Mitarbeiter/innen aus Kindertagesstätten Fortbildungen häufiger wahrnehmen als Heimerzieher/innen.

- zum zweiten können die Ergebnisse - im Unterschied zu anderen Berufsfeldstudien mit zum Teil sehr kleinen Fallzahlen - erstmals Repräsentativität für die untersuchte Region beanspruchen; wir vermuten sogar, daß die Studie die Situation in den westlichen Bundesländern insgesamt recht gut widerspiegelt (nicht jedoch die der östlichen Länder!);

- schließlich bleiben Günther und Bergler nicht bei Beschreibungen und Analysen stehen, sondern machen konkrete Vorschläge zur Personal- und Organisationsentwicklung in Heimen.

Soll Tätigkeit in der Heimerziehung nicht dauerhaft zum Zwei-/Drei-Jahres-Berufseinmündungsjob degenerieren, dann sind organisatorisch-strukturelle Veränderungen im Sinne einer systematischen Personalpflege und -entwicklung dringend notwendig. Das legen die Ergebnisse, die insgesamt eine erschreckend hohe berufliche Unzufriedenheit und Perspektivlosigkeit der Erzieher/innen dokumentieren, nahe. Wie bei allen empirischen Studien gerät dabei das Lesen auch dieser Untersuchung sicherlich nicht für jeden zum reinen Vergnügen, es handelt sich gleichsam um "Schwarzbrot". Der/die kursorische Leser/in kann sich allerdings an die kapitelweisen Zusammenfassungen halten. Gerade aber Leitungskräfte in der Jugendhilfe seien dazu ermuntert, die Ergebnisse auch in der Feinstruktur, die Analysen im Detail nachzuvollziehen, denn häufig erhält man durch das genaue Hinschauen bereits die Schlüssel zur Lösung der Probleme, die - man denke nur an die aktuellen Personalrekrutierungsprobleme in Heimen - keinen Aufschub dulden.

Frankfurt a.M., im Dezember 1992 für die IGfH: *W. Trede*

Vorwort

Vorgelegt wird hier der Bericht über ein Forschungsprojekt zur Berufssituation von Mitarbeiterinnen und Mitarbeitern, die in Einrichtungen der Jugendhilfe Aufgaben der stationären Gruppenbetreuung wahrnehmen; das Projekt wurde im Auftrag des Diakonischen Werkes Württemberg bearbeitet. Die Durchführung wurde ermöglicht durch die finanzielle Unterstützung der Württembergischen Evangelischen Landessynode und des Diakonischen Werkes Württemberg sowie der Landeswohlfahrtsverbände Württemberg-Hohenzollern und Baden, und durch die organisatorische Unterstützung der Trägerverbände von Einrichtungen der Jugendhilfe, vor allem der Diakonischen Werke Württemberg und Baden, des Caritasverbandes der Diözese Rottenburg-Stuttgart und des Deutschen Paritätischen Wohlfahrtsverbandes Baden-Württemberg.

Die durchgeführten Untersuchungen beschränken sich nicht eng auf die Ausgangsfragestellung einer Problemanalyse der Situation von älteren MitarbeiterInnen in der Gruppenbetreuung, sondern bezieht die Gesamtgruppe der dort tätigen Fachkräfte in die Analysen ein. Eine ganze Reihe von Erwägungen - zunächst vor allem methodischer Art, wie im Einleitungsteil des Berichts erläutert - führten zu dieser Erweiterung des Durchführungsrahmens. Von der unklaren beruflichen Langfristperspektive sind zunächst vor allem die *lebensälteren* MitarbeiterInnen und Mitarbeiter betroffen, soweit sie im Arbeitsfeld des Gruppendienstes verbleiben. Erst durch den erweiterten Betrachtungsrahmen wird indes deutlich, daß hier ein Problemschwerpunkt liegt, der erhebliche Auswirkungen auf die Berufssituation von Mitarbeiterinnen und Mitarbeitern in *allen* Altersgrupppen hat und damit auch das gesamte Berufs- und Institutionenfeld betrifft.

Bei Durchführung des Forschungsprojektes haben wir versucht, wissenschaftlichen *und* praxisorientierten Anforderungen weitestmöglich zu entsprechen. Ob dieses Bemühen erfolgreich war, kann nur vom Außenstehenden beurteilt werden. Die Verwirklichung einer derartigen Zielsetzung ist aber in besonderem Maß auf vielfältige - fachliche wie praktische und vor allem auch persönliche - Unterstützung angewiesen. Diese notwendigen Voraussetzungen waren in einem sehr hohen Umfang gegeben, wobei wir vielen Beteiligten zu danken haben.

Dabei gilt unser Dank zunächst den Leiterinnen und Leitern der Einrichtungen und allen Mitarbeiterinnen und Mitarbeitern, die sich an den umfangreichen Erhebungen beteiligt haben. Unterstützt wurden wir aber nicht allein in den Berufsfeldern der stationären Jugendhilfe, sondern bei Durchführung der Vergleichserhebungen auch in den Landesgeschäftsstellen von Verbänden und in einer großen Zahl von Kindertageseinrichtungen aus den bereits genannten Verbandsbereichen und der Stadt Reutlingen; hier dürfen wir Frau Ilona d'Annibale, Frau Elisabeth Sailer-Glaser und Frau Alheit Kuhlen für das besondere persönliche Engagement von seiten der Fachberatung zur Durchführung der Untersuchungen danken. Auch wenn das Vorhaben dem Ziel dient, die Probleme der Arbeits- und Berufssituation aufzuzeigen und dort, wo dies geboten ist, zu Verbesserungen beizutragen, ist die Mitwirkung an so umfangreichen Befragungen und Erhebungen keine Selbstverständlichkeit.

Über die gesamte Planungs- und Bearbeitungszeit hinweg begleitet wurde das Projekt von Arbeitskreisen, die sich aus Vertretern der Landesjugendämter Baden und Württemberg-Hohenzollern, des Diakonischen Werkes Württemberg, der Caritasverbände (Rottenburg-Stuttgart, Freiburg), des DPWV Baden-Württemberg, von Ausbildungseinrichtungen, Einrichtungsleitern und Mitarbeitervertretungen (AGMAV, DIAG) zusammensetzten. Dort und bei vielen anderen Anlässen haben uns Frau Ruth André, Herr Albert Borzel, Herr Hans-Peter Häußermann, Herr Jürgen Herrmann, Frau Kirchenrätin Margarete Freudenreich, Frau Helga Ledig, Herr Pfarrer Max-Siegfried Leibing, Herr Wolfgang Lindenmaier, Herr Heinz Lüer, Herr Werner Opitz, Herr Wolfgang Schiering, Herr Friedrich Schlipphak, Herr Horst Peter Schubert, Herr Michael Spielmann, Frau Walburga Straubinger, Frau Sieglinde Thüringer mit Anregungen und vielen praktischen Hilfestellungen zur Seite gestanden; dafür und für die immer kollegiale Zusammenarbeit dürfen wir herzlich danken.

Vor allem danken möchten wir aber Herrn Dr. Bernd Ruoff und ganz besonders Herrn Friedhelm Buckert für die unermüdliche fachliche und persönliche Unterstützung während der gesamten Bearbeitungszeit von den allerersten Planungen an.

Fachkundige Unterstützung haben uns die KollegInnen Ute Bandlow und Reinhard Frick (Deutsches Institut für Fernstudien), Andreas Tack und Wolfgang Inacker gegeben, Dr. Sven Lind für das Berufsfeld der Altenpflege, zur Überarbeitung des umfangreichen Projektberichtes für die vorliegende Veröffentlichung Gabriele Gerloff und Sylvia Herkommer. Bei den sehr umfangreichen Datenaufbereitungen haben uns als studentische Hilfskräfte Klaus-Dieter Kieser, Christian Rommel, Karin Schmausser und René Ziegler, bei mathematisch-statistischen Analysen Bernd Seyffer mit großer Sorgfalt unterstützt.

Eine schmerzliche inhaltliche Lücke ist durch den Tod von Frau Jutta House entstanden; ihre begonnenen, umfangreicheren Sonderauswertungen über christlich-weltanschauliche Beziehungen von MitarbeiterInnen zum Beruf konnte sie nicht mehr abschließen.

Einer gesonderten, umfassenden Darstellung bedürften die - auf viele Stellen im vorliegenden Bericht verteilten - Ergebnisse zu Arbeits- und Berufsfeldern außerhalb der vollstationären Gruppenbetreuung, die wir in die Untersuchung einbezogen haben, vor allem in Kindertageseinrichtungen.

Nicht zuletzt danken wir der Internationalen Gesellschaft für Heimerziehung, die uns die Möglichkeit geboten hat, die Ergebnisse der Arbeit einer breiteren Öffentlichkeit zugänglich zu machen.

Reutlingen, im Oktober 1992

Rudolf Günther
Martha Bergler

INHALTSÜBERSICHT

A.	**Problemstellung und Zielsetzungen**	1
1.	Zielsetzungen des Gesamtprojektes	1
2.	Rahmenbedingungen des Berufsfeldes	2
2.1.	Entwicklung des Berufs- und Institutionenfeldes	2
2.2.	Zur Problematik langzeitiger Berufstätigkeit in der Gruppenbetreuung	4
2.2.1.	Begrenzung der psychischen und physischen Belastbarkeit	5
2.2.2.	Inkongruenz zwischen Berufs- und Altersrollen	8
2.2.3.	Psychische Sättigung ("burning-out")	8
2.2.4.	Berufsfeldspezifische Problemursachen	9
2.3.	Personalbestand und Fluktuation	11
3.	Schlußfolgerungen für die Untersuchungskonzeption	12
B.	**Methodischer Aufbau und Durchführungsrahmen der Untersuchungen**	14
1.	Gesamtrahmen der Untersuchung	14
2.	Untersuchung der Situation im vollstationären Gruppendienst	21
3.	Vergleichsuntersuchungen zur Situation von MitarbeiterInnen in anderen Berufsfeldern	25
4.	Methodische Bewertung des Untersuchungsansatzes	32
C.	**Befunde zu den einzelnen Berufsfeldern**	35
1.	Erläuternde Vorbemerkungen	35
2.	Tätigkeit in der vollstationären Gruppenbetreuung	.38
2.1.	Rahmenbedingungen der Tätigkeit und Mitarbeiterzusammensetzung	38
2.1.1.	Kenngrößen zur Dienstgestaltung	38
2.1.2.	Merkmale der betreuten Kinder und Jugendlichen	38
2.1.3.	Persönliche und berufsbiographische Kennwerte der MitarbeiterInnen	39
	Basiskennwerte	39
	Seitenzugänge	43
	Verweildauer	44
	Aktuelle Umschichtungen in der Personalstruktur	45
2.1.4.	Ergänzende Befunde der Befragung von EinrichtungsleiterInnen	38
2.2.	Einschätzung der Arbeits- und Berufssituation	50
2.2.1.	Einstellungen zur Berufswahlentscheidung	50

2.2.2. Berufszufriedenheit 51
2.2.3. Erlebte Veränderung der Arbeitsbedingungen 52
2.2.4. Belastungskenngrößen 53
2.3. Mitarbeiterfluktuation und Fluktuationsbereitschaft 57
2.3.1. Ausgeschiedene Fachkräfte 57
2.3.2. Gründe für das Ausscheiden aus Teampositionen 65
2.3.3 Absicht eines Berufs- oder Tätigkeitswechsels 67
3. Teilstationäre Betreuungsformen 69
3.1. Rahmenbedingungen der Tätigkeit und Mitarbeiterzusammensetzung 69
3.2. Einschätzung der Arbeits- und Berufssituation 70
3.2.1. Einstellungen zur Berufswahlentscheidung 70
3.2.2. Berufliche Gesamtzufriedenheit 70
3.2.3. Erlebte Veränderung der Arbeitsbedingungen 71
3.2.4. Belastungskenngrößen 72
3.3. Mitarbeiterfluktuation und Fluktuationsbereitschaft 73
4. Fachkräfte in Kindertageseinrichtungen 74
4.1. Rahmenbedingungen der Tätigkeit und Mitarbeiterzusammensetzung 74
4.2. Einschätzung der Arbeits- und Berufssituation 76
4.2.1. Einstellungen zur Berufswahlentscheidung 76
4.2.2. Berufliche Gesamtzufriedenheit 77
4.2.3. Erlebte Veränderung der Arbeitsbedingungen 78
4.2.4. Belastungskenngrößen 78
4.3. Mitarbeiterfluktuation und Fluktuationsbereitschaft 80
4.3.1. Fluktuationsquote 80
4.3.2. Fluktuationsursachen 83
4.3.3. Beabsichtigter Tätigkeitswechsel 85
5. Tätigkeit in Verbänden und Organisationen 86
5.1. Rahmenbedingungen der Tätigkeit und Mitarbeiterzusammensetzung 86
5.2. Einschätzung der Arbeits- und Berufssituation 87
5.2.1. Einstellungen zur Berufswahlentscheidung 87
5.2.2. Berufliche Gesamtzufriedenheit 88
5.2.3. Erlebte Veränderung der Arbeitsbedingungen 89
5.2.4. Belastungskenngrößen 89
5.3. Mitarbeiterfluktuation und Fluktuationsbereitschaft 90

D.	**Schwerpunktbereiche der Problemanalyse**	92
1.	Berufsfeldübergreifende Befunde	94
2.	Grundübereinstimmungen bei den pädagogischen Berufsfeldern	98
2.1.	Beurteilung der Berufs- und Arbeitssituation	98
2.2.	Fluktuation - wer wechselt wann und wohin?	102
2.3.	Erklärungsmöglichkeiten für Berufsunzufriedenheit und Fluktuation in den pädagogischen Berufsfeldern	105
2.3.1.	Geschlechtsverteilung	105
2.3.2.	"Burn-out"-Effekte	108
2.3.3.	Belastung durch Merkmale der betreuten Kinder und Jugendlichen	111
	Externe Erklärungshypothese	111
	Personbezogene Erklärungshypothese	112
	Fehlattributionsannahme	113
2.3.4.	Berufsbiographische Einflüsse	116
2.4.	Zielbereiche für die Entwicklung von Maßnahmen	120
3.	Spezifische Problemschwerpunkte im Bereich der vollstationären Gruppenbetreuung	126
3.1.	Umfang des Tätigkeitswechsels	126
3.1.1.	Ergebnisschwerpunkte	126
3.1.2.	Zielsetzungen für die Entwicklung von Maßnahmen	129
3.2.	Belastungsverminderung	131
3.2.1.	Ergebnisschwerpunkte	131
	Beanspruchungen durch schwierige Dienstzeiten	131
	Auf den Tätigkeitsablauf bezogene Belastungsschwerpunkte	132
	Auswirkungen berufsbedingter Belastungen auf die gesamte Lebenssituation	133
3.2.2.	Folgerungen für die Entwicklung von Maßnahmen	135
	A. Inhaltsebenen	136
	B. Verfahrensebenen	139
3.3.	Sicherung und Weiterentwicklung fachlicher Kompetenzen während der Berufsausübung	140
3.3.1.	Ergebnisschwerpunkte	140
3.3.2.	Folgerungen für die Entwicklung von Maßnahmen	143
4.	Spezifische Problemschwerpunkte bei Untergruppen innerhalb des Berufsfeldes der vollstationären Gruppenbetreuung	147
4.1.	Arbeitsbedingungen im organisatorischen Kontext	148
4.1.1.	Unterschiede bei Tätigkeit in Innen- und Außengruppen	148
	Ergebnisschwerpunkte	148

	Folgerungen für die Entwicklung von Maßnahmen	150
4.1.2.	Unterschiede zwischen den Einrichtungen der Jugendhilfe	150
	Ergebnisschwerpunkte	150
	Folgerungen für die Entwicklung von Maßnahmen	153
4.2.	Problemschwerpunkte bei berufsbiographisch beschriebenen Untergruppen	155
4.2.1.	Phase des Tätigkeitsbeginns	155
	Ergebnisschwerpunkte	155
	Folgerungen für die Entwicklung von Maßnahmen	159
4.2.2.	Berufserfahrene Fachkräfte mit mittlerer Tätigkeitsdauer im Gruppendienst - Aufstieg, Ausstieg, Weiterbildung	161
	Ergebnisschwerpunkte	161
	Folgerungen für die Entwicklung von Maßnahmen	167
4.2.3.	Ältere MitarbeiterInnen	171
	Ergebnisschwerpunkte	172
	Folgerungen für die Entwicklung von Maßnahmen	174
5.	Schwerpunktziele für die Entwicklung von Maßnahmen im Überblick	180
5.1.	Rahmenüberlegungen	180
5.2.	Schwerpunkte für Verbesserungsmaßnahmen in den verschiedenen Berufsfeldern	183
5.3.	Zielschwerpunkte für Verbesserungsmaßnahmen im vollstationären Gruppendienst	186
5.3.1.	Fluktuationsverminderung	186
5.3.2.	Verbesserung von Vergütungsbedingungen	187
5.3.3.	Phase des Tätigkeitsbeginns	188
5.3.4.	Verbesserung der beruflichen Gesamtperspektive	189
5.3.5.	Ältere MitarbeiterInnen	192
5.3.6.	Belastungsverminderung	194
5.3.7.	Verbesserung der beruflichen Selbstsicherheit	196
5.3.8.	Zusammenfassung	197
E.	**Literaturverzeichnis**	198

Anhang

(1)	Faktorenanalysen zur Berufszufriedenheit und zu Belastungskenngrößen
(2)	Quantitative Kenngrößen zur Beurteilung der Arbeitssituation in den vier Berufsfeldern
(3)	Erhebungsinstrument

A. Problemstellung und Zielsetzungen

1. Zielsetzungen des Gesamtprojektes

Das Gesamtvorhaben des vorliegenden Projektes wurde in zwei Hauptphasen durchgeführt, wobei zunächst durch eine Problemanalyse schwerpunktmäßig Aussagen zu drei Fragestellungen gewonnen werden sollten:

1. Sind für die in der Heimerziehung tätigen Mitarbeiter und Mitarbeiterinnen insgesamt besondere Belastungsfaktoren innerhalb des Berufsfeldes feststellbar?
2. Sind besonders nach längerzeitiger Berufsausübung schwerwiegende Beeinträchtigungen erkennbar?
3. Zeigen sich gegenüber Vergleichsgruppen spezifische Belastungsschwerpunkte?

In der zweiten Projektphase sollten dann auf der Grundlage dieser Ergebnisse

4. Vorschläge für Maßnahmen zur Verbesserung der beruflichen Zukunftsperspektiven und der Humanisierung von Arbeitsbedingungen abgeleitet und
5. hinsichtlich ihrer Umsetzbarkeit bewertet werden.

Der hier vorgelegte Bericht beschreibt wesentliche Ergebnisse und leitet Schlußfolgerungen für die Maßnahmeentwicklung ab. Über die zweite, im Grunde wichtigste Zielsetzung kann dabei leider noch nicht viel berichtet werden - nämlich über die tatsächliche Durchführung von Verbesserungsmaßnahmen in den Bereichen des Berufsfeldes, deren Veränderung besonders dringlich erscheint, um die Arbeitsbedingungen und vor allem die individuellen Zukunftsperspektiven der dort tätigen Fachkräfte und damit zugleich die Entwicklungsperspektiven für die Institutionen der stationären Jugendhilfe insgesamt günstiger zu gestalten. Die Ziele des Projektes sind demnach mit Vorlage dieses Ergebnisberichtes keineswegs erreicht. Erste dazu erforderliche Arbeitsschritte, nämlich einerseits vor allem die Wahrnehmung verbands- und berufspolitischer Aufgaben einschließlich geeigneter Formen der Öffentlichkeitsarbeit, andererseits aber auch konkrete Verfahrenserprobungen etwa im Bereich der Organisationsentwicklung für Einrichtungen der stationären Jugendhilfe, wurden allerdings bereits eingeleitet.

2. Rahmenbedingungen des Berufsfeldes

2.1. Entwicklung des Berufs- und Institutionenfeldes

Die vorliegende Studie beschäftigt sich schwerpunktmäßig mit der beruflichen Situation von pädagogischen Fachkräften, die die in Einrichtungen der Jugendhilfe lebenden Kinder und Jugendlichen vollstationär betreuen; besondere Aufmerksamkeit soll dabei die berufliche Situation älterer Mitarbeiter und Mitarbeiterinnen finden.

Das Projekt bezieht sich damit auf ein Arbeitsfeld, das im Hinblick auf seine fachlichen Grundlagen ebenso wie auf die gesellschaftlichen und institutionellen Rahmenbedingungen in den zurückliegenden zwei Jahrzehnten weitreichenden Veränderungen ausgesetzt war. In einer heftigen, teilweise polemisch geführten Auseinandersetzung ("Heimkampagne"; Brosch 1971; Blandow u.a. 1978; Flosdorf 1988; Schrapper/Sengling 1988; Schrapper 1989) wurden - vor allem in der ersten Hälfte der 70er Jahre - die institutionellen Rahmenbedingungen und die fachliche Qualität der pädagogischen Betreuung von Kindern und Jugendlichen in Heimeinrichtungen grundsätzlich in Zweifel gezogen (Müller-Kohlenberg u.a. 1981). Der Heimerziehung wurde vorgeworfen, als "totale Institution" (Goffman) ein autoritäres System zur Anpassung vor allem proletarischer Kinder an die repressiv-ausbeuterische kapitalistische Gesellschaftsordnung zu praktizieren. Obgleich diese Diskussionen mittlerweile an Schärfe verloren haben, sind negative Mitbedeutungen des Begriffs und des Institutionenfelds der "Heimerziehung" erhalten geblieben (Wolffersdorff-Ehlert u.a. 1989). Neben der Verstärkung präventiver Maßnahmen wurde, zeitlich parallel und als Alternative zur Heimerziehung verstanden, ein breites Spektrum pädagogischer Betreuungsformen fachlich entwickelt und praktisch erprobt, die heute zwar teilweise auch zum Maßnahme-Angebot stationärer Einrichtungen der Jugendhilfe gehören (vor allem räumlich ausgelagerte, vollstationär betreute Gruppen; teilstationäre Betreuungsangebote; "lebensfeldbezogene" Angebote; vgl. Birtsch 1989; Bittler/Späth 1990; Kommission Heimerziehung 1977; Merchel/Boomgaarden 1988; Niemeyer 1984), zu einem beträchtlichen Anteil aber auch außerhalb des institutionellen Rahmens von Einrichtungen durchgeführt werden (vor allem die Adoption von Kindern; Betreuung in Pflegefamilien; stadtteilzentrierte und mobile Formen der Jugendarbeit wie Übergangsbetreuung, betreutes Jugendwohnen (Blandow u.a. 1978; Blandow/Faltermeier 1989; Börsch/Conen 1987; Buckert/Huber 1986; von

Bülow 1987; Bundesminister für Jugend, Familie, Frauen, Gesundheit 1990; Colla-Müller 1987; Conen 1990; Gräßlin 1978; Hagedorn 1985; Hekele 1987; Junge 1989; Kiehn 1983, 1988; Moch 1990; Müller 1990; Münstermann 1986; Niederberger/Bühler-Niederberger 1988; Specht 1987; Thiersch 1988 und viele andere geben einen Überblick über die verschiedenen Angebotsformen).

> Obwohl der Grundgedanke, Kindern, die nicht in ihrer Herkunftsfamilie aufwachsen, ein "Heim" als Lebensumfeld zu bieten, mit diesem Begriff sprachlich völlig angemessen ausgedrückt ist, wird er im vorliegenden Bericht - zur Vermeidung unnötiger, historisch entstandener Mißverständnisse - weitgehend vermieden und durch neutralere Bezeichnungen (stationäre Einrichtungen der Jugendhilfe; voll-/ teilstationäre Betreuungsformen) ersetzt; dies ist natürlich nicht möglich bei formal festgelegten Bezeichnungen wie etwa der Ausbildungsqualifikation als Jugend- und Heimerzieher.

Die Entwicklung und Bereitstellung vielfältiger pädagogischer Betreuungsformen ("Angebotsdifferenzierung") als Ergänzung oder Ersatz zum Aufwachsen von Kindern/Jugendlichen in ihren Herkunftsfamilien hatte bedeutsame Auswirkungen auf das gesamte Institutionsfeld der Heime (Peters 1988), wobei parallel verlaufende demographische Entwicklungen den Trendverlauf zusätzlich verschärften ("Heimsterben", vor allem Ende der 70er Jahre; Steinbrecher 1987). Diese Veränderung entspricht auch den Prognosen zur Arbeitsplatzentwicklung für Berufe der freien Wohlfahrtspflege (Baur u.a. 1986; Rauschenbach 1988).

Mit hoher Wahrscheinlichkeit haben derartige Einflüsse, durch die sowohl die fachlichen wie die institutionellen Grundlagen eines ganzen Berufsfeldes in Zweifel gezogen werden, ungünstige Rückwirkungen auf das berufliche Selbstverständnis und die Rollensicherheit. Auch wenn in den unmittelbar zurückliegenden Jahren das In-Frage-Stellen der Berufsfeldgrundlagen weitgehend an Schärfe verloren hat, muß bis in die Gegenwart mit entsprechenden Nachwirkungen gerechnet werden. Gerade die zuletzt erwähnte Verminderung des belegbaren Platzangebotes in Heimeinrichtungen und die damit einhergehende Reduzierung von Arbeitsplätzen betraf zugleich aber Berufsfelder mit einem vergleichsweise hohen Risiko für Arbeitslosigkeit: Noch für die Jahre 1986/87 führten regionale wie bundesweite Schätzungen (vgl. Pasquay, Windisch, Bubenhain 1988; Windisch, Pasquay, Bubenhain 1989) zu einem Anteil der Arbeitslosigkeit bei sozial-pädagogischen Berufen, der mehr als der Stärke eines Absolventenjahrganges entsprach.

Andererseits ist als Folge der zunehmenden Maßnahmedifferenzierung und den damit verbundenen Selektionseffekten für die Belegung vollstationärer Betreuungsplätze, mit beträchtlichen Auswirkungen auf die Arbeitssituation der dort tätigen Fachkräfte zu rechnen. Genauere, systematisch gewonnene Erkenntnisse dazu stehen hierzu allerdings infolge unklarer Verfahrenskriterien bei Belegungsentscheidungen kaum zur Verfügung ("Indikationsproblematik"; Freigang 1986; Landeswohlfahrtsverband Württemberg-Hohenzollern 1984; Planungsgruppe PETRA 1987; Podgornik 1985), ebenso fehlen Untersuchungen über Auswirkungen dieser Veränderungen auf den Belastungsgrad des Betreuungspersonals weitgehend.

In einem denkbar scharfen Gegensatz hierzu stehen indes Situationseinschätzungen aus allerjüngster Zeit, die zu einer Bedrohung des Institutionsfeldes aus einer ganz anderen Richtung zu führen scheinen: Es wird zunehmend schwieriger, Arbeitsplätze in der Gruppenbetreuung - vor allem der vollstationären - durch Fachkräfte zu besetzen (AFET 1990). Wir werden weiter unten darauf zurückkommen. Zunächst werden wesentliche Rahmenbedingungen skizziert, die eine intensive Erforschung der Berufssituation von älteren Fachkräften im Gruppendienst besonders wichtig erscheinen lassen.

2.2. Zur Problematik langzeitiger Berufstätigkeit in der Gruppenbetreuung

Von grundsätzlicher Bedeutung ist zunächst, daß bundesweit 69.4 % der in der Heimerziehung Beschäftigten (ganz überwiegend Frauen) dem Altersbereich unter 35 Jahren angehören (Bundesanstalt für Arbeit 1986). Eine beträchtliche Anzahl von Studien, in denen der Fluktuationsumfang in unterschiedlichsten Berufsfeldern untersucht wurde, zeigt einen deutlichen Rückgang der Fluktuationsrate mit höherem Lebensalter (vgl. Porter/Steers 1973; Mobley u.a 1979; Lehr 1981; Davis/Sparrows 1985). Diese Erkenntnisse lassen auch für die sozialpädagogischen Berufsfelder in den nächsten Jahren einen beträchtlichen Anstieg des Anteils älterer Fachkräfte erwarten.

Hinreichend verläßliche Aussagen können wegen der sehr starken Unterschiede der Fluktuationsquoten in den verschiedenen Berufsfeldern freilich nur Untersuchungen erbringen, die sich auf das betrachtete Berufsfeld selbst beziehen. Für den Bereich der stationären Jugendhilfe liegen Untersuchungen aus unterschiedlichen Ländern vor, die von Schoch

(1989) vergleichend aufbereitet wurden. Dabei zeigen sich überraschend hohe Unterschiede zwischen den Schätzwerten für die MitarbeiterInnen-Fluktuationsquote; als Durchschnittswert ergibt sich eine mittlere Gesamt-Verweildauer im Berufsfeld von etwa 3 Jahren (!)(Schoch 1989, S.99). Die Untersuchung von Mitransky (1990) ergab dagegen eine durchschnittliche Verweildauer von 6,4 Jahren (S. 161). Übereinstimmend zeigen aber diese Forschungsarbeiten, daß der Anteil von älteren MitarbeiterInnen in der stationären Gruppenerziehung unabhängig vom Durchführungszeitpunkt der Studie allgemein niedrig ist. Die von Schoch selbst durchgeführte methodisch gut aufgebaute Längsschnitterhebung (in einem zeitlichen Abstand von zwei Jahren) liefert vor allem zwei wesentliche Hinweise auf die Höhe der Ausscheiderate aus dem Berufsfeld: Bei MitarbeiterInnen, die erst später in das Berufsfeld eintreten, und bei solchen mit zusätzlicher Berufserfahrung außerhalb der Heimerziehung ist die Ausscheiderate deutlich vermindert. Über Fluktuationsumfang und -ursachen bei älteren Angehörigen des Berufsfeldes liefert diese, mit Absolventen von Ausbildungseinrichtungen durchgeführte Studie kaum Hinweise.

Aus einer ganzen Reihe unterschiedlicher Erwägungen wird andererseits in Zweifel gezogen, daß eine Berufsausübung über die gesamte (berufs-) biografische Lebensspanne vor allem in der vollstationären Gruppenbetreuung der Jugendhilfeeinrichtungen sinnvoll und zumutbar sein kann (vgl. Internationale Gesellschaft für Heimerziehung 1990); im folgenden soll dargestellt werden, welche Gründe dabei besonders zu berücksichtigen sind.

2.2.1. Begrenzung der psychischen und physischen Belastbarkeit

Ein sichtbares Merkmal der Arbeitsbedingungen in vollstationären Betreuungsformen besteht zunächst in der Notwendigkeit einer zeitlich lückenlosen Präsenz der Betreuungspersonen; dies führt entweder - bei schichtdienstgeregelten Betreuungsformen - für den einzelnen Betreuer / die einzelne Betreuerin zu regelmäßigen Nacht- und Wochenenddiensten oder aber - bei "residenzpflichtigen" Betreuungsformen, meist in ausgelagerten Wohngruppen - zu einer ganzzeitigen Überschneidung der beruflichen und der privaten Lebenssphäre; nach einem breiten Spektrum von Untersuchungsergebnissen (vgl. Bundesanstalt für Arbeit 1985; Fleischer 1990; Holt 1982; Knauth/Rutenfranz 1987; Shipley 1980) ist beides verbunden mit erhöhten physischen, psychischen, sozialen und gesundheitsbezogenen Sonderbelastungen (Blandow 1985; Brombach 1990; Kiehn 1986).

Dazu kommt, daß bei allen (voll- wie teil-)stationären Betreuungsformen die entscheidende Voraussetzung für eine Maßnahme-Einleitung das Vorliegen von aktuellen psychosozialen Störungen des einzelnen Kindes/Jugendlichen ist, die bei den meisten im Zusammenhang mit vorhergegangenen lebensbiografischen Belastungen stehen. Zwar liegen bislang kaum gesicherte Erkenntnisse darüber vor, welche Störungsmerkmale der betreuten Kinder zu besonderen Belastungen bei den sie betreuenden Fachkräften führen; daß sich hieraus besondere Beanspruchungen für die Mitglieder des Berufsfeldes ergeben, sollte indes außer Frage stehen.

Die Befunde dürfen aber nicht ohne weiteres als Beleg für die Annahme gelten, daß ältere MitarbeiterInnen im Gruppendienst einer berufsbezogenen *Über*beanspruchung ihrer physischen oder (vor allem) psycho-sozialen Leistungsvoraussetzungen ausgesetzt wären, die zu einer Beeinträchtigung des beruflich-fachlichen Leistungsstandards führen. Mehrere grundsätzliche Einschränkungen müssen hier berücksichtigt werden.

Zunächst beruhen die allermeisten empirischen Untersuchungen, die zur Überprüfung von altersbezogenen Veränderungen durchgeführt wurden, auf Querschnittsdaten und können damit lediglich belegen, daß bei längerer Dauer der Berufsausübung bzw. bei höherem Lebensalter bestehende Sonderbelastungen im Durchschnitt ungünstige Auswirkungen zur Folge haben. Dies erlaubt keinesfalls den Rückschluß, daß eine ältere Fachkraft, die vielleicht seit zwanzig Jahren die belastende Tätigkeit in der Gruppenbetreuung ausübt, psychisch überlastet oder fachlich überfordert sei. Vielmehr finden sich in der Fachliteratur nicht wenige Ergebnisse, die das Gegenteil belegen: Bei Fachkräften, die in besonders belastenden Berufsfeldern langzeitig "überlebten" (z.B. zwanzigjährige Tätigkeit im Schichtdienst (Folkard u.a. 1978); Management-Tätigkeiten mit regelmäßigen Wochenarbeitszeiten von über 55 Stunden (Burke / Weir 1985)), lassen sich keine auffällig erhöhten, sondern im Vergleich zu ihren jüngeren BerufskollegInnen sogar verminderte Überlastungssymptome feststellen. Dabei ist grundsätzlich an die - für Arbeitswissenschaften wie die Stressforschung bedeutsame - Unterscheidung zwischen der über äußere Situationsmerkmale festgelegten "Belastung" und den auf Subjektseite feststellbaren Formen der "Beanspruchung" zu erinnern; zwischen den beiden Bedingungsgrößen zeigen sich in vielen Untersuchungen nur schwache Beziehungen (Kobasa 1979; Lazarus/Launier 1978; Schönpflug 1987).

Nicht klar beantwortbar ist ferner (gerade auch in Hinblick auf Langfristwirkungen) die Frage des Belastungsgrades und der Wirkungscharakteristiken unterschiedlicher - auch im Rahmen der vorliegenden Untersuchungen erfaßter - Beanspruchungsformen, etwa von eher gleichartigen, vorhersehbaren, sich wiederholenden Belastungsereignissen einerseits, eher ungewöhnlichen, unvorhersehbaren "kritischen" oder "traumatischen" Ereignissen andererseits (z.B. Filipp 1981; Gräßlin 1981).

Ferner kann man nach dem gegenwärtigen Erkenntnisstand der *psychologischen* Forschung weder eine überzeugende Antwort darauf geben, ab welchem Lebensalter es sinnvoll ist, von einem "älteren" Menschen oder Berufstätigen zu sprechen, noch einen klaren Bezug zu den psychischen Merkmalen herstellen, die vorrangig mit der Altersvariablen variieren. Vielmehr kommt die ganz überwiegende Mehrzahl psycho-gerontologischer Untersuchungen (z.B. Thomae/ Lehr 1973) zu dem übereinstimmenden Ergebnis, daß für die meisten Funktionsbereiche - abgesehen von Ausnahmen z.B. bei Gedächtnisleistungen oder sensu-motorischen Reaktionsvoraussetzungen - selbst auf noch höheren Lebensaltersstufen *keine* engen Beziehungen zwischen der Altersvariablen und psychischen Leistungsvoraussetzungen bestehen.

Auch die in vielen neueren Lehrbüchern noch enthaltene "Erkenntnis" eines stetigen Rückgangs der intellektuellen Leistungsvoraussetzungen ab der Mitte des dritten Lebensjahrzehntes ist nach neueren, methodisch besser kontrollierten Längsschnittstudien (vgl. van Eye 1984) wahrscheinlich nicht aufrecht zu erhalten.

In noch geringerem Ausmaß gilt dies für das hier betrachtete Altersspektrum von MitarbeiterInnen, die - bezogen auf die Altersverteilung innerhalb ihres Berufsfeldes - schon mit 35 Jahren als "alt" zu klassifizieren wären.

> Der Begriff "ältere Mitarbeiterin" bzw. "älterer Mitarbeiter" wird daher im folgenden rein deskriptiv statistisch verwendet und auf Angehörige eines Berufsfeldes bezogen, deren Lebensalter in den oberen Bereich der Alters-Gesamtverteilung innerhalb des Berufsfeldes fällt.

Auch Vermutungen über eine Häufung persönlicher Krisenkonstellationen um den Altersbereich von 40 Jahren ("midlife-crisis"; Sheehy 1976) haben sich bisher in methodisch breiter angelegten Untersuchungen nicht bestätigen lassen (z.B. Labouvie-Vief 1978; Maar 1980).

2.2.2. Inkongruenz zwischen Berufs- und Altersrollen

Ein zweiter Problemaspekt für die Situation von älteren Fachkräften im Berufsfeld der Jugendhilfe bezieht sich nicht auf die mit der Tätigkeitsausübung verbundenen Belastungseinflüsse, sondern auf Rollenerwartungen und -zuschreibungen. Bei einer zu hohen Altersdifferenz zwischen den betreuten Kindern/Jugendlichen und dem Betreuer/der Betreuerin könnten ungünstige Fremdeinschätzungen sowohl seitens der Kinder und Jugendlichen als auch von seiten der KollegInnen auftreten; denkbar sind aber auch ungünstige Selbstzuschreibungen ("ich bin doch langsam eigentlich zu alt für diese Art von Beruf"), die vor allem auch deshalb nahegelegt werden, weil die ganz überwiegende Mehrzahl der FachkollegInnen einem jüngeren Altersbereich angehört. Die unterschiedliche Alterszusammensetzung der Fachkräfte in den Bereichen Jugend- und Altenhilfe (hier vor allem höheres Alter bei Eintritt in das Berufsfeld) kann durch solche altersbezogenen Rolleneinschätzungen (gerade auch im Selbstbild) plausibel erklärt werden.

Daß mit einer Vielzahl von Berufs- und Lebensrollen auch Erwartungen verknüpft werden, für welche Altersbereiche diese "passend" oder "unpassend" sind, ist durch viele soziologischen und sozialpsychologischen Untersuchungen empirisch bestätigt (Neugarten/Moore/Lowe 1978; Elder 1975).

2.2.3. Psychische Sättigung ("burning-out")

Schließlich scheint die längerzeitige Tätigkeit in allen Berufsfeldern mit sozialem und pflegerischem Aufgabenschwerpunkt zu ausgeprägten psychischen Sättigungseffekten zu führen. Diese ungünstigen Auswirkungen, die meist unter dem (1969 durch Bradley eingeführten) Begriff des "burnout-Effektes" beschrieben werden, sind für ein breites Spektrum der sozial-pädagogisch-pflegerischen Berufsfelder empirisch festgestellt worden (Bronsberg/Vestlund 1986; für die Mitarbeiter in der Behindertenhilfe von Hahn 1985 und von Buchka/Hackenberg 1988; für die Lehrer von Holtz 1987). Nach neueren Befunden erscheint allerdings unklar, ob vergleichbare Auswirkungen nicht allgemeiner als Folge von langzeitig gleichbleibenden Tätigkeitsanforderungen aufzufassen sind (vgl. Burisch 1989; Enzmann/Kleiber 1989).

Zusammenfassend ist festzuhalten, daß die vorausgehend dargestellten Rahmenüberlegungen, die eine wesentliche Grundlage für die Projektbearbeitung bildeten, inhaltlich keineswegs neu sind. Dies gilt sowohl für die Annahmen über besondere psychische und soziale Belastungen, die insgesamt mit der Berufsausübung bei stationären Formen der Betreuung verbunden sind (Mehringer 1976; Blandow-Wechsung 1978; Breul 1979; Müller-Schöll 1989; Fleischer 1990), wie für die hieraus entstehenden besonderen Probleme für ältere MitarbeiterInnen (Mehringer 1976; Podgornik 1980).

Wesentliche Annahmen wurden auch einer strengeren empirischen Überprüfung zu unterziehen versucht; leider weisen jedoch gerade die beiden umfangreichsten Studien, die sich mit der Belastungssituation von Fachkräften der stationären Gruppenbetreuung befassen (Brombach und Schäuble 1984; Mitransky 1990), schwerwiegende methodische Schwächen auf, die eine Gewichtung der Ergebnisse sehr einschränken. Nur wenige systematischere Untersuchungen befassen sich mit der Bedeutung von Merkmalen der betreuten Klienten (z.B. Burke/Greenglass 1989). Speziellere Untersuchungen darüber, ob sich für ältere Fachkräfte in Arbeitsfeldern der Jugendhilfe besondere rollenbedingte Schwierigkeiten bei der Berufsausübung ergeben, scheinen nicht vorzuliegen.

2.2.4. Berufsfeldspezifische Problemursachen

Nach diesen Überlegungen zu psycho-sozialen Problemaspekten wäre es dringend angezeigt, daß Fachkräfte, die längerdauernd in der stationären Gruppenbetreuung tätig waren, in andere, weniger belastende oder aber dem Lebensalter besser entsprechende Arbeitsfelder wechseln.

Sofern nur einige der vorausgehend genannten Annahmen zutreffen sollten, was bislang freilich noch nicht als empirisch überzeugend belegt gelten kann, ergeben sich schwerwiegende Probleme als Folge spezieller Rahmenbedingungen innerhalb des Berufsfeldes.

1. Problemschwerpunkt: Die Breite des erworbenen Qualifikationsabschlusses stellt die wesentlichste formale Voraussetzung für einen Tätigkeitswechsel dar. Hier bestehen nun sehr bedeutsame Unterschiede zwischen den wichtigsten Ausbildungsgängen für die in der stationären Gruppenbetreuung tätigen Fachkräfte: Vergleichsweise günstige Übergangsmöglichkeiten bestehen für die im Gruppendienst Beschäftigten mit einem Ausbildungsabschluß als SozialpädagogIn oder SozialarbeiterIn; ihnen ist nicht allein formal - nach Ausbildungsgang -, sondern auch nach der derzeit erreichten Beschäftigungsstruktur (z.B. Pfaffenberger 1985; Windisch u.a. 1989, S. 45; Rauschenbach 1988) nahezu das gesamte

Spektrum sozialer Arbeitsfelder zugänglich. Sehr viel begrenzter sind die Übergangsmöglichkeiten für Fachkräfte mit staatlich anerkanntem ErzieherInnen-Abschluß, denen nach der derzeit ersichtlichen Anstellungspraxis bei einem Wechsel aus den Berufsfeldern der Heimerziehung überwiegend nur der Elementarbereich und die Behindertenhilfe (beides sind Tätigkeitsfelder, die den Zielkriterien für angemessene Arbeitsgebiete für *ältere* MitarbeiterInnen nur unzureichend entsprechend dürften) in zahlenmäßig größerem Umfang zugänglich sind. Völlig unzulänglich schließlich sind vermutlich - nach formalen Zugangsvoraussetzungen wie derzeitiger Beschäftigungspraxis - die Übergangsmöglichkeiten, die den Fachkräften mit einem Ausbildungsabschluß als staatlich anerkannte Jugend-/HeimerzieherInnen offenstehen.

2. Problemschwerpunkt: Noch sehr viel grundsätzlichere Fragen wirft indes eine weitere fachbezogene Besonderheit des Berufsfeldes auf:

Eine Erziehungssituation, die den Aufbau tieferer emotionaler Bindungen zu den BetreuerInnen als Bezugspersonen ermöglichen soll, erfordert ein stabiles soziales Umfeld über einen ausreichenden Zeitraum hinweg; nach übereinstimmender Facheinschätzung (z.B. Bundesminister für Familie, Jugend, Frauen, Gesundheit 1990; Eckensberger 1971; Mehringer 1976, Winkler 1988, Podgornik 1990) ist dies besonders wichtig, weil bei einem hohen Anteil der Kinder und Jugendlichen, die vollstationär betreut werden (müssen), in den vorausgehenden Lebensabschnitten eine sozial und emotional verläßliche Unterstützung im Herkunftsmilieu (oft bereits über lange Zeit oder von Geburt an) gefehlt hat (Heimlich 1990; Podgornik 1985; Schrey 1985). Damit wird aber die ausreichende zeitliche Stabilität in der Zusammensetzung der Betreuerteams - und damit verbunden ein längerzeitiges Verbleiben im Berufsfeld - zu einer sicherlich nicht hinreichenden, aber notwendigen Voraussetzung, um dem gesellschaftlichen Auftrag und der pädagogischen Verantwortung des Berufsfeldes entsprechen zu können (Degner 1984). Hieraus kann geradezu eine berufsethische Verpflichtung der Fachkräfte abgeleitet werden, die mit der Übernahme dieser Berufsaufgabe verbunden ist.

Nach fachlichen Zielkriterien, die für den einzelnen Mitarbeiter einer berufsethischen Verpflichtung nahekommen, haben somit alle mit der Durchführung von Unterbringungsmaßnahmen von Kindern und Jugendlichen in vollstationären Betreuungsformen verantwortlichen Institutionen die Aufgabe, darauf hinzuwirken, daß eine ausreichend langfristige Betreuung durch die gleichen pädagogischen Bezugspersonen sichergestellt ist. Dafür, daß MitarbeiterInnen nach langjähriger Dienstausübung altersentsprechende Entlastungs- oder Übergangsmöglichkeiten offenstehen, werden allerdings bisher keine Vorsorgemaßnahmen getroffen.

Diese Rahmenbedingungen führen nicht allein zu einem Konflikt zwischen der Wahrnehmung der Verantwortung für die optimale erzieherische Förderung der Kinder, die der persönlichen pädagogischen Betreuung anvertraut sind, und der realistischen frühzeitigen Abschätzung persönlicher Belastungs- und Rollengrenzen für den einzelnen/die einzelne im Gruppendienst tätige/n Mitarbeiter/in; kaum praktikable Konfliktlösungsmöglichkeiten bestehen vielmehr derzeit auch für die dienstvorgesetzten Einrichtungsleitungen, um vorhersehbaren fachlichen oder persönlichen Überlastungen von MitarbeiterInnen angemessen begegnen zu können und somit einen wesentlichen Teil der Verantwortlichkeit von Führungskräften gegenüber MitarbeiterInnen zu übernehmen (IGfH 1990). Nicht zuletzt muß dieses derzeit unzulänglich gelöste Problem der Berufssituation für ältere MitarbeiterInnen auch das christlich-weltanschauliche Selbstverständnis und den dazu gewählten "Dritten Weg" für den Beitrag zur Bewältigung gesellschaftlicher Aufgaben durch konfessionelle Verbände tangieren.

2.3. Personalbestand und Fluktuation

Unter Berücksichtigung der Gesamtperspektiven des Berufsfeldes erschien es schwerlich zu verantworten, die eingangs erwähnten Hinweise auf stark zunehmende Schwierigkeiten bei der Mitarbeitergewinnung für das Gesamtberufsfeld außer Betracht zu lassen. Damit verbunden ist eine Erweiterung der Analyseperspektive wie auch des zu diskutierenden Rahmens für die Maßnahmeentwicklung; bei der Interpretation der gewonnenen Untersuchungsergebnisse wird sich aber zeigen, wie eng die strukturellen Personalprobleme des Gesamtberufsfeldes mit der psychologischen Problemsituation älterer MitarbeiterInnen - also dem ursprünglichen Schwerpunkt der Projektbearbeitung - verflochten sind.

Zwar finden sich auch aus früheren Jahren Hinweise auf Schwierigkeiten bei der Mitarbeitergewinnung für stationäre Betreuungsformen in Einrichtungen der Jugendhilfe (Flitner 1969; Roth 1973; Mehringer 1976); ferner läßt sich gegenwärtig sicherlich noch nicht beurteilen, ob die derzeitigen, teilweise als "dramatisch" beschriebenen Schwierigkeiten (v. Derschau 1990; Merchel 1988) eher auf berufsfeld*interne* Einflüsse (vor allem also auf tatsächlich oder subjektiv so empfundene wenig attraktive

Tätigkeitsmerkmale bzw. Arbeitsbedingungen) oder stärker auf berufsfeld*externe* Einflüsse zurückzuführen sind (z.B. Veränderungen von Einstellungen in Bezug auf die "postmaterialistischen" Werte der sozialen Gerechtigkeit und der mitmenschlichen Anteilnahme (Inglehart 1979; Schmerbach 1988; Merchel 1988; Oppl 1990; Maelicke 1990) innerhalb unserer Gesamtgesellschaft oder spezieller bei jüngeren Altersgruppen; zunehmende "Schere" zu Tätigkeits-/Besoldungsangeboten in Berufsfeldern der freien Wirtschaft).

Mehrere Indikatoren sprechen aber klar gegen die Annahme, daß kurzfristig Verbesserungen im zahlenmäßigen Angebot an Fachkräften mit *Fachschulabschluß* zu erwarten sind; dazu gehören die immer noch rückläufigen Jahrgangsstärken im Altersbereich unter 16 Jahren, die zumindest in den nächsten vier Jahren weiter sinkende Absolventenzahl der Ausbildungseinrichtungen, der Rückgang der derzeit noch gemeldeten arbeitslosen ErzieherInnen sowie die zunehmende Konkurrenz durch Angebote aus dem Bereich von Kindertageseinrichtungen (Bundesarbeitsgemeinschaft der Landesjugendämter 1990).

3. Schlußfolgerungen für die Untersuchungskonzeption

Für die Planung des Forschungsvorhabens ergeben sich unter Berücksichtigung dieser Rahmenüberlegungen vor allem drei Schlußfolgerungen:

(a) Viele der vorgetragenen Annahmen über die berufliche Situation von MitarbeiterInnen in der stationären Gruppenbetreuung stützen sich bislang nicht auf empirisch breiter abgesicherte Untersuchungsbefunde (oder aber auf widersprüchliche Befunde, etwa zum Umfang der Mitarbeiterfluktuation); die durchzuführenden Untersuchungen sollten dort Erkenntnislücken zu schließen versuchen.

(b) Als inhaltliche Analyseschwerpunkte sollten Fragen der beruflichen Selbstsicherheit von MitarbeiterInnen, der beruflichen Langfristperspektive - besonders für ältere MitarbeiterInnen - und abzuleitende Konsequenzen für die Gestaltung von Ausbildungsgängen und von Weiterqualifizierungsangeboten, der Flukuationshöhe (sowie - hieraus abgeleitet - der Situation von BerufsanfängerInnen) und der Ausscheidegründe von Fachkräften besonders berücksichtigt werden.

Besonderes Augenmerk erfordert dabei die Klärung möglicher Zielkonflikte zwischen Maßnahmeangeboten zur Verbesserung der beruflichen Langfristperspektive und zur Senkung der Mitarbeiterfluktuation.

(c) Schließlich haben Ergebnisse und Maßnahmekonzeptionen zur Verbesserung der Berufszufriedenheit und der Mitarbeitergewinnung Bedeutung, die über die nach Personalstellenzahl eher kleinen Berufsfelder der Jugendhilfe (Frank 1990) hinausgehen. Berücksichtigt man die akuten Probleme der Mitarbeitergewinnung in den Berufsfeldern der Alten-, der Behindertenhilfe und des Pflegepersonals in Krankenhäusern ebenso (Adler 1990; Güntert u.a. 1989; Diakonisches Werk Württemberg 1990; Neumann 1988; Schmid 1990), so ist derzeit ein erheblicher Teil aller gesellschaftlichen Institutionen, die sozialpädagogische oder pflegerische Dienstleistungen erbringen, von vergleichbaren Problemen betroffen. Die gesellschaftliche Größenordnung dieser Problemverschärfung darf gerade auch bei Überlegungen zum Durchführungsrahmen von Verbesserungsmaßnahmen nicht außer Betracht bleiben.

B. Methodischer Aufbau und Durchführungsrahmen der Untersuchungen

1. Gesamtrahmen der Untersuchung

Um die inhaltlichen Fragestellungen des Gesamtprojektes unter Berücksichtigung der vorausgehend kurz beschriebenen Problemschwerpunkte angemessen untersuchen zu können, wurde ein breiter Durchführungsrahmen gewählt. Dabei wurde ein großes Spektrum tätigkeits- und mitarbeiterbezogener Merkmale des Berufsfeldes auf der Grundlage unterschiedlicher Datenquellen analysiert und mit den Gegebenheiten in anderen Berufsfeldern verglichen. Insgesamt ist ein recht komplizierter Durchführungsrahmen für die Gesamtuntersuchung entstanden. Einen Überblick soll die Tabelle 1 vermitteln.

Tabelle 1: Überblick über den Gesamtrahmen der Untersuchungen, die untersuchten Tätigkeits- und Berufsfelder und die Anzahl der befragten Personen (Stichprobenumfänge, n = 66 Einrichtungen).

	Jugendhilfe			
Inhaltsschwerpunkte	vollstationäre Betreuung	teilstationäre Betreuung	Kindertageseinrichtungen	Verbände und Organisationen
subjektiv:	505	108	312	101
Arbeitsmerkmale				
Belastungen				
psychosoziale Auswirkungen				
Arbeitsbedingungen				
Organisationskontext				
Berufsperspektiven				
objektiv:				
Mitarbeiterstand	858	nicht erhoben	418	nicht erhoben
ausgeschiedene Fachkräfte	396		158	
betreute Kinder/Jugendliche	1141			
Subgruppen:				
Alter				
Tätigkeitsdauer				
Ausbildung				
Betreuungsform	Innen-/Außenwohngruppe		KiGa/Tagheim	
Beschäftigungsform	voll-/teilzeit	voll-/teilzeit	voll-/teilzeit	
Geschlecht				
Teammerkmale				
Einrichtung				

Folgenden Anforderungen wurde besonderes Gewicht beigemessen:

(1) Entwicklung eines inhaltlich und methodisch angemessenen Befragungsverfahrens

Obwohl die Analyse von Berufsfeldmerkmalen - vor allem zur Messung von Aspekten der Arbeitszufriedenheit und ihres Belastungsgrades - zu den "klassischen" Aufgaben empirischer arbeitswissenschaftlicher und -psychologischer Untersuchungen zählt (z.B. Neuberger 1974; Bruggemann/Groskurth/Ulrich 1975; Locke 1976; Neuberger/Allerbeck 1978; Rühl 1984; Davis/Sparrow 1985; Schönpflug 1987; bereits von Locke 1976 wurde die Zahl der einschlägigen wissenschaftlichen Arbeiten auf über 3000 geschätzt), schien nach Sichtung derzeit vorhandener Untersuchungsinstrumente zur Analyse von Berufsfeldern eine weitgehende Neuentwicklung vor allem deshalb geboten, weil die verfügbaren Verfahren nur begrenzte Leistungsfähigkeit für die Ableitung von Verbesserungsmaßnahmen aufweisen (zu weiteren methodischen Einwänden vgl. auch Sawyer 1988; Roberson 1989). Daher mußten in der Erstphase des Projektes - unter Berücksichtigung einschlägiger Untersuchungen zum Berufsfeld (v.a. Brombach/ Schäuble 1984; Ostermann 1984, 1985) - umfangreiche Vorerprobungen zur Tauglichkeit des in den Erhebungen eingesetzten "Fragebogens zur Berufsfeldanalyse (FBFA)" durchgeführt werden (vgl. Anhang).

Dies gilt ebenso für die Befragungsinstrumente der Vergleichsuntersuchungen. Sie müssen sowohl vom Aufbau her als auch inhaltlich eine weitestmögliche Vergleichbarkeit von Ergebnissen sicherstellen (Analyse des Berufsfeldes von Fachkräften in Kindertageseinrichtungen (FBFA, Form E) und von MitarbeiterInnen mit Tätigkeitsschwerpunkten in Verwaltungsberufen (FBFA, Form V).

Der *inhaltliche Schwerpunkt* wurde den Projektzielen entsprechend auf die Erfassung der wesentlichen Berufsfeldmerkmale gelegt, also auf

- fachliche Tätigkeitsmerkmale,
- Arbeitsbedingungen,
- sozial-organisatorische Rahmenbedingungen,
- tätigkeitsbezogene und persönliche Berufsperspektiven,
- psychosoziale Belastungsschwerpunkte,

und zwar jeweils aus der subjektiven Sicht der im jeweiligen Berufsfeld tätigen Fachkräfte.

Eine Besonderheit des Verfahrens besteht in dem hohen Anteil freier Beantwortungsmöglichkeiten. Damit ist allerdings auch ein zeitlich erhöhter Bearbeitungsaufwand für die Befragten verbunden, der sicherlich auch Auswirkungen auf die Rücklaufquote hatte. Dies wurde aber zugunsten einer Verbesserung der Differenziertheit und Qualität der Befunde ebenso in Kauf genommen wie der beträchtliche Mehraufwand für die Datenauswertung.

Die Datenerhebung erfolgte in schriftlicher Form, allerdings ergänzt durch Interviews und Gruppendiskussionen. Auch wenn diese Form der Datenerhebung die bekannten methodischen Mängel aufweist, (McNemar 1946; Günther/Stapf 1987), so schieden doch besser kontrollierbare Erhebungsformen aus. Hier wäre der erforderliche Stichprobenumfang nicht groß genug gewesen, um noch Untergruppen nach mehreren verschiedenen Merkmalen bilden zu können.

(2) Methodische Absicherung von Befragungsergebnissen durch "härtere" Erhebungsdaten

Die etwas unwissenschaftliche Verwendung des Begriffes "weiche" vs. "härtere" Daten bezieht sich hier vor allem darauf, in welchem Umfang die Daten durch den Erhebungsvorgang beeinflußt werden (Teilkomponente der Objektivität; Lienert 1969). Auch "härtere" Daten (z.B. Archivunterlagen) sind aber grundsätzlich vielfältigen methodischen Beschränkungen unterworfen.

"Härtere" Daten wurden einerseits zu berufsbiographischen Merkmalen der derzeit im Gruppendienst tätigen MitarbeiterInnen erhoben, andererseits zu soziodemographischen Merkmalen der betreuten Kinder und Jugendlichen. Auch die Daten von ausgeschiedenen MitarbeiterInnen wurden in einem von der sonstigen Befragung getrennten Verfahren auf Einrichtungsebene erfaßt.

Die getrennte Erhebung von Merkmalen der gegenwärtigen und der ausgeschiedenen Fachkräfte diente unterschiedlichen Zwecken:

1. In methodischer Hinsicht

(a) als Basisstichprobe für den Vergleich der Stichprobenzusammensetzung,

(b) um subjektive Einschätzungen über Ausscheidegründe der gegenwärtig im Berufsfeld tätigen Befragten mit denen der Fachkräfte vergleichen zu können, die innerhalb der vergangenen vier Jahre diese Entscheidung tatsächlich vollzogen haben.

2. Durch die getrennte Erhebung sollte eine Kürzung des Befragungsverfahrens erreicht werden, das ohnehin eine bedenklich lange Bearbeitungszeit erforderte.

3. Sowohl die Alters- als vor allem auch die Fluktuationsvariable (Berufs- und Tätigkeitswechsel) weisen einen empirisch vielfältig bestätigten Zusammenhang zur beruflichen Zufriedenheit auf (Mobley/Griffith/Hand 1976; Porter/Steers 1973). Sie können somit zur Überprüfung dieser subjektiven Kenngrößen herangezogen werden.

4. Schließlich steht gerade die Fluktuationshöhe in einer kritischen Beziehung zu vielfältigen weiteren Problembereichen des Berufsfeldes. Daher sollten weiterführende Ergebnisse über den Umfang und die Bedingungen des Ausscheidens von MitarbeiterInnen auf einer möglichst breiten Datengrundlage gewonnen werden.

> Hinzuweisen ist auf ein spezielleres methodisches Problem: Als Kenngröße für die Berufsverweildauer wird in den von uns durchgeführten empirischen Analysen - wie in den meisten einschlägigen Untersuchungen zur Personalfluktuation - der *arithmetische Mittelwert* herangezogen. Dabei ist aber zu beachten, daß die Berechnung des *Medianwertes* eine deutlich niedrigere Schätzung für die durchschnittliche Berufsausübungsdauer liefern würde (die letztgenannte Kenngröße gibt an, nach welcher Zeitdauer 50% der Angehörigen eines Berufsfeldes ausgeschieden ist). Ursache dafür ist die ausgeprägt linkssteile Verteilung der Kenngrößen zur Berufsverweildauer gerade in den untersuchten pädagogischen Arbeitsfeldern mit wenigen sehr langzeitig tätigen MitarbeiterInnen.

(3) Gewährleistung des Stichprobenumfangs

Besondere organisatorische Stützungsmaßnahmen waren erforderlich, um eine ausreichende Beteiligung an der Befragung zu gewährleisten. Mehrere Untersuchungen zum vorliegenden Berufsfeld erreichten lediglich geringe Rücklaufquoten (z.B. Welter/ Bauer-Denzel 1990 und vor allem Mitransky 1990).

> Anzumerken ist aber, daß die Verallgemeinerbarkeit von stichprobengestützten Befunden weder vom (absoluten) Stichprobenumfang noch von der Beteiligungsquote abhängt, sondern vom Kriterium der Zufallsauswahl.

Durch eine ganze Reihe von Bemühungen wurde versucht, die Voraussetzungen für einen ausreichenden Fragebogenrücklauf zu schaffen, wie

- die mehrfache und auf mehreren Ebenen erfolgende Befürwortung der Beteiligung an der Befragung seitens der Verbände,

- die aktive Unterstützung durch fast alle Einrichtungsleitungen und Mitarbeiter- (bzw. Personal-) Vertretungen,

- die Vorstellung des Vorhabens bei Mitarbeiterbesprechungen durch den Projektleiter persönlich in einer möglichst großen Zahl von Einrichtungen

- und das Angebot zur (gebührenfreien) Direktübersendung der ausgefüllten Fragebögen.

(4) Bereitstellung von Vergleichsdaten aus anderen Berufs- bzw. Tätigkeitsfeldern

Zu bedenken ist hierbei vor allem, daß eine Beschränkung von sozialwissenschaftlichen Erhebungen und Befragungen auf lediglich *eine Untersuchungsgruppe* aus methodischen Gründen weitgehend wertlos ist, wenn inhaltlich begründete Aussagen - etwa über die Berufssituation von dienst- oder lebensälteren Fachkräften - gemacht werden sollen: Die Interpretation insbesondere subjektiver Daten ist ohne Vorliegen von Vergleichsbefunden bei Anlegung wissenschaftlicher Kriterien (fast) bedeutungslos.

> Dies läßt sich einfach am Beispiel der innerhalb des Berufsfeldes wohlbekannten Untersuchung von Brombach und Schäuble (1984) zeigen: Eines der wesentlichen Ergebnisse dieser Studie besagt, daß ältere Fachkräfte die Belastungen ihres Berufsfeldes weniger ungünstig einschätzen als jüngere KollegInnen. Solch eine Aussage setzt entsprechende Erhebungen für das gesamte Dienstalterspektrum voraus. Für die inhaltliche Interpretation dieser Ergebnisse reicht aber selbst der dort gewählte Untersuchungsrahmen nicht aus, weil in einer großen Anzahl von Berufsfeldstudien (zusammenfassend bereits 1959 Herzberg/Mausner/Snyderman; Locke 1976; Davis/Sparrow 1985) festgestellt wurde, daß sich ältere Befragte generell meist weniger kritisch äußern.

Um eine der beruflichen und persönlichen Situation älterer Fachkräfte in der Jugendhilfe angemessene Erkenntnisgrundlage für die Planung von Maßnahmen zu gewinnen, wurden daher in der vorliegenden Konzeption von vornherein Befragungen sowohl bei MitarbeiterInnen mit vollstationärer Betreuungstätigkeit als auch in mindestens einem weiteren Berufsfeld für unabdingbar angesehen. Und zwar sollte jeweils das gesamte Altersspektrum der MitarbeiterInnen mit einbezogen werden. Diese Zielsetzung konnte im Rahmen der Projektdurchführung weitgehend eingelöst werden - offensichtlich erstmals in größerem Rahmen bei einer auf die pädagogischen Berufsfelder in der Jugendhilfe bezogenen Untersuchung.

Dabei werfen die Auswahlkriterien für die Festlegung von Vergleichsgruppen und für die Vergleichbarkeit der eingesetzten Untersuchungsinstrumente zusätzliche, schwierige Fragen auf, die an späterer Stelle näher erläutert werden.

(5) Untergruppen

Es ist zu erwarten, daß verschiedene Merkmale der Untergruppen bedeutsame Beziehungen zur beruflichen Zufriedenheit, zu der persönlichen Beanspruchung oder der Verweildauer von MitarbeiterInnen im jeweiligen Berufsfeld aufweisen. Es wurden deshalb aufgrund folgender Merkmale Untergruppen gebildet und analysiert:

- Lebensalter,
- (Gesamt-)Tätigkeitsdauer in der Gruppenbetreuung zum Erhebungszeitpunkt,
- Ausbildungsqualifikation,
- Tätigkeit in Innen- oder ausgelagerten Wohngruppen, weil diese Betreuungsformen bedeutsame Unterschiede auch hinsichtlich der Arbeitsbedingungen für die MitarbeiterInnen aufweisen (z.B. sind in ausgelagerten Wohngruppen Schichtdienst-Arbeitszeiten vergleichsweise selten).

Bei einem Teil der durchgeführten Analysen wurden zusätzlich berücksichtigt

- das Geschlecht und
- die Zusammensetzung der Betreuungsteams und die Einrichtungszugehörigkeit als wichtige *organisatorische* Kenngrößen.

Dabei muß auf eine allgemeine methodische Schwachstelle hingewiesen werden, die im Rahmen der Datenanalyse lediglich mit sehr beträchtlichem Mehraufwand (z.B. Stichprobenhalbierung) vermeidbar gewesen wäre: Die große Anzahl durchgeführter Signifikanzberechnungen senkt in unbekanntem Umfang die Sicherung "signifikanter" Ergebnisse gegenüber Zufallseinflüssen.

Geschlechtszugehörigkeit: In vielen der sozial-pflegerischen Berufsfelder sind mehrheitlich Frauen tätig. Damit stellt sich die wichtige Frage, welche Bedeutung das Geschlecht für die Tätigkeitsdauer oder die persönliche Zufriedenheit von Fachkräften in diesen Berufsfeldern hat.

Bei Untersuchung dieser Fragestellung ergeben sich erhebliche methodische Probleme, wenn Vergleiche *zwischen* ("Frauen"-, "Männer"-, gemischten) Berufsfeldern durchgeführt werden, da sich die verschiedenen Berufsfelder *nie nur allein* in der Geschlechtszusammensetzung der Mitarbeiterschaft voneinander unterscheiden, sondern zugleich in vielen weiteren Merkmalen. Günstige Voraussetzungen bestehen hingegen im vorliegenden Berufsfeld: Zwar überwiegt auch bei den Fachkräften in der stationären Gruppenbetreuung der Anteil der Frauen etwa im Verhältnis von 3:1; der Anteil der Männer ist dabei aber zahlenmäßig ausreichend, um Vergleichsanalysen *innerhalb* des Berufsfeldes durchführen zu können. Leider war es - ausschließlich aus Gründen der Bearbeitungszeit - nicht möglich, diese Ergebnisse über Geschlechtsunterschiede in den vorliegenden Bericht umfassend einzuarbeiten.

Altersvariable: Gerade bei der Interpretation altersbezogener Befunde sind vielfältige methodische Probleme zu berücksichtigen, die im Rahmen von Querschnittanalysen grundsätzlich nicht befriedigend zu lösen sind: Ältere Angehörige eines Berufsfeldes sind meist zugleich lebens- und dienstälter *und* sie gehören einer anderen "Generation" (Geburtskohorte) mit einer anderen Lebensgeschichte an. Zudem findet mit zunehmender Berufsausübung eine Art "Auswahlprozeß" der im Berufsfeld "überlebenden" MitarbeiterInnen statt, der bei längerer Tätigkeitsdauer (statistisch) immer mehr an Bedeutung gewinnt. In den meisten Untersuchungen - auch in der vorliegenden Studie - lassen sich bei der Interpretation von altersbezogenen Befunden diese unterschiedlichen Einflußbedingungen nicht überzeugend voneinander abgrenzen (vgl. z.B. van Eye 1984; Davis/Sparrow 1985).

2. Untersuchung der Situation im vollstationären Gruppendienst

(1) Untersuchungsverfahren

Der Hauptteil der durchgeführten Untersuchungen zur beruflichen Situation der Fachkräfte in der vollstationären Gruppenbetreuung stützt sich schwerpunktmäßig auf folgende Teilerhebungen:

a) Die ausführliche schriftliche Befragung von Fachkräften in der Gruppenbetreuung, um einen Gesamtrahmen der Berufs- und Tätigkeitsbedingungen und der darin enthaltenen Problemschwerpunkte aus Sicht der Betroffenen zu erstellen. Hierzu wurde der für die Aufgabenstellungen des Projektes neu entwickelte "Fragebogen zur Berufsfeldanalyse (FBFA)" eingesetzt.

b) Erhebungen über die *derzeitige* Zusammensetzung der Mitarbeiterschaft in den Gruppendiensten (Ausbildungsabschluß, Geschlecht, Alter, Dauer der Tätigkeit in der derzeitigen Gruppenposition u.a.). Dies dient zur Erfassung von berufsbiographischen und soziodemographischen Merkmalen wie auch zu Aussagen über die Stichprobenzusammensetzung.

c) Erhebungen über *ausgeschiedene* Fachkräfte. Diese beziehen sich auf Teampositionen, die in den zurückliegenden ca. vier Jahren neu besetzt werden mußten und damit auf eine Teilmenge der unter b) analysierten Gruppenpositionen.

   Alle auf die Erhebungsteile b) und c) bezogenen Unterlagen werden nach Projektabschluß zurückgegeben oder vernichtet.

d) Ergänzend durchgeführte Befragungen der Leiterinnen und Leiter zu ausgewählten organisatorischen Besonderheiten und Problemschwerpunkten der einzelnen Einrichtungen wie:

   - Belegungsprobleme;
   - Besetzbarkeit von Mitarbeiterstellen;
   - Umstrukturierungen des Betreuungsangebotes;
   - Organisations- und Funktionsmerkmale innerhalb der Einrichtung.

(2) Durchführungszeitpunkt

Die Befragung der Fachkräfte im stationären Gruppendienst erfolgte im Zeitraum von Juni 1989 (Voruntersuchung) bis Februar 1990, schwerpunktmäßig zwischen Oktober und Dezember 1989. Die telefonisch geführten Interviews mit den Leiterinnen und Leitern zu besonderen Merkmalen der einzelnen Einrichtungen wurden überwiegend im Januar/Februar 1990 durchgeführt. Im Anschluß hieran erfolgte die Erhebung zur Personalstruktur im vollstationären Gruppendienst (Personalbestand und ausgeschiedene MitarbeiterInnen) mit Abschluß im Juni 1990.

(3) Einbezogene Einrichtungen

Die Befragung der MitarbeiterInnen im vollstationären Gruppendienst stützt sich auf insgesamt 66 Einrichtungen (vgl. Tabelle 2).

Tabelle 2: Einrichtungsbezogene Kennwerte der Befragung

Zahl der benannten Einrichtungen:		76
Zahl der aktiv beteiligten Einrichtungen:		66 (86.8%)
Davon Schwerpunkt im Bereich Jugendhilfe:		63
Ausfallgründe:		
	Keine Bereitschaft	3
	Kein Fragebogenrücklauf	1
	Nicht einschlägig	6
Verteilung nach Landesteilen:		
	Württemberg	86.4%
	Baden	13.6%
Verteilung nach Verbandszugehörigkeit:		
	Caritasverband für Württemberg	30.3%
	Diakonische Werke Württemberg u. Baden	47.0%
	DPWV Baden-Württemberg	22.7%
Verteilung nach Zahl der vollstationären Gruppen/Einrichtung:		
	bis 2	18.3%
	3 bis 5	36.7%
	6 bis 10	30.0%
	11 und darüber	15.0%
Verteilung nach Gruppenform (379 vollstationäre Gruppen)		
	Innengruppen	71.0%
	Außengruppen	29.0%

Läßt man die 6 Einrichtungen außer Betracht, die sich nach Untersuchungsziel oder Aufgabenschwerpunkt (keine Fachschulabsolventen im Gruppendienst tätig; Aufgaben überwiegend außerhalb der Jugendhilfe) nicht als Adressaten für das Projekt betrachteten, so ist vor allem festzuhalten, *daß Ergebnisverzerrungen als Folge von Ausfällen auf Einrichtungsebene weitgehend auszuschließen sind* (drei der Absagen kommen aus Kleineinrichtungen mit stark religiöser Prägung). Dies gilt allerdings mit zwei Einschränkungen: Von einem der projektunterstützenden Verbände konnten lediglich 45.5% der ihm angeschlossenen Einrichtungen für die Befragung gewonnen werden (diese beteiligten sich dann allerdings ohne Ausnahme). Ferner liegt für die einbezogenen Einrichtungen aus dem Landesgebiet Baden keine Repräsentativauswahl vor. Aus dem Landesteil Württemberg-Hohenzollern beteiligten sich immerhin 52% *aller* Jugendhilfe-Einrichtungen an der Untersuchung.

Zur Analyse des derzeitigen Mitarbeiterstandes und der bereits ausgeschiedenen Fachkräfte stehen indes lediglich die Angaben aus 54 der 66 Einrichtungen zur Verfügung. Die Analyse wurde aufgrund der Angaben von 864 derzeit tätigen und 396 ausgeschiedenen MitarbeiterInnen durchgeführt. Neben grundsätzlichen Bedenken gegenüber diesem Erhebungsteil (von 5 Einrichtungen geäußert) wurden vor allem Gründe der Arbeitsüberlastung erwähnt. Dies betrifft insbesondere den Erhebungsteil für ausgeschiedene MitarbeiterInnen; fünf Einrichtungen hielten den dafür erforderlichen administrativen Aufwand für nicht leistbar.

(4) Kennwerte der Befragtenstichprobe

Der Stichprobenumfang beträgt 505 MitarbeiterInnen aus vollstationären Formen der Gruppenbetreuung.

> Weitere 108 Fragebogen wurden von MitarbeiterInnen beantwortet, die in anderen Betreuungsformen (v.a. teilstationären Gruppen, Betreutem Jugendwohnen) im Gruppendienst tätig sind; diese Teilstichprobe wurde bei den *vergleichenden* Berufsfeldanalysen berücksichtigt. Insgesamt standen somit für die Auswertung Fragebogen von 613 MitarbeiterInnen aus 66 Einrichtungen der Jugenhilfe zur Verfügung.

Nach der verfügbaren Vergleichsbasis aus 54 Einrichtungen stimmt die Stichprobenzusammensetzung in den Merkmalen Ausbildungsqualifikation und Alter gut mit der Verteilung in der Grundgesamtheit überein. Bei den Merkmalen Geschlechtszugehörigkeit (mit einem Übergewicht von männlichen Befragten) und Gruppenform (mit einer verminderten Beteiligung von Außenwohngruppenangehörigen aus insgesamt 23 Einrichtungen) bestehen aber vermutlich gewisse Verzerrungen.

Die Angaben zur Verweildauer im stationären Gruppendienst in der Stichprobe (Gesamtverweildauer im Gruppendienst) und in der Grundgesamtheit (Verweildauer in der Betreuungsgruppe) sind nicht direkt miteinander vergleichbar.

(5) Rücklaufquote

Wie bereits erwähnt, wurden erhebliche organisatorische Anstrengungen unternommen, um eine ausreichende Beteiligung an der Untersuchung sicherzustellen.

Insgesamt liegt die erreichte Rücklaufquote bei nahezu exakt 50 % und damit bei einem für die Aussagekraft der Ergebnisse noch ausreichenden Wert, der über der etwa von Welter und Bauer-Denzel (1990) und von Mitransky (1990) berichteten Beteiligungshöhe an Fragebogenuntersuchungen von MitarbeiterInnen aus diesem Berufsfeld liegt. Dabei bestehen aber gravierende Unterschiede in der Beteiligungsquote zwischen den Einrichtungen, wobei in 56.7% der Einrichtungen eine Rücklaufquote von über 50% (bis zu 100%) erreicht wurde.

Hinsichtlich der Rücklaufquote sind zwei verfahrensbezogene Einflußgrößen sehr deutlich feststellbar. *Die Rücklaufquote ist vermindert, wenn*

- die Verteilung der Fragebögen in der Zeit vor Sommer- oder Weihnachtsferienbeginn erfolgte (hiervon betroffen sind 17 Einrichtungen);
- eine Vorstellung der Untersuchung durch den Projektleiter persönlich nicht erfolgen konnte, teils aus Termingründen, teils auf Wunsch der Einrichtungsleitungen (19 Einrichtungen).

Ferner variiert die Rücklaufquote mit der Einrichtungsgröße: es zeigte sich ein negativer Zusammenhang.

3. Vergleichsuntersuchungen zur Situation von MitarbeiterInnen in anderen Berufsfeldern

(1) Methodische Vorüberlegungen

Zielsetzung. Sozialwissenschaftlichen Befragungen und Erhebungen fehlt üblicherweise ein festes Bezugssystem, an dem die gewonnenen Ergebnisse "gemessen" und mit dessen Hilfe sie interpretiert werden können. Eine Hilfe können hier Vergleichsgruppenstudien bieten, wenn diese in methodisch geeigneter Weise durchgeführt werden.

Mit dieser Zielsetzung wurden im Rahmen des vorliegenden Projektes Untersuchungen zu weiteren Berufsfeldern durchgeführt. Diese beziehen sich auf die Berufssituation von pädagogischen Fachkräften in Kindertageseinrichtungen und von in der Verwaltung von Verbänden und Organisationen beschäftigten Personen. In die vergleichenden Analysen zu den verschiedenen Berufsfeldern sind auch Befunde mit aufgenommen, die sich auf die Tätigkeit von Fachkräften in teilstationären Betreuungsformen der Jugendhilfe beziehen. Trotz der Ähnlichkeit der Berufsaufgaben mit denen in vollstationären Formen der Gruppenbetreuung erscheint dies gerechtfertigt, weil auch bedeutsame Unterschiede - vor allem in den zeitlichen Arbeitsbedingungen - bestehen.

Methodische Probleme bei Vergleichsgruppenuntersuchungen. Um in Vergleichsstudien aussagekräftige Ergebnisse gewinnen zu können, müssen *sehr unterschiedliche methodische Voraussetzungen* berücksichtigt werden. Zwei besonders wichtige Kriterien seien kurz angesprochen:

(a) *Vergleichbarkeit der methodischen Erhebungs- und Auswertungsverfahren.*

Um quantitativ vergleichbare Befunde gewinnen zu können, genügt es nicht, ähnliche inhaltliche Fragestellungen zu untersuchen.

Wie unzulänglich dieses Kriterium ist, zeigt sich z.B. an den überraschend unterschiedlichen Ergebnissen in einigen durchgeführten Untersuchungen zur Abschätzung der Fluktuationsquote und der Fluktuationsursachen in den Berufsfeldern der Heimerziehung. Schoch (1989) berichtet darüber zusammenfassend. Es wäre gänzlich verfehlt, hieraus auf widersprüchliche Ergebnisse zu schließen, da eine Vielzahl anderer Einflußbedingungen gleichermaßen für die Unterschiedlichkeit der Befunde verantwortlich sein kann, z.B. die Definition, was unter Fluktuation zu verstehen ist, der Erhebungszeitpunkt und verschiedene Erhebungsregionen, sowie unterschiedliche methodische Durchführungsbedingungen.

Besondere methodische Probleme ergeben sich bei starker Abhängigkeit vom Kontext des Untersuchungsgegenstandes, wozu sicherlich auch die Tätigkeitsmerkmale unterschiedlicher Berufsfelder zählen. So war es nicht möglich, das zur Erfassung der Berufssituation von Fachkräften in Einrichtungen der Jugendhilfe entwickelte Befragungsverfahren auf die Arbeitssituation in Kindertageseinrichtungen und in Verwaltungsberufen unmittelbar anzuwenden. Hierzu mußten modifizierte Versionen der verwendeten Fragebogen zur Berufsfeldanalyse entwickelt werden. Wegen der sehr viel größeren Gemeinsamkeiten zwischen den drei pädagogischen Tätigkeitsfeldern sind dort die Unterschiede in den Befragungsverfahren geringfügig, während die für den Bereich der Fachkräfte in Verbänden und Organisationen erheblich größere Unterschiede aufweisen. Hier mußte auf die Erhebung von mehreren Merkmalen, die ausschließlich für die Tätigkeit in den pädagogischen Berufsfeldern bedeutsam sind, verzichtet werden; außerdem wurden hier die frei zu beantwortenden Befragungsteile stark gekürzt.

Eine ganze Reihe von Einflußgrößen kann somit zu einer methodisch bedingten Verminderung der Vergleichbarkeit von Untersuchungsbefunden aus den unterschiedlichen Berufsfeldern beitragen; dies muß bei der Interpretation der Ergebnisse berücksichtigt werden.

(b) *Auswahl von Vergleichsgruppen.*

Jedes Berufsfeld hat im allgemeinen ein ganz "individuelles" Merkmalsprofil, das sich aus der spezifischen Zusammensetzung von Tätigkeitsinhalten und beruflichen Rahmenbedingungen ergibt. Zudem gibt es keine "natürlichen" Vergleichsgruppen; diese müssen vielmehr in Abhängigkeit vom Schwerpunkt der jeweiligen Fragestellung bestimmt werden, wobei - leider - bei der Bearbeitung von praxisorientierten Problemstellungen häufig auch Fragen des Zugangs zu "günstigen" Vergleichsgruppen entscheidende Bedeutung erlangen.

Diese Einschränkung gilt bedauerlicherweise auch für die vorliegende Untersuchung. So blieben die vielfältigen Bemühungen, Vergleichserhebungen in *mindestens einem Berufsfeld außerhalb* der sozial-pflegerischen Dienstleistungsberufe durchzuführen, bei dem *zugleich* ein höherer

Anfall von Diensten zu ungünstigen Zeiten besteht, leider ergebnislos. Obgleich ein breites Spektrum von Arbeitsfeldern diese Voraussetzungen erfüllt, und zwar sowohl im Bereich der freien Wirtschaft wie auch in staatlichen Organisationen, konnte keine Zugangsmöglichkeit erschlossen werden.

Die Einbeziehung der pädagogischen Aufgabenfelder in *Kindertageseinrichtungen* und der *teilstationären* Betreuungsformen in der Jugendhilfe erschien deshalb sinnvoll, weil hier einerseits vielfältige Übereinstimmungen mit der vollstationären Gruppenbetreuung vorhanden sind (Tätigkeitsmerkmale, teilweise auch Fachschulausbildung und Zusammensetzung der Fachkräfte in Bezug auf die Geschlechtszugehörigkeit), während andererseits deutliche Unterschiede vor allem bei den zeitlichen Arbeitsbedingungen bestehen. Diese Konstellation sollte vor allem auch sinnvolle Vergleichsaussagen über den Fluktuationsumfang und dessen Ursachen ermöglichen.

Die MitarbeiterInnen in *Verbänden und Organisationen* erfüllen vor allem ein für Vergleichsaussagen wesentliches Differenzierungskriterium: Die Tätigkeitsschwerpunkte liegen hier (überwiegend) außerhalb jener sozial-pädagogisch-pflegerischen Aufgabenfelder, welche häufig mit negativen psychischen Auswirkungen bei längerzeitiger Berufsausübung in Beziehung gebracht werden ("burn-out"-Effekte). Ferner ist für die MitarbeiterInnen aus Verbänden und Organisationen der Anteil von Diensten zu ungünstigen Zeiten deutlich geringer. Ein wesentlicher Nachteil in der Zusammensetzung dieser Vergleichsgruppe ergibt sich durch die Festlegung lediglich der Institutionszugehörigkeit, nicht aber der Zugehörigkeit zu einem homogenen Berufsfeld. In Bezug auf berufliche Tätigkeitsmerkmale und Ausbildungsqualifikation ist diese Vergleichsgruppe daher wesentlich heterogener zusammengesetzt als die drei pädagogischen Berufsgruppen.

(2) Untersuchungsrahmen und Stichprobenzusammensetzung

a) Pädagogische Fachkräfte mit Tätigkeit in teilstationären Betreuungsformen

In die Vergleichsanalysen aufgenommen wurden pädagogische Fachkräfte, die in Einrichtungen der Jugendhilfe teilstationäre Betreuungsaufgaben in Tagesgruppen oder Betreutem Jugendwohnen wahrnehmen.

Die Entwicklung dieser teilstationären Betreuungsformen hat in den zurückliegenden Jahren wesentlich zur Angebotsdifferenzierung in der Jugendhilfe beigetragen. Legt man die Einschätzungen der befragten LeiterInnen zugrunde, so ist derzeit in vielen Einrichtungen die quantitative Nachfrage vor allem nach Angeboten der Tagesbetreuung so hoch, daß die verfügbaren Betreuungsplätze nicht ausreichen. Zunehmende, teilweise als "katastrophal" eingeschätzte Schwierigkeiten für derartige Betreuungsformen ergeben sich dabei - ganz besonders im Bereich des Betreuten Jugendwohnens - durch fehlendes Wohnraumangebot.

An der Befragung haben sich 108 MitarbeiterInnen aus 25 Einrichtungen mit Tätigkeitsschwerpunkt in diesen Betreuungsformen beteiligt. Dabei handelt es sich um eine Teilstichprobe der in die Hauptuntersuchung einbezogenen Einrichtungen. Kenngrößen zur Stichprobenzusammensetzung sind in Tabelle 3 dargestellt.

Tabelle 3: Rahmenkenngrößen der Befragung von Fachkräften mit Tätigkeit in teilstationären Betreuungsformen (n=108, 25 Einrichtungen, alle Angaben in Prozent).

Verteilung nach Trägerschaft	Caritasverband	28,0
	Diakonisches Werk	56,0
	Kommunale Träger	12,0
Ausbildungsabschluß	Fachschule (Erzieher/in, Jugend- und Heimerzieher)	55,8
	breitere Qualifikation	44,2
Geschlecht und Familienstand	männlich	31,9
	davon verheiratet	72,4
	weiblich	68,1
	davon verheiratet	25,8
Anderweitige praktische Berufserfahrung	nein	71,9
	ja	28,1

Da lediglich in etwa der Hälfte aller Einrichtungen teilstationär tätige MitarbeiterInnen bei der Kontaktaufnahme vor Ort anwesend waren und persönlich um ihre Beteiligung an der Befragung gebeten werden konnten, und außerdem keine gesonderten Erhebungen zu MitarbeiterInnen-

Kennwerten vorliegen, ist eine Abschätzung der Fragebogen-Rücklaufquote und der Repräsentativität der Stichprobenzusammensetzung nicht möglich. Lediglich hinsichtlich der Ausbildungsqualifikation sind entsprechende Basisinformationen für *Tagesgruppen* bekannt. Danach würde der Anteil der MitarbeiterInnen mit Fachschulabschluß als ErzieherIn bzw. Jugend- und HeimerzieherIn in der vorliegenden Stichprobe mit 55.8% deutlich über dem Wert in der Grundgesamtheit (25.5%) liegen.

b) Pädagogische Fachkräfte in Kindertageseinrichtungen

An der Durchführung dieser Teiluntersuchung haben sich 312 MitarbeiterInnen aus Kindertageseinrichtungen unterschiedlicher Verbandszugehörigkeit und Trägerschaft der Landesteile Baden und Württemberg beteiligt (vgl. Tabelle 4). Diese Einrichtungen decken bei regionaler Streuung einen hohen Flächenanteil der südlichen und östlichen Landesteile von Baden-Württemberg ab.

Tabelle 4: Rahmenkenngrößen der Befragung von Fachkräften der Kindertageseinrichtungen (n = 321, alle Angaben in Prozent).

Verteilung nach Landesteilen	Württemberg	75,7
	Baden	24,3
Verteilung nach Trägerschaft	Caritasverband	58,9
	Diakonisches Werk	24,3
	Kommunal	16,8
Verteilung nach Betreuungsform	Kindergärten	94,1
	sonstige (Tagesstätten, Horte)	5,9
Geschlecht und Familienstatus	mannlich	2,8
	weiblich	97,2
	davon verheiratet	37,9
Anderweitige praktische Berufserfahrungen	nein	87,6
	ja	12,4

Zusätzlich erhoben - allerdings nicht in allen einbezogenen Einrichtungen - wurden auch hier Personalkennwerte zum derzeitigen MitarbeiterInnen-Bestand und zu den ausgeschiedenen Fachkräften; inhaltlich besteht dabei völlige Übereinstimmung zu den Erhebungen der Hauptuntersuchung bei Fachkräften der Jugendhilfe. Bei der Verteilung der Fragebögen mußte teilweise anders verfahren werden (persönliche Erläuterung des Untersuchungsvorhabens und der Erhebungsinstrumente bei Treffen von EinrichtungsleiterInnen oder MitarbeiterInnen; Weitergabe der Untersuchungsmaterialien durch FachberaterInnen; postalische Zusendung), so daß die Anzahl und die Zusammensetzung der von der Distribution erreichten Fachkräfte nicht exakt zu bestimmen waren. Daher sind keine völlig zuverlässigen Aussagen über die Zahl der einbezogenen Einrichtungen und über die Auswahl und die Rücklaufquote der Befragungsstichprobe möglich.

Festzuhalten ist zunächst, daß die Merkmalszusammensetzung in den einbezogenen Einrichtungen (Basiserhebung) hohe Übereinstimmung mit den Personalkennwerten der Fachkräfte (n = 6,737) aufweist, die sich an einer soeben veröffentlichten bundesweit durchgeführten Befragung beteiligt haben (Kindergarten heute 1990).

Der Vergleich zwischen den Erhebungsdaten und den persönlichen Kennwerten der Fachkräfte, liefert lediglich für eines der erhobenen Merkmale eine deutlichere Abweichung: Der Anteil der Kinderpflegerinnen, die sich an der Befragung beteiligt haben, ist im Vergleich zum Personalbestand vermindert.

Bei einer vollständig kontrollierbaren Teilstichprobe (118 Fachkräfte, kommunale Trägerschaft) lag die *Rücklaufquote* bei 48.6%.

c) MitarbeiterInnen aus Verbänden und Organisationen

Als Vergleichsgruppe mit beruflichen Aufgabenfeldern, die schwerpunktmäßig *außerhalb* des sozial-pädagogischen Tätigkeitsbereichs liegen, wurden 101 MitarbeiterInnen aus Verbänden und Organisationen (Landesgeschäftsstellen des Caritasverbandes für Württemberg, des Diakonischen Werkes Wüttemberg und des Deutschen Paritätischen Wohlfahrtsverbandes Baden-Württemberg) in die Untersuchung einbezogen. Die Rücklaufquote betrug lediglich 30%, der Stichprobenumfang liegt bei N=101. Dabei haben sich an der Befragung vor allem Fachkräfte auf der Referentenebene und solche mit Berufsaufgaben in Verwaltungsbereichen beteiligt (vgl. Tabelle 5).

Tabelle 5: Rahmenkenngrößen der Befragung von MitarbeiterInnen aus Verbänden und Organisationen (n = 101, alle Angaben in Prozent).

Verteilung nach Trägerschaft	Caritas	29,3
	Diakonisches Werk	61,6
	DPWV	9,1
Verteilung nach Funktion	Hausdienste	1,0
	Schreibkraft	3,1
	SekretärIn	19,8
	SachbearbeiterIn	8,3
	ReferentIn	54,2
	Sonstiges	13,5
Geschlecht und Familienstatus	männlich	41,8
	davon verheiratet	76,3
	weiblich	58,2
	davon verheiratet	52,8
Anderweitige praktische Berufserfahrungen	nein	25,8
	ja	74,2
	davon in Mitgliedseinrichtungen des Verbandes	33,3

Bevor im folgenden Hauptteil auf die wesentlichen Ergebnisse eingegangen wird und Verbesserungsmaßnahmen erörtert werden, soll hier noch kurz auf die *methodischen* Leitüberlegungen eingegangen werden, die bei der Planung der Untersuchungskonzeption als wesentlich angesehen worden waren und letztendlich zu diesem sehr breiten Durchführungsrahmen geführt haben.

Daß im Rahmen der zeitlich eng begrenzten Bearbeitungsvorgaben nicht alle Teilbereiche umfassend analysiert werden konnten, erscheint unvermeidlich. So ist das vorliegende Datenmaterial vor allem in Hinblick auf wichtige Einflüsse auf die einzelnen Untergruppen nicht vollständig ausgeschöpft (dazu gehören etwa geschlechtsspezifische Unterschiede oder der Einfluß spezifischer Bedingungen auf Einrichtungs- oder Teamebene).

4. Methodische Bewertung des Untersuchungsansatzes

Es ist nunmehr nach Abschluß des Vorhabens die Frage zu stellen, ob und in welchem Umfang sich diese Zielvorgaben insgesamt bewährt haben.

(1) *Untersuchungsinstrument.* Der Fragebogen war vor allem unter der Zielsetzung entwickelt worden, inhaltlich differenzierte Hinweise zur Situationseinschätzung durch MitarbeiterInnen und darüber hinaus aus ihrer Sicht sinnvolle Vorschläge für Maßnahmen zu gewinnen. Hierzu wurde als methodische Besonderheit eine jeweils mehrteilige halboffene Befragung zu den einzelnen Berufs- und Tätigkeitsmerkmalen vorgesehen.

Die durchgeführten Kontrollanalysen zeigen, daß wesentliche Voraussetzungen für die praktische Tauglichkeit der eingesetzten Untersuchungsmethode erfüllt sind: Im Durchschnitt äußern sich 82.4% der Befragten bei jedem einzelnen Merkmalsbereich des Berufsfeldes zumindest zu einer der drei gestellten Zusatzfragen (welche Gegebenheiten lohnen sich beibehalten zu werden, welche sind aus persönlicher Sicht vor allem veränderungsbedürftig, wo liegen praktische Ansatzpunkte für Verbesserungsmaßnahmen?). Dieser Befund belegt zugleich den überwiegend hohen Grad an Sorgfalt und Kooperationsbereitschaft derjenigen Angehörigen des Berufsfeldes, die sich an der Befragung beteiligt haben.

Die genauere Analyse liefert deutliche Hinweise, daß dabei die Benennung von Bedingungen, die geändert, und solchen, die beibehalten werden sollten, im vorliegenden Verfahren keine symmetrischen Beziehungen zur Dringlichkeitseinschätzung für Veränderungen aufweisen. Sie unterliegen unterschiedlichen psychometrischen Gesetzmäßigkeiten und erfüllen unterschiedliche Funktionen, die vor allem auch für die Interpretation der Aussagen in Hinblick auf die Entwicklung von Maßnahmen berücksichtigt werden müssen: Dabei werden *Veränderungsziele* definiert, sinnvoll erscheinende *Lösungswege* aus der Sicht der Befragten erhoben und beibehaltenswürdige Gegebenheiten offensichtlich vor allem mit der Zielsetzung formuliert, auf beschränkende *Randbedingungen* der für sinnvoll gehaltenen Verbesserungsmöglichkeiten hinzuweisen.

Beide Ergebnisse erlauben die Schlußfolgerung, daß das entwickelte Verfahren zur Analyse von Arbeits- oder Berufsbedingungen sowohl in quantitativer als auch in qualitativer Hinsicht aussichtsreiche methodische Ansatzpunkte bietet, um differenzierte handlungsleitende Ergebnisse für die Planung von Maßnahmen zu gewinnen.

Inwieweit allerdings diese Befragungsform - in Anbetracht des mit der Bearbeitung verbundenen, nicht unerheblichen Aufwandes - die Rücklaufquote ungünstig beeinflußt, kann nicht zuverlässig abgeschätzt werden.

(2) *Mehr-Ebenen-Datenerhebung.* Die Entscheidung, berufsfeldbezogene Analysen nicht ausschließlich oder überwiegend auf Befragungsdaten zu stützen, sondern vielmehr durch Befunde auf *verschiedenen Datenebenen* abzusichern, erweist sich nicht allein in methodischer Hinsicht als wesentlich. Vielmehr zeigen die Analysen in wichtigen Teilbereichen, daß die Ergebnisse subjektiver Einschätzungen - etwa zum Umfang der beruflichen Gesamtzufriedenheit - mit den auf anderer Datenebene gewonnenen Befunden durchaus nicht immer übereinstimmen. Betrachtet man etwa den Fluktuationsumfang in den verschiedenen Berufsfeldern, so widersprechen sich die auf unterschiedlichen Datenebenen gewonnenen Befunde sogar.

Dies bedeutet *nicht* eine generelle, methodisch begründete Abwertung persönlicher Einschätzungen. Unterstrichen wird durch die Befunde erneut (vgl. z.B. Fishbein/Ajzen; Stroebe 1980) die häufig geringe Beziehung zwischen subjektiven Einschätzungen und tatsächlichem Handeln. Im vorliegenden Fall ist vor allem daran zu erinnern (Günther/Stapf 1987), daß Anlaß und Zielsetzungen einer Befragung zu dem hier untersuchten Gegenstand (gleichgültig, ob schriftlich oder in Interviewform) eher ein *soziales* Rollenverständnis der Befragungspartner nahelegen und weniger die Äußerung *privater* Meinungen.

Im Rahmen der Untersuchungen wurde zwar eine differenzierte Erfassung von berufsbezogenen Belastungsformen und -bedingungen versucht. Als wesentliche Einschränkung ist jedoch zu berücksichtigen, daß der vorliegende Durchführungsrahmen zusätzlich zu subjektiven Belastungseinschätzungen keine weiteren Erhebungen zu Beanspruchungsbedingungen und auswirkungen auf anderen Datenebenen zuließ. Nach Ergebnissen sonstiger Untersuchungen (z.B. Lazarus/Launier 1978) ist zweifellos auch in diesem Bereich keine Einheitlichkeit in den Befunden zu kognitiven, physiologischen und verhaltensbezogenen Belastungskenngrößen zu erwarten.

(3) *Vergleichsgruppen.* Bei der Wahl der Untersuchungskonzeption war davon ausgegangen worden, daß die Beurteilung der Situation berufs- oder lebensälterer MitarbeiterInnen im Gruppendienst berufsfeld*interne* Vergleichsanalysen zwingend erfordert. Damit ist die Einbeziehung von Gruppen unterschiedlichen Alters und verschiedener Dauer der Tätigkeit

gemeint. Zusätzlich erfolgt eine methodisch angemessene Begründung *externer* Vergleichsbefunde, also die Einbeziehung weiterer Berufsfelder. Die tatsächlichen Durchführungsmodalitäten weisen - infolge nicht überwindbarer praktischer Schwierigkeiten - mehrere methodische Schwächen auf.

> Trotz intensiver Bemühungen gelang es *nicht*, Berufsgruppen mit nicht pädagogisch-pflegerischen Arbeitsschwerpunkten bei zugleich bestehenden ungünstigen *zeitlichen* Arbeitsbedingungen in die Untersuchung mit einzubeziehen, um trennschärfere Vergleichsaussagen über die spezifischen Einflüsse von Tätigkeitsinhalten und -bedingungen zu ermöglichen. Bei den beteiligten Vergleichs-Berufsgruppen weist nach den Stichprobenmerkmalen - vor allem Umfang und Auswahlkriterien - die Erhebung für den Bereich der Kindertageseinrichtungen methodisch weitgehend befriedigende Kennwerte auf, während den Ergebnissen zur Berufssituation von MitarbeiterInnen in teilstationären Betreuungsformen und in Verbänden und Organisationen lediglich begrenzte Verallgemeinerbarkeit zukommt.

Dennoch erscheint uns unbestreitbar, daß die hier vorgetragenen Einschätzungen zu Problemschwerpunkten bei Fachkräften der vollstationären Gruppenbetreuung gerade durch den Vergleich mit weiteren Berufsgruppen eine wesentliche Verbesserung im *Grad der methodischen Absicherung* erfahren haben. Dieser konnte in den bislang vorgelegten einschlägigen Untersuchungen zum Berufsfeld (v.a. Brombach/Schäuble 1984; Fleischer 1990; Mitransky 1990; Welter/ Bauer-Denzel 1990) nicht erreicht werden. Er ist aber auch bei der überwiegenden Zahl der Studien zu anderen Berufsfeldern (z.B. Bundesanstalt für Arbeit 1985; Neuberger/ Allerbeck 1978) nicht gegeben, wenn dabei eine zusätzliche, nicht allein auf subjektive Einschätzungen zur Arbeitszufriedenheit gestützte Absicherung der Befunde erwartet wird.

C. Befunde zu den einzelnen Berufsfeldern

1. Erläuternde Vorbemerkungen

In diesem ersten Teil werden die wichtigen Untersuchungsergebnisse zu den vier Berufsfeldern dargestellt. Dem Anliegen des Forschungsvorhabens entsprechend nimmt die Ergebnisdarstellung zur Berufssituation in der vollstationären Gruppenbetreuung den breitesten Raum ein. Aussagekräftige Ergebnisse (nach Stichprobenumfang und -schichtung) liegen auch zur Berufssituation der pädagogischen Fachkräfte in Kindertageseinrichtungen vor; eine differenzierte Auswertung muß allerdings einer gesonderten Veröffentlichung vorbehalten bleiben. Vergleichsweise knapp dargestellt werden die Ergebnisse zur Arbeitssituation von Fachkräften in teilstationären Betreuungsformen und von MitarbeiterInnen in Verbänden und Organisationen, weil die Aussagekraft der Befunde hierzu inhaltlich (nach Breite des Erhebungsrahmens) wie aus methodischen Gründen (Stichprobenumfang und -auswahl) begrenzter ist.

Die Ergebnisse zu jedem der vier Berufsfelder werden jeweils in drei Abschnitten dargestellt:

(1) Kenngrößen zur Mitarbeiterzusammensetzung und - soweit erhoben - zu "objektivierbaren" Rahmenbedingungen der Tätigkeit

(2) Subjektive Beurteilungen der Arbeitssituation:

  (a) Einstellungen zur getroffenen Berufs-Wahlentscheidung

  (b) Umfang der Zufriedenheit/Unzufriedenheit mit bestehenden Arbeits- und Berufsfeldbedingungen

  (c) Erlebte Veränderungen der Arbeitsbedingungen in der zurückliegenden Zeit.

Der Ergebnisdarstellung liegen jeweils umfangreiche Erhebungen zugrunde, die für die einzelnen Berufsfelder weitgehend übereinstimmen; lediglich den MitarbeiterInnen aus Verbänden und Organisationen wurden teilweise andere Fragen gestellt; die Gründe dafür liegen in den teilweise abweichenden Tätigkeitsmerkmalen und der (gekürzten) Erhebungsdurchführung. Hauptsächlich aus Platzgründen wird auf die Auswertung der Erläuterungen der von den Befragten genannten Gründen für ihre Unzufriedenheit/relative Zufriedenheit und auf ihre Vorschläge für Verbesserungsmaßnahmen nicht näher eingegangen; auf die darin enthaltenen inhaltlichen Informationen wird aber im Rahmen der ausführlichen Diskussion in den späteren Kapiteln Bezug genommen.

Die quantitativen Befunde bei Beurteilung der einzelnen Merkmale in den vier Arbeits- und Berufsfeldern und deren Veränderung in der zurückliegenden Zeit sind zusammenfassend in Anhang B wiedergegeben.

(d) Einschätzung spezifischer Belastungseinflüsse. Zur Abschätzung der beruflichen Belastung wurden mehrere Indikatoren berücksichtigt:

* Einschätzung des Belastungsumfanges zum Befragungszeitpunkt im Vergleich zur alltäglichen Durchschnittsbelastung,

* Beschreibung von regelmäßig auftretenden Belastungen im Tages-, Wochen- und Jahresverlauf,

* Zeitpunkte im vergangenen Jahr, die als besonders belastend in Erinnerung sind,

* Auswirkungen der beruflichen Belastungen auf das gesundheitliche Wohlbefinden und auf die gesamte Lebenssituation.

Bei den drei pädagogischen Berufsfeldern zusätzlich

* erlebte Veränderung der persönlichen Belastbarkeit im Verlauf der Berufsausübung,

* Kinder/Jugendliche in der betreuten Gruppe, die nach dem Eindruck der BetreuerInnen die pädagogische Arbeit stark belasten oder erschweren.

Zur Beschreibung der Mitarbeiterbelastung in den vier Berufsfeldern wird häufiger auch auf qualitative Befunde eingegangen, weil sich bei mehreren Beanspruchungskenngrößen in den quantitativen Einschätzungen der befragten MitarbeiterInnen allein keine Unterschiede zeigen: Spezifische Probleme (etwa Auswirkungen der Arbeitstätigkeit auf die Gesundheit) in den einzelnen Tätigkeitsfeldern werden erst sichtbar, wenn die inhaltlichen Begründungen zusätzlich miteinbezogen werden.

Angemerkt sei, daß Einschätzungen über den Umfang der Belastung zum Befragungszeitpunkt vor allem zur Methodenkontrolle erhoben wurden: Da die Befragung in den Berufsfeldern zu verschiedenen Zeiten durchgeführt wurde, kann nicht ausgeschlossen werden, daß Einflüsse des Befragungszeitpunktes - gerade auch in Anbetracht der von den Befragten selbst berichteten jahreszeitlichen Schwankungen des Belastungsumfanges (s.u.) - zu systematischen Verzerrungen der Untersuchungsbefunde führten.

Als wichtiger Befund ist daher festzuhalten, daß sich für die Einschätzung der Belastung zum Befragungszeitpunkt weder statistisch sicherbare Unterschiede zwischen allen einbezogenen noch zwischen den pädagogischen Tätigkeitsfeldern zeigen.

Abschließend sei erwähnt, daß die gewählte dreiteilige Gliederung der persönlichen Einschätzungen über die Arbeitssituation durch die Ergebnisse mehrerer Faktorenanalysen methodisch abgesichert wurde (zu diesen statistischen Verfahren vgl. z.B. Überla 1971): Die Einzelmerkmale, auf die sich die Einschätzungen innerhalb der drei Urteilsbereiche (Arbeits(un)zufriedenheit / Veränderung von Arbeitsbedingungen im Zeitverlauf / Arbeitsbelastung) beziehen, weisen fast durchgängig in jedem Berufsfeld substantielle Ladungen auf einem ersten, varianzstarken Faktor auf (für spezieller an methodischen Fragen interessierte LeserInnen wird auf die faktorenanalytische Befunddarstellung im Anhang verwiesen). Entsprechend darf - auch methodisch begründet - von einem höheren oder geringeren Grad der "Arbeits(un)zufriedenheit", der (erlebten) "Arbeitsbelastung" und einer eher positiven oder negativen "Tönung" der Veränderung von Arbeitsbedingungen in einem Berufsfeld oder auch aus der Sicht der einzelnen MitarbeiterInnen gesprochen werden.

(3) Umfang und Ursachen der Mitarbeiterfluktuation

Diesem Bereich kommt besondere Bedeutung im Hinblick auf die Personal- und Berufsfeldentwicklung zu. Es werden Ergebnisse aus den einzelnen Berufsfeldern zu bereits ausgeschiedenen und zur Fluktuationsbereitschaft der derzeit tätigen Fachkräfte dargestellt. Umfangreichere Erhebungen über Merkmale von Fachkräften, die in den letzten Jahren aus dem jeweiligen Berufsfeld ausgeschieden sind, wurden allerdings nur für zwei Berufsfelder (vollstationäre Gruppenbetreuung, Kindertagesstätten) durchgeführt.

Auf die Schwierigkeit, daß der Begriff "Fluktuation" unterschiedlich definiert werden kann, sei ausdrücklich hingewiesen (einen ausführlichen Überblick über unterschiedliche Festlegungen - und entsprechend abweichende Untersuchungsergebnisse - bei Erhebungen, die zu den Berufsfeldern in der Heimerziehung durchgeführt wurden, gibt vor allem Schoch (1989). Bei unseren eigenen Erhebungen zu ausgeschiedenen Fachkräften sind Kenngrößen zur Mitarbeiterfluktuation auf das *Verlassen einer Gruppenposition* bezogen.

2. Tätigkeit in der vollstationären Gruppenbetreuung

2.1. Rahmenbedingungen der Tätigkeit und Mitarbeiterzusammensetzung

2.1.1. Kenngrößen zur Dienstgestaltung

Durch die pädagogischen Anforderungen ergeben sich für die Tätigkeit in der vollstationären Gruppenbetreuung wichtige Besonderheiten vor allem bei den zeitlichen Arbeitsbedingungen; zentrale Befunde hierbei sind:

* Zwei Drittel aller Fachkräfte müssen in jeder dritten Nacht oder häufiger Nachtdienst leisten;

* 64.8% der Fachkräfte müssen Ganztages-Vollzeitbetreuung auch an Wochenenden und Feiertagen leisten.

Als zusätzliche ungünstige Rahmenbedingung im Schichtdienst (dies entspricht der üblichen Dienstzeitregelung in Innenwohngruppen) ist zu berücksichtigen, daß bei mehr als der Hälfte der MitarbeiterInnen - bedingt durch die Schul- oder Ausbildungszeiten der Kinder - die tägliche Dienstzeit unterbrochen ist ("geteilter Dienst"), während bei fehlenden Schichtdienstregelungen (überwiegend in ausgelagerten Wohngruppen) für die Betreuungs-Erstkräfte im Regelfall tägliche Tages- und Nachtdienstbereitschaft (einschließlich der Wochenenden) erforderlich ist.

Die Tätigkeit in ausgelagerten Wohngruppen weist entsprechend besonders ungünstige Kennwerte auf; hier müssen 85.6% der MitarbeiterInnen, die sich an der Untersuchung beteiligt haben, mindestens jede dritte Nacht und 24.4% sogar durchgehend Bereitschaftsdienst leisten.

Mit diesen Kennwerten unterscheiden sich die vorherrschenden zeitlichen Arbeitsbedingungen bei Tätigkeit in der vollstationären Betreuung beträchtlich von den insgesamt derzeit üblichen, aber auch von jenen der weiteren in die Studie einbezogenen Berufsfelder (s.u., Teil D).

2.1.2. Merkmale der betreuten Kinder und Jugendlichen

Die Untersuchung zeigt eine Merkmalszusammensetzung der vollstationär betreuten Kinder und Jugendlichen, die weitgehend mit an anderer

Stelle veröffentlichten Ergebnissen (z.B. Landeswohlfahrtsverband Württemberg-Hohenzollern 1989) übereinstimmen (deutliches Überwiegen des Jungenanteils und der Altersgruppen über 10 Jahren; bei 39.4% sonderpädagogische schulische Betreuungsformen).

Beachtenswert ist die sehr beträchtliche Streuung in allen erfaßten Merkmalen auf Gruppen- wie auch auf Einrichtungsebene, z.B.:

* Gruppengrößen: In den meisten Gruppen (51.7%) werden zwischen 7 und 9 Kinder betreut; immerhin 12.7% der Gruppen setzten sich aber - zum Erhebungszeitpunkt - aus 10 oder mehr Kindern zusammen.

* Betreuungsdauer: 27.9% der Kinder/Jugendlichen sind seit weniger als 12 Monaten in der derzeitigen Gruppe; entsprechend hoch ist auch die Zahl der Gruppen (22.5%) und der Einrichtungen (26%), in denen der Anteil der Neuzugänge im zurückliegenden Jahr bei mindestens 40% liegt. Umgekehrt findet sich aber in mehr als der Hälfte der Gruppen mindestens ein Kind mit einer Betreuungsdauer von über 4 Jahren.

* Altersstreuung: In immerhin 29.2% der Gruppen liegt die Altersdifferenz zwischen dem jüngsten und ältesten Kind bei mehr als 8 Jahren (die entsprechend sehr heterogenen alterstypischen Voraussetzungen müssen von den pädagogischen Fachkräften berücksichtigt werden).

2.1.3. Persönliche und berufsbiographische Kennwerte der MitarbeiterInnen

Basiskennwerte

Die Analysen erbringen folgende grundlegende Ergebnisse zum Mitarbeiterbestand (vgl. Tabelle 6):

Insgesamt sind 69.4% der gegenwärtig in der vollstationären Gruppenbetreuung tätigen Fachkräfte Frauen.

Der Altersdurchschnitt liegt derzeit bei 32.0 Jahren (Männer: 33.5, Frauen: 31.3 Jahre); fast drei Viertel der Fachkräfte sind weniger als 35 Jahre alt.

Tabelle 6: Zusammensetzung der derzeitigen und der ausgeschiedenen Fachkräfte im Gruppendienst (in Prozent, Untergruppen in Kursivdruck).

a) Ausbildungsabschluß und Geschlecht.

	Erzieher/ Innen	Jugend- und HeimerzieherInnen	Breitere Ausbildung	Gesamt
derzeitige Fachkräfte	41,4	19,1	39,5	(858)
ausgeschiedene Fachkräfte	49,2	14,1	36,6	(396)
Davon weiblich				
derzeitige Fachkräfte	82,8	61,0	59,3	69,4
ausgeschiedene Fachkräfte	83,6	60,7	61,4	72,3

b) Altersverteilung (bei ausgeschiedenen Fachkräften zum Ausscheidungszeitpunkt) und Alter bei Tätigkeitsbeginn in der Gruppe.

	Altersverteilung		Alter bei Tätigkeitsbeginn	
Alter	Stand	ausgeschieden	Stand	ausgeschieden
unter 25	12,4	10,0	30.7	42.1
25 bis 30	35,7	44,2	39.2	37.0
30 bis 35	22,9	28,1	18.3	14.8
35 bis 40	15,0	11,9	6.6	3.6
40 bis 45	5,5	2,2	3.0	1.7
45 bis 50	3,3	1,7	1.2	0.3
50 bis 55	2,3	1,1	1.1	0.6
55 bis 60	2,1	0,3	0,0	0,0
60 und darüber	0,8	0,6	0,0	0,0
Mittelwert	32,0	30,3	27.9	26.4
n	856	360	845	359

c) Tätigkeitsdauer in der Gruppenposition.

Jahre	Stand	ausgeschieden	Kumulierte Verteilungen[1] Stand	ausgesch.	Differenz
0	24,8	8,1			
1	17,5	18,9	75,2	91,1	-16,7
2	11,9	13,4	57,7	73,0	-15,3
3	10,8	12,6	45,9	59,6	-13,7
4	5,5	12,4	35,0	47,0	-12,0
5	4,9	13,1	29,5	34,6	-5,1
6	3,4	6,3	24,6	21,5	3,1
7	3,6	4,8	21,3	15,2	6,1
8	2,7	3,3	17,6	10,4	7,2
9	1,9	2,3	15,0	7,1	7,9
10 bis 14	8,0	3,8	13,1	4,8	8,3
15 bis 19	3,1	0,8	5,0	1,3	3,7
20 und darüber	1,9	0,3	1,9	0,3	1,7
Mittelwert	4,4	4,3			

Die Verteilungen unterscheiden sich statistisch signifikant ($p<0,01$).

1) Tätigkeitsdauer länger als ... Jahre

d) Tätigkeit vor der letzten bzw. jetzigen Gruppenposition.

Tätigkeit	Stand	ausgeschieden
Ausbildung	44,8	53,8
Gleiche Einrichtung	12,0	9,1
Sonstiges	43,2	37,1

60.5% der im vollstationären Gruppendienst tätigen Fachkräfte verfügen über einen Fachschulabschluß als ErzieherIn (41.4%) oder Jugend- und HeimerzieherIn (19.1%), 39.5% haben einen breiteren - und meist formal höher qualifizierten - Ausbildungsabschluß (darunter sind über 80% an Fachhochschulen oder Berufsakademien ausgebildete SozialpädagogInnen).

Dabei bestehen Kovariationsbeziehungen zwischen Ausbildungsgang und Geschlecht: Unter den Fachkräften mit Jugend- und Heimerzieherabschluß und denen mit breiterer Qualifikation befindet sich ein deutlich höherer Anteil an Männern (etwa 40%) als bei den ErzieherInnen.

41.2% der MitarbeiterInnen sind verheiratet. Dabei besteht ein deutlicher Geschlechtsunterschied: Nur 27.4% der weiblichen, aber 66.4% der männlichen Fachkräfte haben Familie.

Der Eintritt - in das Berufsfeld insgesamt wie auch in die derzeit betreute Gruppe - erfolgte bei der ganz überwiegenden Mehrzahl der augenblicklich tätigen wie auch der ausgeschiedenen Fachkräfte im Alter zwischen 20 und 30 Jahren (bei MitarbeiterInnen mit Fachschulabschluß während der ersten Hälfte des dritten Lebensjahrzehnts, bei MitarbeiterInnen mit breiterem Ausbildungsgang zu Beginn der zweiten Hälfte; gewisse Abweichungen zeigen sich allerdings bei MitarbeiterInnen, die über Seitenzugangswege zum Berufsfeld gestoßen sind (s.u.).

Daraus ergibt sich insbesondere, daß die durchschnittliche Tätigkeitsdauer im Gruppendienst für Fachkräfte mit Fachschulabschluß, wenn sie zwischen 30 und 34 Jahre alt sind, bereits 7 und wenn sie zwischen 35 und 39 sind, fast 10 (9.87) Jahre beträgt (bei Fachkräften mit breiterem Qualifikationsabschluß liegen die entsprechenden Werte mit 4.16 und 6.73 Jahren entsprechend niedriger).

In Hinblick auf die berufsbiographischen Zugangswege läßt sich folgendes feststellen:

52.6% der Fachkräfte verfügen über keinerlei weiteren beruflichen Vorerfahrungen außerhalb der jetzt ausgeübten Tätigkeit. Ein Drittel der Fachkräfte hat noch eine weitere Berufsausbildung, ist also über Seitenzugangswege zum Berufsfeld des pädagogischen Gruppendienstes gestoßen.

Fast zwei Drittel (63.6%) der MitarbeiterInnen waren von Beginn ihrer Gruppentätigkeit an in der jetzigen Einrichtung tätig. Dabei sind 44.8% der Fachkräfte unmittelbar von der Ausbildung in die augenblicklich betreute Gruppe gekommen, 12.0% waren zuvor in der gleichen Einrichtung bei einer anderen Gruppe beschäftigt. Der Umfang der horizontalen Fluktuation ist demnach bei den Fachkräften des stationären Gruppendienstes - sowohl zwischen Jugendhilfeeinrichtungen als auch innerhalb der Einrichtungen - vergleichsweise gering.

Zwei Drittel der MitarbeiterInnen mit Fachschulabschluß (65.3%), die über sonstige Zugangswege zum Tätigkeitsfeld der stationären Jugendhilfe gelangt sind, kommen aus dem Bereich der Kindertageseinrichtungen. Bei den Fachkräften mit breiterer Ausbildungsqualifikation stellen sich die Übergänge heterogener dar; 31.4% haben vorher eine Form der Lehrtätigkeit ausgeübt.

Seitenzugänge

Näher untersucht wurde die Gruppe der Fachkräfte, die vor ihrer sozialpädagogischen Tätigkeit in (mindestens) einem weiteren Berufsfeld tätig waren; ihr Anteil am Gesamtbestand der MitarbeiterInnen liegt bei 30.1%. Dabei wurden Fachkräfte, die zwar über eine weitere Ausbildung verfügen, nicht aber über anderweitige Berufspraxis, als gesonderte Gruppe behandelt. Insgesamt zeigt sich, daß MitarbeiterInnen, die über Seitenzugänge zum Berufsfeld gestoßen sind, sich in weiteren berufsbiographischen Merkmalen deutlich von Fachkräften ohne berufliche Vorerfahrungen unterscheiden:

* Die Gesamtverweildauer liegt deutlich höher. Am ausgeprägtesten sind die Unterschiede bei MitarbeiterInnen mit mindestens 15jähriger Berufsausübungsdauer (ohne Vorerfahrungen: 17.2%; weitere Berufsausbildung: 31.0%; zusätzliche Berufserfahrung: 51.7%).

* Zugleich ist damit - und infolge des durchschnittlich um 4 Jahre höheren Eintrittsalters in das Berufsfeld - aber auch ihr Anteil an der Gruppe der älteren MitarbeiterInnen stark erhöht.

* Deutlich mehr Männer (36.0%) als Frauen (27.6%) sind über Seitenzugangswege (vor allem über den Ausbildungsgang zum Jugend-/Heimerzieher) zum Berufsfeld gestoßen.

* Ein deutlich erhöhter Anteil der in Außengruppen tätigen Fachkräfte (50%) verfügt über zusätzliche Berufserfahrungen.

Verweildauer

Nach den Befunden beträgt die mittlere Gesamtverweildauer der derzeit tätigen Fachkräfte im Berufsfeld 6,08 Jahre, die Betreuungsdauer in der gegenwärtigen Gruppe 4,42 Jahre. Dabei weisen Fachkräfte mit einem Ausbildungsgang als Jugend- und Heimerzieher eine überdurchschnittlich hohe Verweildauer sowohl im Berufsfeld insgesamt als auch in der gegenwärtigen Gruppenposition auf; auch bei den ausgeschiedenen Fachkräften zeigt sich die durchschnittlich höchste Verweildauer bei Fachkräften mit Jugend- und HeimerzieherInnen-Ausbildung.

Der Anteil von Neuzugängen auf Gruppenpositionen ist entsprechend hoch: 42.3% der MitarbeiterInnen in der vollstationären Betreuung sind in der jetzigen Gruppe seit weniger als 2 Jahren tätig. Da nur ein geringer Anteil der Personalwechsel in den Gruppenpositionen auf horizontale Veränderungen innerhalb der stationären Tätigkeit zurückgeht (s.o.), verdeutlicht dieses Ergebnis vor allem den derzeit sehr beträchtlichen MitarbeiterInnen-Ersetzungsbedarf.

Dabei weisen die einzelnen Einrichtungen sowohl in Bezug auf die Alterszusammensetzung ihrer MitarbeiterInnen wie auch im Hinblick auf den Anteil von Fachkräften mit kurzer Betreuungsdauer in ihrer Gruppe beträchtliche Unterschiede auf. Beachtenswert ist vor allem, daß in 12 von 51 in die Analyse einbezogenen Einrichtungen mehr als 40 % der MitarbeiterInnen über 35 Jahren alt sind; dort kommt den Fragen zur Berufssituation älterwerdender MitarbeiterInnen im Gruppendienst demnach sehr viel höheres Gewicht zu, als dies durch die Berücksichtigung allein der Altersverteilung im gesamten Berufsfeld nahegelegt würde. Dieser Befund muß bei Diskussionen zur Maßnahmeentwicklung beachtet werden.

Die Teams zeigen typische Kennwerte hinsichtlich der MitarbeiterInnen-Zusammensetzung, wobei derzeit den meisten Betreuergruppen nicht ausschließlich weibliche Fachkräfte und mindestens eine Fachkraft mit breiterem Qualifikationsabschluß angehören; fast immer trifft dies auf die Teamzusammensetzung in ausgelagerten Wohngruppen zu. Ein besonderes Gewicht für die spätere Interpretation gewinnt dieser Sachverhalt deshalb, weil diese Unterschiede der Teamzusammensetzungen zugleich mit Merkmalsunterschieden bei den betreuten Kindern und Jugendlichen einhergehen. Fachkräfte unterscheiden sich demnach außer durch ihr Geschlecht und unterschiedliche Ausbildungsabschlüsse noch durch wesentliche weitere berufsbezogene Merkmale, die ebenfalls bedeutsame Auswirkungen etwa auf den erlebten Belastungsumfang haben können.

Insgesamt 26.6% der Befragten sind nach ihren Angaben Mitglied in einem Berufsverband oder einer beruflichen Interessenvertretung; bei jüngeren Fachkräften und MitarbeiterInnen in Innenwohngruppen ist der Anteil deutlich geringer.

Innerhalb der letzten drei Jahre haben nach eigenen Angaben 37.8% der Gruppenfachkräfte an einrichtungsinternen und 48.8% an einrichtungsexternen Fortbildungsveranstaltungen teilgenommen. Bei beiden Angebotsformen ist die Beteiligung von MitarbeiterInnen mit 10- bis 14-jähriger Tätigkeitsdauer (mit 57.1% bzw. 65.4%) am höchsten; deutlich vermindert ist die Beteiligung von Personen mit noch längerer Tätigkeit im Gruppendienst oder während der ersten beiden Dienstjahre.

Aktuelle Umschichtungen in der Personalstruktur

Näher untersucht wurde auch, ob sich Fachkräfte, die in allerletzter Zeit - innerhalb der zurückliegenden zwei Jahre - neu in einer vollstationär betreuten Gruppe tätig geworden sind, in ihren berufsbiographischen Merkmalen deutlich von Ihren KollegInnen, die bereits längere Zeit in einer bestimmten Gruppe arbeiten, unterscheiden.

> Diese Untersuchungen könnten Hinweise auf Veränderungstrends in der Zusammensetzung der in der Gruppenerziehung tätigen MitarbeiterInnen geben, die auf zwei unterschiedliche Einflußgrößen zurückführbar sind:
>
> (a) Nachfragebezogene Einflüsse. So könnte die seit langem geführte und bis heute nicht abgeschlossene Diskussion über anstrebenswerte Qualifikationsvoraussetzungen (z.B. Ausbildungsgänge), durch entsprechende Stellenneubesetzungen zu einer Umschichtung hinsichtlich bestimmter berufsbiographischer Merkmale der im Gruppendienst tätigen Fachkräfte beitragen.
>
> (b) Angebotsbezogene Einflüsse. Berücksichtigt man die sehr aktuelle Diskussion über zunehmende Schwierigkeiten bei der Mitarbeitergewinnung für Jugendhilfeeinrichtungen (s.o., Teil A), so könnten auch solche externen Einflüsse zur veränderten Merkmalsverteilung bei den zuletzt eingestellten MitarbeiterInnen beitragen.
>
> Zusätzlich müssen bei den Analysen als eine weitere wichtige Einflußgröße Selektionseffekte in Betracht gezogen werden, die zu Merkmalsverschiebungen bei den längerfristig im Berufsfeld "überlebenden" MitarbeiterInnen führen können. Diese Selbstselektionseinflüsse können zu scheinbaren Merkmalsveränderungen im Zeitverlauf führen, die aber nicht auf Merkmalsunterschieden zum Zeitpunkt des Tätigkeitsbeginns der MitarbeiterInnen beruhen müssen;

zu berücksichtigen ist dabei vor allem (s.u., Fluktuationskennwerte), daß (derzeit) etwa ein Viertel der ausscheidenden MitarbeiterInnen diesen Schritt bereits nach einer Tätigkeitsdauer von weniger als zwei Jahren auf der jeweiligen Gruppenposition tut. Der vorliegende Analyserahmen, der auf retrospektiv gewonnenen Zeitreihendaten beruht, ermöglicht keine methodisch saubere Kontrolle solcher Störeinflüsse.

Untersucht wurde zunächst, ob sich die in den beiden letzten Jahren neu in eine Gruppenposition gekommenen Fachkräfte hinsichtlich ihres Zugangsalters von den längerzeitig tätigen GruppenmitarbeiterInnen unterscheiden. Danach sind in letzter Zeit mehr MitarbeiterInnen im Altersbereich zwischen 25 und 40 Jahren in die Gruppen eingetreten, als dies nach der Zusammensetzung der längerzeitig tätigen MitarbeiterInnen zu erwarten wäre, während die Zugangshäufigkeit von MitarbeiterInnen der jüngsten Altersgruppe prozentual zurückgegangen ist (Chi-Quadrat = 5.08, df=1, 5%-Niv.sign.).

Dieser Befund ist sicherlich nicht "künstlich" auf Selbstselektionseffekte zurückzuführen, also darauf, daß in dieser (Zugangs-) Altersgruppe die Ausscheidequote systematisch erhöht wäre; im Gegenteil ist vielmehr - angesichts einer vermutlich erhöhten Ausscheidequote im Altersbereich unter 25 Jahren (s.u.) - sogar anzunehmen, daß der tatsächliche Rückgang der Neuzugänge von MitarbeiterInnen der jüngsten Altersgruppe anteilsmäßig noch ausgeprägter ist, als dies in den hier post hoc analysierten Querschnittdaten zum Ausdruck kommt.

Ferner zeigt sich bei den Mitarbeiterzugängen gegenwärtig eine statistisch gesicherte Umschichtung bei der Ausbildungsqualifikation, insbesondere ein deutlicher Rückgang von Jugend- und HeimerzieherInnen. Obwohl dieser Effekt teilweise auf Selbstausleseprozesse zurückführbar sein mag - die Gruppe der Jugend- und Heimerzieher ist nach vorausgehend beschriebenen Befunden durch eine überdurchschnittliche Positionsstabilität in der Gruppenbetreuung gekennzeichnet -, bleibt als Ergebnis festzuhalten: Während von den etwas "berufsälteren" Fachkräften in der Gruppenbetreuung noch fast ein Viertel einen Abschluß als Jugend- und Heimerzieher hat, ist dieser Ausbildungsgang in den beiden letzten Jahren für die Stellenbesetzung weitgehend bedeutungslos geworden.

Betrachtet man die berufsbiographischen Zugangswege, so zeigt sich insgesamt keine statistisch bedeutsame Veränderung. Wohl aber zeigen sich hinsichtlich der unterschiedlichen Ausbildungsgänge statistisch hoch gesicherte Umschichtungen bei den neueintretenden MitarbeiterInnen: Der Anteil von FachschulabsolventInnen - ErzieherInnen wie auch Jugend- und HeimerzieherInnen -, die in den beiden zurückliegenden Jahren direkt nach der Ausbildung Gruppenpositionen übernommen haben, ist im Vergleich zu den "berufsälteren" KollegInnen zurückgegangen, der Anteil der Neueintretenden aus der dritten Gruppe - also vor allem SozialpädagogInnen - dagegen gewachsen.

Zugleich hat der Anteil von jungen MitarbeiterInnen, die im Alter unter 25 Jahren Gruppenpositionen übernommen haben, abgenommen und zwar bei allen betrachteten Zugangswegen und Ausbildungsgängen, überraschenderweise - trotz des Anstieges an BerufsanfängerInnen - trendmäßig auch bei breiteren Ausbildungsabschlüssen.

Untersucht wurden schließlich Veränderungen der Anteile von männlichen und weiblichen Fachkräften. Obwohl sich dabei keine statistisch gesicherten Unterschiede zeigen, ist doch der weitere Anstieg des Anteils weiblicher Fachkräfte, die in den beiden letzten Jahren Gruppenpositionen übernommen haben, beachtenswert: Die Tätigkeitsfelder in der Jugendhilfe entwickeln sich trendmäßig immer deutlicher in Richtung Frauenberufe.

Zwei der festgestellten Umschichtungseffekte könnten (vor allem in ihrem Zusammenwirken) zu einem Anstieg von künftigen Konfliktpotentialen im Berufsfeld führen:

* Der deutliche Rückgang der Fachkräfte mit Jugend- und Heimerzieher-Ausbildung (längerzeitig tätige MitarbeiterInnen: 22.6%; Erhebungsjahr: 12.9%).

* Der Rückgang von BerufsanfängerInnen mit Fachschulabschluß (während ein Anteil von 87.5% der längerzeitig tätigen MitarbeiterInnen mit Fachschulabschluß unmittelbar von der Ausbildung in ihre derzeitige Teamposition eingetreten sind, waren es im Erhebungsjahr nur noch 64.4%.)

  Eine wesentliche Folge dieser Umschichtungen ist nämlich, daß neu in den Gruppendienst eintretende männliche Gruppenmitarbeiter zunehmend über die besseren formalen Qualifikationsvoraussetzungen (und damit vermutlich auch die günstigeren Chancen für einen berufsfeldinternen Aufstieg) verfügen.

2.1.4. Ergänzende Befunde der Befragung von EinrichtungsleiterInnen

Die bei den Leiterinnen und Leitern in 55 Einrichtungen durchgeführte Befragung bezieht sich weitestgehend auf Organisationskenngrößen der Einrichtungen mit unmittelbarem Bezug zur Personalsituation und den Arbeitsbedingungen der MitarbeiterInnen; folgende Befunde sind zu erwähnen:

Besetzung von Mitarbeiterstellen

Während in 25% der Einrichtungen keine Besetzungsschwierigkeiten von Mitarbeiterstellen bestehen, zeigen sich die Schwierigkeiten in den übrigen mit fast gleicher Häufigkeit in drei Formen:

- Nicht-Besetzbarkeit einer oder mehrerer (4 Einrichtungen) freier Stellen über den Zeitraum von einigen Monaten (bis hin zur Schließung von Gruppen; in zwei Einrichtungen können wegen Mitarbeitermangel voll belegbare Gruppen nicht eröffnet werden).
- Mitarbeiterpositionen mit definierten Merkmalen können nicht adäquat besetzt werden; besonders häufig genannt werden Besetzungsschwierigkeiten durch männliche Fachkräfte, Erzieher mit Fachschulausbildung, speziell Jugend- und Heimerzieher sowie durch berufserfahrene Fachkräfte.

  Zusätzlich können in 5 Einrichtungen nicht alle Stellen für AnerkennungspraktikantInnen (mit Übernahmeperspektive) besetzt werden, so daß erhebliche Befürchtungen hinsichtlich zukünftiger Besetzungsprobleme bestehen.
- In den übrigen Einrichtungen wird über einen teilweise drastischen Rückgang der Bewerberzahlen berichtet, allerdings ohne daß bisher Stellen unbesetzt geblieben wären. In zwei Einrichtungen wird auf die Problemverlagerung nach dem Einstellungszeitpunkt hingewiesen.

Belegungsprobleme

Die ganz überwiegende Mehrzahl der Einrichtungen berichtet über gute Belegung oder sogar Überbelegung zum Befragungszeitpunkt (Januar/Februar 1990), teilweise gibt es eine Warteliste. Bei vier Einrichtungen besteht insgesamt Unterbelegung, bei weiteren fünf Einrichtungen in bestimmten Gruppen (z.B. Jungen). Zusätzlich gibt es in zwei Einrichtungen keine Vollbelegung wegen Mitarbeitermangels. Bessere Belegungsmöglichkeiten bestehen häufiger für teilstationäre als für vollstationäre Betreuungseinrichtungen; in zwei Einrichtungen ist die Einschätzung umgekehrt; hinzu kommen in zwei Einrichtungen Mitarbeiterprobleme durch die Aufnahme von Kindern, die eigentlich vollstationär betreut werden müßten.

Aktuelle Veränderungen des Betreuungsangebotes

In weit mehr als der Hälfte der Einrichtungen (65.9%) stehen oder standen im Jahr 1989 Angebotsveränderungen an. Diese bezogen sich in lediglich zwei Fällen ausschließlich auf Gruppenabbau. In den anderen Einrichtungen bezieht sich die Veränderung etwa zur Hälfte auf Umstellungen (Auslagerung; Umwandlung von voll- in teilstationäre Betreuungsform) oder auf die Einführung verschiedener neuer Angebotsformen.

In zwei Einrichtungen kann die anstehende Auslagerung wegen fehlenden Wohnraums nicht erfolgen.

Die Innovationsbereitschaft der Einrichtungen ist demnach beträchtlich, immerhin in einem Drittel der Einrichtungen werden neue Betreuungsformen oder -angebote erprobt. Teilweise ergeben sich dadurch allerdings auch Auswirkungen auf die Positionsstabilität der MitarbeiterInnen in den Gruppen (s.u.).

Organisations- und Funktionsmerkmale

Es bestehen zwischen den Einrichtungen teilweise beträchtliche Unterschiede in einer Vielzahl der erfragten Organisations- und Funktionsmerkmale (z.B. Vorhandensein und Funktion von GruppenleiterInnen; Dienstplangestaltung und Rahmenbedingungen; Besoldungskriterien; Verfahren bei der Neueinstellung von GruppenmitarbeiterInnen und der Aufnahme von Kindern/Jugendlichen; Wahrnehmung von Außenkontakten durch Gruppenkräfte; Weisungsbefugnis der Fachdienste; Modalitäten bei der (Gruppen-)Kassenführung und -abrechnung; zentrale Essens-, Wasch- und Putzangebote).

Dieses Ergebnis macht zusätzlich unwahrscheinlich, daß die in späteren Analysen (s.u., Kap. D/ 4.) festgestellten Einschätzungsunterschiede der Tätigkeitsbedingungen durch MitarbeiterInnen in verschiedenen Einrichtungen auf Artefakteinflüsse zurückgehen.

2.2. Einschätzung der Arbeits- und Berufssituation

2.2.1. Einstellungen zur getroffenen Berufs-Wahlentscheidung

Bei Einschätzung der Frage, ob man einem Dritten raten würde, den Beruf des Heimerziehers zu wählen, legen sich zwar fast zwei Drittel der Befragten nicht auf eine Bewertung fest, häufig verbunden mit dem Hinweis, daß dies jeder selbst zu entscheiden habe. Bei den übrigen Befragten, die sich auf eine Bewertungsrichtung festlegen (Subgruppenprüfungen - mit deutlich vermindertem Stichprobenumfang - wurden zugrundegelegt), überwiegend negative Empfehlungen deutlich (26.2% vs. 9.8%).

Besonders auffällig ist dabei, daß sich auch das Antwortmuster befragter Fachkräfte, die erst seit weniger als zwei Jahren in der stationären Gruppenbetreuung tätig sind, nur unwesentlich von dem ihrer dienstälteren KollegInnen unterscheidet - auch bei ihnen überwiegen bereits (im Verhältnis 2:1) die ablehnenden gegenüber den positiven Berufswahlempfehlungen. Der meistens feststellbare Einstellungs"bonus" (der dissonanztheoretisch zur Rechtfertigung einer freiwillig getroffenen Wahlentscheidung zu erwarten ist; vgl. Festinger 1954) findet sich im vorliegenden Berufsfeld (wie auch bei den BerufsanfängerInnen in teilstationären Betreuungsformen) nur andeutungsweise.

Dieser Befund, daß die bei den MitarbeiterInnen des Gesamtberufsfeldes vorherrschende Negativeinstellung auch bei den neu in das Berufsfeld eintretenden Fachkräften sehr bald nach (oder bereits vor) dem Ausbildungsabschluß anzutreffen ist, verdient bei der Erörterung von Maßnahmeentwicklungen besondere Beachtung.

Die Verteilung der inhaltlichen Begründungen für eine positive oder negative Berufswahlentscheidung unterstreicht diese sehr zwiespältige Einstellung zum eigenen Berufsfeld:

Die Merkmale der beruflichen Tätigkeit (Arbeit mit Menschen; Sinngehalt der Tätigkeit; Vielseitigkeit der Aufgaben; Einbringen eigener Vorstellungen; Anstöße für die eigene Persönlichkeitsentwicklung) werden zu über 90% positiv bewertet. Der hohe Schwierigkeitsgrad der pädagogischen Aufgabe (einschließlich mangelnder Erfolge) wird zwar überwiegend negativ eingeschätzt, immerhin noch ein Viertel der Aussagen wird aber auch hier der Positivseite zugeordnet.

Ganz überwiegend negativ bewertet werden die Tätigkeitsbedingungen und ihre Auswirkungen - wobei als einzige Teilkomponente das hohe Ausmaß an Autonomie überwiegend positiv eingeschätzt wird - und die Langzeitperspektive (zu 91.4%); ganze zwei der 505 Befragten erwähnen hier die "relative Sicherheit des Arbeitsplatzes".

Anders betrachtet: In der Einschätzung der MitarbeiterInnen beziehen sich die positiven Bewertungskriterien für das Berufsfeld der Heimerziehung selektiv (zu einem Anteil von mehr als 75%) auf die fachlichen Tätigkeitsmerkmale, während die negativen ganz überwiegend die Arbeitsbedingungen betreffen.

2.2.2. Berufszufriedenheit

Ein hoher Anteil der im vollstationären Gruppendienst tätigen pädagogischen Fachkräfte kritisiert sowohl die Rahmenbedingungen des Berufsfeldes insgesamt als auch die allgemeinen Arbeitsbedingungen im persönlichen Tätigkeitsbereich. Dabei fällt auf, daß der Umfang der Kritik an den persönlichen Tätigkeitsbedingungen über dem Durchschnittswert für die vier untersuchten Berufsfelder liegt, während die Häufigkeit der Unzufriedenheit, die sich auf die allgemeinen Rahmenbedingungen des Berufsfeldes beziehen, etwas unter dem Durchschnittswert der vier Berufsfelder liegt. Dies kann ein Hinweis auf den hohen Grad an persönlicher Betroffenheit durch unbefriedigende oder belastende Merkmale des Arbeitsfeldes sein.

Die Unzufriedenheit mit den Arbeitsbedingungen konzentriert sich dabei auf vier Problembereiche:

* Vergütung,
* Möglichkeiten für Weiterbildung und beruflichen Aufstieg,
* Gesellschaftliche Anerkennung des Berufsfeldes,
* zeitliche Arbeitsbedingungen.

Bezüglich der drei zuerst genannten Kritikschwerpunkte sind die Beurteilungswerte dem Gesamtdurchschnitt in den vier erfaßten Berufsfeldern ähnlich; in Bezug auf die zeitlichen Arbeitsbedingungen zeigte sich dagegen bei den im vollstationären Bereich tätigen Fachkräften ein beträchtlich höherer Umfang an Unzufriedenheit.

Beachtenswert ist ferner, daß immerhin die Hälfte der befragten Fachkräfte des vollstationären Dienstes mit ihren Möglichkeiten für die fachliche Arbeit mit den betreuten Kindern und Jugendlichen unzufrieden ist.

Insgesamt wenig problematisch eingeschätzt werden die Qualität der Kollegialbeziehungen und die Form der Aufgabenverteilung im Team sowie die Beziehungen zu KollegInnen innerhalb der Einrichtung, etwas mehr Kritik bezieht sich auf die Zusammenarbeit mit Fachkräften der Leitungs- und der Fachdienstebene. Vergleichsweise positiv - deutlich günstiger als in den anderen untersuchten Berufsfeldern - wird die Qualität der Zusammenarbeit mit einrichtungsexternen Institutionen (Schulen, Ausbildungsstätten, Beratungsstellen und Jugendämtern) beurteilt.

Zwar übt immerhin ein Drittel der befragten MitarbeiterInnen im vollstationären Dienst auch Kritik an den räumlichen und ausstattungsbezogenen Voraussetzungen ihres Arbeitsplatzes, jedoch liegt der Umfang der Kritik hier - wie auch in Bezug auf den Standort der jeweiligen Gruppe bzw. der Gesamteinrichtung - unter dem Vergleichswert aus den übrigen Berufsfeldern.

2.2.3. Erlebte Veränderung der Arbeitsbedingungen

Insgesamt besteht bei den MitarbeiterInnen in der vollstationären Gruppenbetreuung der Eindruck, daß sich in der zurückliegenden Zeit die Arbeitsbedingungen eher verbessert hätten: Über alle beurteilten Einzelmerkmale hinweg entfallen immerhin 31% der Einschätzungen auf Verbesserungen und nur 20.6% auf Verschlechterungen.

Ein vergleichbares Ergebnis liefern auch die Einschätzungen über die Veränderungen der "Tätigkeitsbedingungen insgesamt": Der Eindruck einer zunehmenden Verbesserung der Arbeitsbedingungen findet sich wesentlich häufiger als der einer Verschlechterung (40.7% : 11.8%); diese Grundtönung ist damit optimistischer als der Gesamtdurchschnitt in den untersuchten vier Berufsfeldern.

Betrachtet man indes die beurteilten Merkmale im einzelnen, so ist dieser günstige Gesamtbefund durchaus nicht mehr eindeutig wiederzufinden: Lediglich vier Merkmale weisen eine über dem Durchschnitt der vier Berufsfelder liegende positive Tönung der Veränderungsrichtung auf, während bei zehn weiteren Merkmalen die Einschätzungen weniger positiv sind als im Gesamtdurchschnitt der vier untersuchten Berufsfelder. Besonders kritisch erscheint dabei, daß bezüglich der vier Merkmale des Arbeits- und Berufsfeldes, die als derzeit besonders unbefriedigend eingestuft werden (Vergütungsbedingungen, Möglichkeiten für Weiterbildung und beruflichen Aufstieg, zeitliche Arbeitsbedingungen, gesellschaftliche Anerkennung des Berufsfeldes) eine pessimistische Einschätzung der Veränderungsrichtung überwiegt; jedes dieser vier Merkmale wird zudem pessimistischer eingeschätzt als im Gesamtdurchschnitt der vier Berufsfelder. Auch hinsichtlich der fachlichen Arbeitsvoraussetzungen für die pädagogische Betreuung der Kinder/Jugendlichen - einem ebenfalls überdurchschnittlich häufig kritisierten Merkmal - überwiegt der pessimistische Eindruck einer zunehmenden Verschlechterung in der zurückliegenden Zeit.

Als deutlich positiv werden die Veränderungen bezüglich der Teamzusammenarbeit (Qualität der Teambeziehungen, Aufgabenverteilung), der Beziehungen zu KollegInnen innerhalb der Gesamteinrichtung und der räumlichen und ausstattungsbezogenen Voraussetzungen (hier werden zunehmende Verbesserungen auch häufiger berichtet als im Durchschnitt der vier Berufsfelder) eingeschätzt. Auch bei der Qualität der Zusammenarbeit mit Eltern werden häufiger Verbesserungen als Verschlechterungen wahrgenommen (27.5% : 11.8%), wobei diese optimistische Einschätzung dennoch wesentlich zurückhaltender ausfällt als bei Fachkräften der teilstationären Betreuungsformen (s.u.).

2.2.4. Belastungskenngrößen

Auf die - vorwiegend zur methodischen Kontrolle in die Erhebung aufgenommene - Frage nach dem Belastungsumfang zum Zeitpunkt der Befragung antworten 36.4% der MitarbeiterInnen aus dem vollstationären Gruppendienst, der Umfang der derzeitigen Belastung sei "wie üblich", fast die Hälfte der Befragten (47.6%) halten ihn für "überdurchschnittlich hoch"; lediglich 16% der Befragten aus dem Berufsfeld empfinden den Belastungsumfang zum Zeitpunkt der Befragung als "geringer als üblich".

Über regelmäßige Belastungsspitzen ihrer Arbeit im Tagesablauf berichten 77% der befragten Fachkräfte im vollstationären Gruppendienst; diese Einschätzung liegt über dem Durchschnittswert der Berufsfelder; deutliche Schwerpunkte bilden dabei die Essens- und Hausaufgabenbetreuungszeiten, ferner die Zeitabschnitte beim Aufstehen und Zu-Bett-Bringen der Kinder.

Besondere Arbeitsbelastungen an bestimmten Tagen im Wochenverlauf erleben 68% der MitarbeiterInnen des vollstationären Gruppendienstes; auch diese Kenngröße liegt über dem Gesamtdurchschnitt der Berufsfelder. Besonders häufig werden hierbei die Tage vor und nach den Wochenenden sowie die Wochenendzeiten selbst genannt.

Ein sehr hoher Anteil (76.3%) der befragten Fachkräfte erlebt schließlich auch besonders belastende Phasen im Jahresrhythmus, wobei besonders häufig die Zeiten vor und nach Schuljahresende sowie vor Weihnachten genannt werden; allerdings finden sich Einschätzungen über Belastungsspitzen im Jahresrhythmus im Gesamtdurchschnitt der untersuchten Berufsfelder sogar noch etwas häufiger als bei MitarbeiterInnen in der vollstationären Betreuung.

Überdurchschnittlich häufig werden im hier betrachteten Arbeitsfeld auch Zeitpunkte des zurückliegenden Jahres erwähnt, die als besonders belastend in Erinnerung geblieben sind: Lediglich 19% der Fachkräfte können sich an solche besonders belastenden Zeitabschnitte nicht erinnern, während fast 54% der Befragten mehr als einen solchen Zeitpunkt benennen. Der Hauptanteil der dafür verantwortlichen Ereignisse bezieht sich auf besondere Probleme bestimmter Kinder/Jugendlicher aus der Gruppe, zahlenmäßig gefolgt von Nennungen, die sich auf Schwierigkeiten zwischen den Betreuungspersonen beziehen und - abgesehen von Abwesenheitszeiten von TeamkollegInnen - ganz überwiegend mit der Fluktuation zusammenhängen (zeitweise unbesetzte Teamstellen, Mehrbelastungen durch Einarbeitung neu in das Team eingetretener KollegInnen).

68.5% der befragten Fachkräfte aus dem vollstationären Gruppendienst beschreiben (mindestens) ein Kind, das die pädagogische Arbeit in ihrer Gruppe überdurchschnittlich stark belastet oder erschwert; dies entspricht etwa dem Gesamtdurchschnitt in den drei pädagogischen Berufsfeldern.

Dieses Ergebnis muß in Beziehung zu einem weiteren, prägnanten Befund gesehen werden, der allerdings einer differenzierten Interpretation bedarf (s.u., Kap. D/ 2): Mehr als die Hälfte der in der stationären Gruppenbetreuung tätigen Fachkräfte (52.3%) hat den Eindruck, daß Häufigkeit und Umfang psychosozialer Störungen bei den betreuten Kindern zunehmen - lediglich 10.2% der befragten Fachkräfte formulieren den entgegengesetzten Eindruck. Ein vergleichbares Urteilsmuster findet sich aber übereinstimmend *in allen drei pädagogischen Berufsfeldern* - die Einschätzungen der Fachkräfte im vollstationären Gruppendienst sind dabei sogar weniger ungünstig als in den beiden anderen pädagogischen Arbeitsfeldern.

34.5% der MitarbeiterInnen des vollstationären Dienstes erleben eine Abnahme der persönlichen Belastbarkeit im Zeitverlauf; besonders pessimistische Einschätzungen bringen dabei MitarbeiterInnen zum Ausdruck, die länger als vier Jahre im Berufsfeld tätig sind. Andererseits äußern immerhin 25.9%, daß sich der Grad ihrer persönlichen Belastbarkeit in der zurückliegenden Zeit verbessert habe.

Nur eine geringe Minderheit der im vollstationären Gruppendienst tätigen MitarbeiterInnen (13.8%) verspürt *keine* ungünstigen Auswirkungen der beruflichen Tätigkeit auf das gesundheitliche Wohlbefinden: 71.3% berichten über gelegentliche und 14.9% sogar über sehr deutliche Beeinträchtigungen.

Dabei besteht ein beachtenswerter Zusammenhang zur Berufsausübungsdauer im Gruppendienst; der Anteil der MitarbeiterInnen, die über sehr starke Beeinträchtigungen des gesundheitlichen Wohlbefindens berichten, steigt monoton an: Von 9.2% bei einer Berufsverweildauer unter zwei Jahren bis auf 25% bei über 15 Jahre tätigen Fachkräften.

Ein ähnlicher Zusammenhang zeigt sich auch mit dem Lebensalter der Befragten - aber nur bis zum Beginn des 5. Lebensjahrzehnts; Fachkräfte im vollstationären Gruppendienst im Alter über 45 Jahren schätzen hingegen den Grad ihrer gesundheitlichen Beeinträchtigung durch die Berufsbelastungen überdurchschnittlich günstig ein.

Diese Einschätzungen über gesundheitliche Beeinträchtigungen zeigen keine statistisch sicherbaren Abweichungen vom Gesamtdurchschnitt der vier Berufsfelder. Das Fehlen quantitativer Unterschiede bedeutet jedoch noch nicht, daß damit auch eine Übereinstimmung in qualitativer Hinsicht bezüglich der beschriebenen gesundheitlichen - überwiegend somato-psychischen und psycho-somatischen - Beschwerden besteht:

Vielmehr zeigen sich zwei berufsfeldspezifische Beschwerdeformen, die wesentlich häufiger genannt werden als in den anderen Berufsfeldern (die Unterschiede sind statistisch hoch gesichert), nämlich

* Magen- und Eßprobleme sowie
* Schlafstörungen.

Als beachtenswerter Subgruppenunterschied zeigt sich ferner, daß MitarbeiterInnen der ausgelagerten Wohngruppen seltener über Schlafstörungen berichten, hingegen überproportional häufig über Phasen der Antriebslosigkeit vor allem als Folge eines "chronischen Schlafdefizites".

Etwa ein Drittel der Befragten berichtet über positiv erlebte Auswirkungen der Arbeitstätigkeit auf die Gesamtlebenssituation (dieser Anteil ist höher als bei MitarbeiterInnen in Kindertageseinrichtungen und in Verbänden/Organisationen): Ein Teil der MitarbeiterInnen empfindet die Nebenwirkungen ihrer von den üblichen Arbeitszeitregelungen abweichenden Dienstzeiten als günstig, vor allem werden aber Rückwirkungen auf die eigene Persönlichkeitsentwicklung positiv erlebt (Tiefe des sozialen und emotionalen Verständnisses für die Situation anderer Menschen, Einklang zwischen persönlichen Wertorientierungen und beruflichen Anforderungen).

Zugleich beschreiben aber 90.4% der Befragten ungünstige Auswirkungen der Berufssituation auf ihr Privatleben; dieser Anteil liegt deutlich höher als in den drei anderen Berufsfeldern.

Dabei zeigen sich teilweise deutliche Unterschiede zwischen Subgruppen innerhalb des Berufsfeldes: Die in Innenwohngruppen tätigen (ganz überwiegend im Schichtdienst arbeitenden) Fachkräfte schätzen die Auswirkungen deutlich ungünstiger ein, als die in ausgelagerten Wohngruppen beschäftigten. Weniger häufig über negative Auswirkungen berichten aber auch MitarbeiterInnen mit längerer Berufsausübungsdauer sowie Fachkräfte über 45 Jahren.

Die Analyse der qualitativen Aussagen verweist zunächst auf Problemschwerpunkte, die mit unregelmäßigen Dienstzeiten und der Arbeit insbesondere auch an Abenden und Wochenenden in Zusammenhang stehen. Dazu zählen einerseits Beschränkungen bei der gesellschaftlich-kulturellen Interessenentfaltung infolge des unregelmäßigen, langfristig kaum planbaren Freizeitbudgets, andererseits aber auch quantitative wie qualitative Beeinträchtigungen der sozialen Beziehungen

* innerhalb der Familie (oft mehrtägige Abwesenheit von den eigenen Kindern, insbesondere bei ungünstigen Dienstzeitregelungen an Wochenenden, Zerrüttung von Ehebeziehungen) und
* im Freundeskreis.

Auffallend viele Aussagen beziehen sich ferner auf reizbar-dysphorische Verstimmungen und das "Hineintragen" von beruflichen Alltagsproblemen in das Privatleben, was in dieser Form als allgemeine Folge von ungünstigen Dienstzeitregelungen bisher empirisch nicht bekannt ist. Diese Auswirkungen der Berufstätigkeit sind deshalb besonders beachtenswert, weil damit gerechnet werden muß, daß durch derartige problematische Verhaltensmuster negative Reaktionen bei den Sozialpartnern im privaten Lebensfeld hervorgerufen werden, die insbesondere auch die Bereitschaft zum Ausscheiden aus dem Berufsfeld insgesamt zusätzlich erhöhen können.

2.3. Mitarbeiterfluktuation und Fluktuationsbereitschaft

In Berufsfeld der vollstationären Betreuung gehören die Kennwerte bezüglich der Fluktuation von MitarbeiterInnen zu den grundlegenden Problemen; sie werden daher im folgenden genauer analysiert; die Analysen stützen sich auf einen gesonderten, umfangreichen Erhebungsteil (s.o., Teil B II.).

2.3.1. Ausgeschiedene Fachkräfte

Alterszusammensetzung. Ein zentraler Befund liegt in der Altersverteilung der ausgeschiedenen Fachkräfte: Der Durchschnitt liegt bei 30.3 Jahren und damit sogar etwas unter dem der derzeit tätigen Fachkräfte (32.0 Jahre). Beachtenswert ist zugleich, daß bei den ausgeschiedenen Fachkräften die Altersgruppe über 35 Jahre anteilsmäßig (mit 17.8%) deutlich unter dem entsprechenden Anteil des Bestandes (29.0%) liegt (vgl. Abbildung 1).

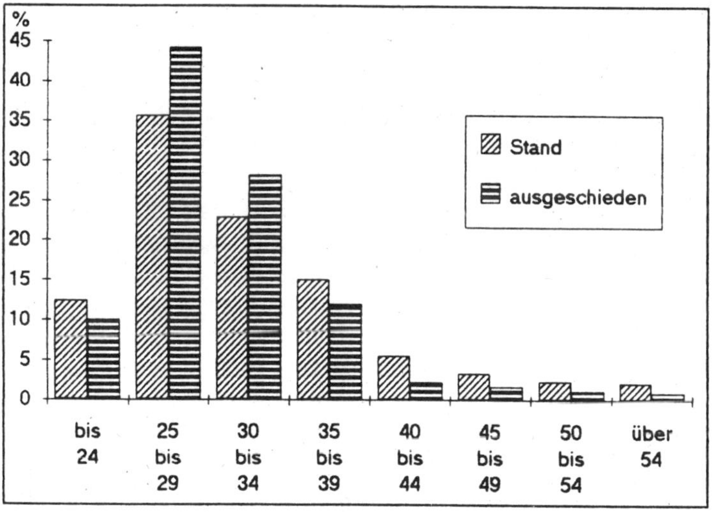

Abbildung 1: Die Altersverteilung derzeitiger und ausgeschiedener Fachkräfte in vollstationären Jugendhilfeeinrichtungen.

Die Interpretation von Vergleichen zwischen Mitarbeiterbestand und ausgeschiedenen MitarbeiterInnen weist erhebliche methodische Probleme auf. Beispielsweise beruht das Merkmal der Tätigkeitsdauer bei den ausgeschiedenen MitarbeiterInnen auf endgültigen Daten, nicht aber bei den jetzt tätigen Fachkräften, deren Tätigkeit in der jeweiligen Gruppe ja fortbesteht (zum Problem "zensierter" Daten vgl. z.B. Diekmann/Mitter 1984.). Auch bei zeitunabhängigen Kenngrößen (etwa der Ausbildungsqualifikation) können die festgestellten Unterschiede auf verschiedene Ursachen zurückgehen (auf spezifisch erhöhte Ausscheidebereitschaft, aber beispielsweise auch auf "historische" Umschichtungen, etwa bei der geforderten Ausbildungsqualifikation). Bei diesen Vergleichsbefunden bestehen deshalb erhebliche Interpretationsschwierigkeiten.

Unter diesen Vorbehalten wäre in Bezug auf eine der Ausgangsfragestellungen des vorliegenden Forschungsvorhabens zu folgern: Bei einer Fortsetzung der gegenwärtigen Trendentwicklung ist in den nächsten Jahren mit einem leichten Anstieg des Anteils von (überwiegend männlichen) Fachkräften in den Altersbereichen über 35 Jahre zu rechnen. Der Befund deutet aber nicht auf eine quantitativ bedeutsame Verschiebung der Alters-Gesamtzusammensetzung hin.

Über dem derzeitigen Bestandswert lag hingegen bei ausgeschiedenen MitarbeiterInnen der Anteil der Fachkräfte,

* die in dem mittleren Altersintervall zwischen 25 und 35 Jahren ausgeschieden sind (Bestand: 58.6%; Ausgeschiedene: 74.3%) und

* die bei Tätigkeitsbeginn unter 25 Jahre alt waren (Bestand: 30.7%; Ausgeschiedene: 42.1%). Teilweise wird dieser Unterschied auf zwischenzeitige Umschichtungen in der Ausbildungsqualifikation zurückzuführen sein, über die oben bereits berichtet wurde; in diesem früheren Eintrittsalter kann auch eine der Ursachen für die hohe Ausscheidequote im mittleren Altersintervall liegen. Nicht auszuschließen ist aber auch die Möglichkeit, daß bei Fachkräften, die bei Tätigkeitsbeginn vergleichsweise jung sind, die Ausscheidequote überdurchschnittlich hoch ist; diese Erklärungsmöglichkeit wird später näher geprüft.

Verweildauer in der Betreuungsgruppe. Einen Überblick über die Tätigkeitsdauer der derzeit tätigen und der ausgeschiedenen Fachkräfte in der jeweiligen Arbeitsposition gibt Abbildung 2.

Die durchschnittliche Verweildauer in der Betreuungsgruppe liegt bei derzeit tätigen Fachkräften - mit 4.42 Jahren - geringfügig über der Tätigkeitsdauer der ausgeschiedenen Fachkräfte, die zuvor im Mittel 4.29 Jahre in ihrer Gruppe tätig waren; dieser Unterschied ist nicht signifkant.

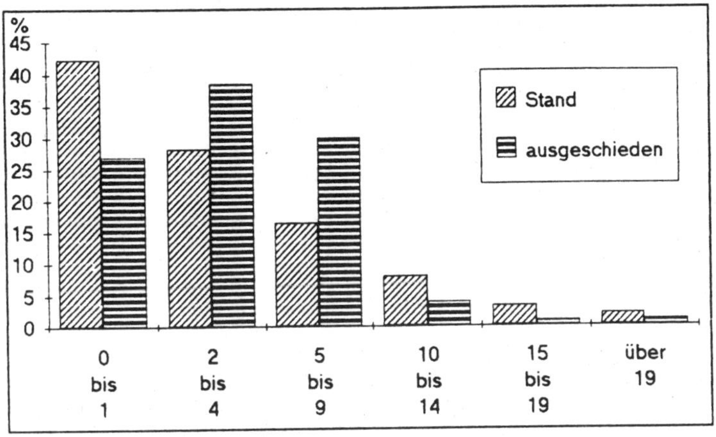

Abbildung 2: Die Tätigkeitsdauer derzeitiger und ausgeschiedener Fachkräfte in den vollstationär betreuten Gruppen (in Jahren)

Bedeutsame Aufschlüsse liefern indes nicht allein diese Durchschnittsgrößen, sondern auch die Verteilungskennwerte, vor allem die Streuungsgrößen.

Dabei zeigen sich deutliche Unterschiede, wobei bei den ausgeschiedenen MitarbeiterInnen sowohl sehr kurze Tätigkeitszeiten in der gleichen Gruppe (von unter einem Jahr) wie auch sehr lange (von 10 und mehr Jahren) im Vergleich zu den derzeit tätigen Fachkräften unterrepräsentiert sind; bei ausgeschiedenen Fachkräften ist also insgesamt eine deutlich geringere Streuung der Tätigkeitsdauer festzustellen (Streuung: 4.83 gegenüber 3.45 bei derzeitigen vs. ausgeschiedenen Mitarbeitern; der Unterschied ist hoch signifikant, F(857,395)=1.95, 1%-Niv. sign.).

Weitere Informationen über Fluktuationskenngrößen geben die mathematischen Schätzungen der Flukutationsquote pro Tätigkeitsjahr; geprüft wird dabei vor allem, ob die Ausscheidequote pro Jahr als konstant anzunehmen ist. Bestätigt sich diese Annahme in den empirischen Befunden nicht, sind Angaben über durchschnittliche Ausscheidequoten oder die mittlere Verweildauer inhaltlich schwer interpretierbar.

Die durchgeführten Analysen beruhen auf der (empirisch zu prüfenden) Annahme einer jahresbezogen konstanten Fluktuationsquote, daß also ein konstanter Anteil π der Population pro Jahr ausscheidet. Dabei ist natürlich für jede Merkmalsverteilung - Verweildauer im Berufsfeld insgesamt vs. auf Gruppenpositionen/ Population derzeitiger vs. ausgeschiedener MitarbeiterInnen - zunächst von einer unterschiedlichen Quote auszugehen.

Unter dieser - zu einer Binomialverteilung führenden - Annahme ist die Wahrscheinlichkeit eines "Überlebens" innerhalb der Population für mindestens n Jahre

$$P_n = (1 - \pi)^{(n-1)} .$$

Auf Grundlage einer Zufallsstichprobe lassen sich dann die mittlere Ausscheidequote insgesamt und bis zu jedem Jahr n der Verweildauer schätzen; ferner kann die Anzahl der beobachteten Ausscheidefälle mit einer Verweildauer von n Jahren in der Stichprobe mit den theoretisch erwarteten Häufigkeiten

$$N \cdot (P_{(n-1)} - P_n)$$

(N = Gesamtumfang der Stichprobe) verglichen werden. Bei einer statistischen gesicherten Abweichung der empirischen Werte von der Nullhypothese muß die Annahme einer konstanten jährlichen Ausscheidequote verworfen werden.

Gesamtverweildauer im Gruppendienst. Untersucht man, wie lange die befragten, derzeit in der vollstationären Betreuung tätigen Fachkräfte insgesamt im pädagogischen Gruppendienst gearbeitet haben, so ergibt sich folgende Verteilung (vgl. Abbildung 3).

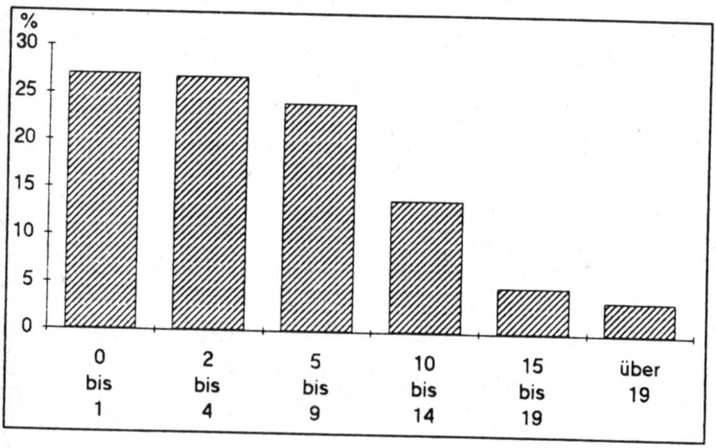

Abbildung 3: Derzeitige Fachkräfte in der vollstationären Betreuung: Gesamtdauer der Berufsausübung im pädagogischen Gruppendienst (in Jahren).

Für die mittlere Ausscheidequote aus dem Berufsfeld pro Jahr ergibt sich ein Schätzwert von 14.7%. Die Häufigkeitsverteilung für die Gesamtverweildauer weist dabei eine bemerkenswert gute Übereinstimmung mit den theoretischen Vorhersagewerten auf: Die Ausscheidequote nach unterschiedlicher *vorausgehender* Verweildauer in der pädagogischen Gruppentätigkeit ist weitgehend konstant. Indirekt kann daraus auch abgeleitet werden, daß der Gesamt-Fluktuationsumfang in den zurückliegenden Jahren weitgehend gleichgeblieben ist.

Derzeitige Tätigkeitsdauer in der Gruppe. Betrachtet die Verteilungskennwerte für die Tätigkeitsdauer in der derzeitigen Gruppe, so liefern die Berechnungen eine durchschnittliche Ausscheidequote von 20.5% pro Jahr aus der jeweiligen Teamposition mit einer absoluten Streubreite der Schätzwerte zwischen 18.5% und 24.8%. Beachtenswert ist ferner aber, daß die empirischen Verteilungskennwerte deutlich (statistisch hoch gesichert) von der Annahme einer jährlich konstanten Ausscheiderate abweichen: Die Ausscheiderate steigt zunächst bis zu einer Verweildauer in der Gruppenposition von ca. 7 Jahren stetig an und nimmt dann - besonders ausgeprägt bei mehr als 10jähriger Verweildauer - wieder ab.

Gruppenpositionen ausgeschiedener Fachkräfte. Untersucht man in einem weiteren Analyseschritt, wie lange bereits ausgeschiedene Fachkräfte in der letzten Gruppenposition tätig waren, so zeigt sich: Die Verteilung der Ausscheidezeitpunkte liefert als Schätzung der jährlichen Ausscheidequote aus der jeweiligen Gruppenposition einen Durchschnittswert von 20.5%; die jahresbezogenen Schätzwerte weisen aber eine sehr erhebliche Streubreite (von 7.5% bis zu 38.1% für das 7. Tätigkeitsjahr in der Gruppe) auf.

Deutlich unter dem Durchschnitt liegt die Ausscheide-Häufigkeit vor allem bei einer Tätigkeitsdauer von unter einem Jahr; überdurchschnittlich häufiges Ausscheiden zeigt sich bei mittlerer Tätigkeitsdauer, vor allem nach 5 und 6 Jahren Arbeit in der gleichen Gruppe.

Die Befunde weisen - bezogen auf die Tätigkeitsdauer in der jeweiligen Betreuungsgruppe - eine auffällige Parallelität zwischen derzeit tätigen und ausgeschiedenen MitarbeiterInnen auf: Deutlich unter dem Gesamtdurchschnitt liegen die errechneten Ausscheidequoten aus den Gruppenpositionen (sowohl für die derzeitigen wie für die ausgeschiedenen Fachkräfte) bei einer Tätigkeitsdauer

* von weniger als zwei Jahren, und
* von mehr als 10 Jahren.

Die Ausscheidequote nach einer Tätigkeitsdauer zwischen 3 und 9 Jahren in der derzeitigen Gruppe ist systematisch erhöht mit einem Schwerpunkt nach 5 bis 6 Jahren. Zugleich steht der Befund - anders als bei der Gesamtverweildauer im Berufsfeld - klar in Widerspruch zu der Annahme einer gleichbleibenden, von der Tätigkeitdauer in der jeweiligen Gruppenposition unbeeinflußten Fluktuationsrate.

Insgesamt erbringen die Analysen folgende, vor allem auch für Maßnahmeplanungen beachtenswerte Ergebnisse:

(a) Ein auffallend geringer Anteil (4.8%) der MitarbeiterInnen ist nach 10 oder mehr Jahren Tätigkeit aus der Gruppenbetreuung ausgeschieden. Von den derzeit tätigen Fachkräften sind dagegen immerhin 13.1% seit mehr als 10 Jahren in der gleichen Gruppe tätig. Dieser Unterschied ist hoch signifikant (Chi-Quadrat=19.92, df=1, 0.1%-Niv. sign.). Dieser Befund spricht dafür, daß bei einer längerzeitigen Tätigkeitsdauer die Fluktuationswahrscheinlichkeit auf Gruppenebene deutlich abnimmt.

(b) Die Zahl der Neueintritte in Gruppenpositionen ist überproportional hoch; möglicherweise kommt darin - nach den vorliegenden Daten nicht überzeugend belegbar - ein in den zurückliegenden zwei Jahren weiter ansteigender Gesamt-Ersetzungsbedarf zum Ausdruck. In jedem Fall ist bei Maßnahmeentwicklungen der hohe Anteil von BerufsanfängerInnen (27.0% mit einer Gesamtverweildauer von weniger als 2 Jahren) zu berücksichtigen.

(c) Zwar liegt die Ausscheidequote von Fachkräften aus ihrer Gruppenposition während der ersten beiden Jahre unter dem Gesamtdurchschnitt; beachtenswert ist indes, daß immerhin mehr als ein Viertel aller ausgeschiedenen Fachkräfte nach dieser vergleichsweise sehr kurzen Verweildauer ausgeschieden sind.

(d) Mit Abstand die höchsten Ausscheideziffern (absolut wie auch als Quote) finden sich bei Fachkräften mit einer mittleren Tätigkeitsdauer. Dabei sei erwähnt, daß aufgrund formal-mathematischer Erwägungen (unter der Annahme einer gleichförmigen Fluktuationsrate) bereits scheinbar geringfügige Verminderungen der durchschnittlichen Fluktuationsquote die beruflichen "Überlebens"aussichten gerade für diese Gruppe besonders wirksam verbessern können.

(e) Von den vorausgehenden Befunden deutlich abweichend, stehen die Verteilungskennwerte zur Gesamtverweildauer im Berufsfeld (hier liegen nur die Daten der Befragungsstichprobe zugrunde) weitgehend in Einklang mit der Annahme einer jährlich konstanten (und - daraus indirekt abzuleiten - auch in den zurückliegenden Jahren weitgehend gleichbleibenden) Ausscheidequote.

(f) Auswirkungen auf die Betreuungssituation. Problematische Einschätzungen liefern die Befunde zur Positionsstabilität in den Gruppen vor allem, wenn die Dauer der Tätigkeit der Teammitglieder in Beziehung zur Zahl der Kinder/Jugendlichen mit längerer Verweildauer in den Gruppen gesehen wird: In fast 60% der Gruppen befinden sich Kinder/Jugendliche, die dort schon mehr als vier Jahre betreut wurden; leitet man hieraus entsprechende aus pädagogischer Sicht dringend anstrebenswerte Anforderungen an die Verweildauer der Fachkräfte ab, so ist als sehr bedenklicher Befund festzuhalten (vgl. Abbildung 4):

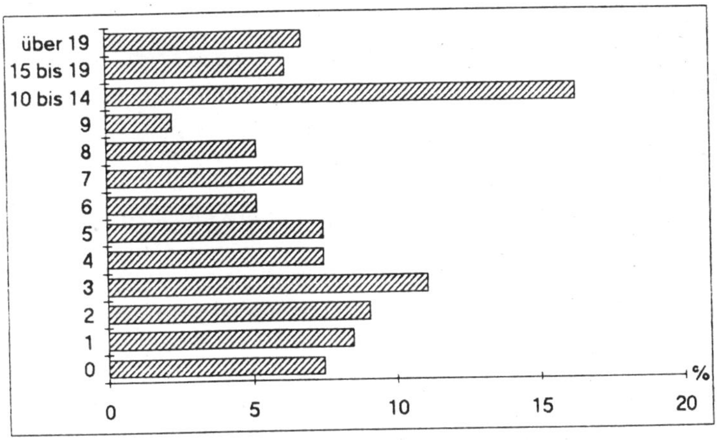

Abbildung 4: Tätigkeitsdauer des dienstältesten Mitglieds im Betreuerteam in Jahren; in der Kategorie "über 19 Jahre" finden sich 38,1% Ordensmitglieder.

In 43.7% aller Teams ist selbst die dienstälteste Fachkraft seit höchstens 4 Jahren in der derzeit betreuten Gruppe tätig. Dabei zeigen sich auch dort keine günstigeren Voraussetzungen, wo eine Gruppenleiterfunktion ausgewiesen wird. Besonders ungünstige Einschätzungen ergeben sich zwangsläufig, wenn hinsichtlich der Betreuungsstabilität zusätzlich als Kriterium die Verweildauer der jeweils zweit-dienstältesten Fachkraft innerhalb des Teams (für den Fall des Ausscheidens der dienstältesten Kraft) berücksichtigt wird: In lediglich 20.1% aller Teams finden sich zwei Fachkräfte mit einer Verweildauer in der Gruppe von mindestens fünf Jahren.

Derzeit muß somit davon ausgegangen werden, daß in einem beträchtlichen Anteil der Gruppen Kinder/Jugendliche länger in "ihrer" Gruppe verweilen als sämtliche Betreuungskräfte.

In weiteren Analysen wurde der Zusammenhang zwischen Fluktuationshöhe und Teamgrößen untersucht. Dabei zeigen sich in größeren, aus vier (und seltener aus 5) Fachkräften zusammengesetzen Teams in bezug auf die Höhe der individuellen Ausscheidewahrscheinlichkeiten günstigere Kennwerte als bei kleineren Teams: Die scheinbar nur geringfügigen Unterschiede zwischen den Ausscheidequoten - 18.0% gegenüber 23.0% bei Dreier- und 21.8% bei Zweierteams - sind (bei methodisch angemessener mathematischer Kontrolle von Auswirkungen der Teamstärke auf die Höhe der Erwartungswerte) statistisch gesichert. Beträchtliche und deutlich ungünstige Auswirkungen einer größeren Teamstärke ergeben sich in Hinblick auf die Stabilität der Zusammensetzung in den Gesamtteams: Während in 43.5% der Zweier- und etwa einem Viertel der Dreier-Teams während der zurückliegenden zwei Jahre kein Personalwechsel stattgefunden hat, lag für größere Teams dieser Anteil bei lediglich 15.5%. In Teams, die sich aus 4 und mehr Fachkräften zusammensetzen, ist demnach eine jährliche Veränderung der Teambesetzungen nahezu der Regelfall. Dabei scheinen bei Innen- und ausgelagerten Wohngruppen gegenläufige Beziehungen zwischen Teamgröße und -stabilität zu bestehen.

Bemerkenswert oft scheiden ferner zwei oder mehr Teammitglieder fast gleichzeitig (im Abstand von weniger als 12 Monaten) aus; dies ist gehäuft vor allem in 2er-Teams festzustellen. Dies ist zweifellos wesentlich häufiger, als nach Zufall zu erwarten wäre, obwohl wegen der schwierigen mathematisch-theoretischen Voraussetzungen auf eine Signifkanzprüfung verzichtet werden mußte.

Ergänzend sei auf einen weiteren Befund hingewiesen: Weder die Teamstärke noch die Gegebenheiten der Dienstplangestaltung (Häufigkeit von Nacht- oder Doppeldiensten; Ganzjahres- Gruppenbetreuung) weisen systematische Beziehungen zu der Häufigkeit der (geäußerten) Absicht des Ausscheidens aus dem Tätigkeitsfeld auf. Die Bereitschaft dazu steigt indes mit höherem Fluktuationsumfang der in der jeweiligen Gruppe betreuten Kinder/ Jugendlichen deutlich an.

2.3.2. Gründe für das Ausscheiden aus Teampositionen

Die Auswertungen sind bezogen auf Nennungen von bestimmten Ausscheidegründen. Dabei wurde die häufigste Kombination - familiäre/private Gründe plus Ortswechsel - als Einfachnennung den "familiären Gründen" zugeordnet. Nach dieser Festlegung verbleibt noch ein Anteil von 13.6% der Angaben als Mehrfachnennungen).

Als Ausscheidegründe von Fachkräften aus der Teamposition liefern die Erhebungen folgende Hauptbefunde (vgl. Tabelle 7):

Tabelle 7: Gründe für das Ausscheiden aus dem jeweiligen Team, getrennt nach Geschlecht (in Prozent, Untergruppen eingerückt).

Gründe	Männer	Frauen	insgesamt
Familie	4,5	26,2	20,4
sonstige private Gründe	2,7	8,6	7,1
Wechsel im stationären Gruppendienst	16,4	13,6	14,4
beruflicher Aufstieg	5,5	1,7	2,7
Gruppenwechsel in gleicher Einrichtung	9,1	11,3	10,7
Konflikte (Team, Leitung)	14,5	11,3	12,2
Tätigkeitswechsel mit Ausscheiden aus dem Gruppendienst	28,2	17,9	20,7
beruflicher Aufstieg	7,3	2,0	3,4
Berufswechsel	13,7	8,3	9,8
im pädagogisch-sozialen Bereich	8,2	6,0	6,6
aus dem päd.-sozialen Bereich heraus	5,5	2,3	3,2
Rente	1,0	0,3	0,5
sonstige Gründe	19,1	13,8	14,9
n	110	301	411

1. "Natürliche" Altersabgänge in den Ruhestand sind als Ursache für das Ausscheiden aus dem vollstationären Gruppendienst völlig bedeutungslos (Anteil unter 1%).

2. Unwesentlich ist auch der Umfang der horizontalen Mobilität im Gruppendienst zwischen den Einrichtungen der Jugendhilfe (1%).

   Beträchtlicher (10.7%) - aber keinesfalls eine vorrangige Fluktuationsursache - ist der Wechsel auf andere Gruppenpositionen innerhalb der gleichen Einrichtung.

   Nicht unerheblich ist allerdings der Anteil der Veränderungen, die mit einem Ausscheiden aus dem Gruppendienst in der stationären Jugendhilfe verbunden sind, dabei aber nicht zu einem Ausscheiden aus der pädagogischen Gruppenbetreuung führen (v.a. Wechsel von Erzieherinnen aus der stationären in die Kindertagesbetreuung).

3. Angesichts bestehender Rahmenbedingungen kaum überraschend ist ferner der vergleichsweise geringe Anteil (6.1%) der Fachkräfte, bei denen das Ausscheiden mit einem beruflichen Aufstieg in Verbindung steht; dabei zeigen sich beachtliche Geschlechtsunterschiede (s.u.).

4. Mit Abstand die wichtigste Ursache für das Ausscheiden aus der jeweiligen Gruppenposition bilden berufsbezogene Veränderungen mit einem Anteil von 44.9%.

   Bei einem nicht unbeträchtlichen Teil der Fachkräfte (9.8% aller Veränderungen) stand das Ausscheiden mit einem Berufswechsel in Verbindung; dabei überwiegen aber Berufsveränderungen innerhalb des sozial-pädagogisch-pflegerischen Bereichs bei weitem; ein vorrangiges Ziel von FachschulabsolventInnen ist dabei der Ausbildungsabschluß als SozialpädagogInnen (FH oder BA). Der geringste Teil scheidet aus dem Gesamtfeld der sozial-pädagogisch-pflegerischen Berufe insgesamt aus (nur 3.2%); dieses Ergebnis verdient Beachtung auch in bezug auf die Abschätzung der Auswirkungen von "Burn-out"-Effekten gerade bei sozialpädagogischen und pflegerischen Berufen (Burisch 1990; Enzmann/Kleiber 1990).

5. Geschlechtsbezogene Unterschiede zeigen sich besonders in zwei Ergebnissen:

   (a) Aufstiegsbezogene Ursachen der Fluktuation auf Teamebene finden sich bei männlichen Fachkräften wesentlich häufiger als bei weiblichen. Bei der Interpretation dieses - statistisch hoch gesicherten - Unterschiedes ist aber der höhere Anteil breiterer Ausbildungsqualifikationen mit entsprechend günstigeren Aufstiegsperspektiven bei den männlichen Fachkräften zu berücksichtigen.

(b) Weibliche Fachkräfte scheiden - intuitiv plausibel - wesentlich häufiger aus familiären Gründen aus der Gruppentätigkeit oder (vorübergehend oder auf Dauer) aus dem Erwerbsleben insgesamt aus. Aber auch bei ihnen ist der Anteil berufsbezogener Fluktuationsursachen (mit einem Anteil von 39.8%) höher als diese auf die Verwirklichung persönlicher Lebensziele ausgerichteten Veränderungen (34.8%).

6. Untersucht man schließlich die Ausscheidegründe bei MitarbeiterInnen, die bereits innerhalb der ersten beiden Jahre ihre Gruppenposition verließen, wobei auch hier geschlechtsbezogene Unterschiede deutlich werden, so sind zwei signifikante Ergebnisse - auch in Hinblick auf Maßnahmeentwicklungen - besonders beachtenswert:

(a) Der Anteil konfliktbezogener Ausscheidegründe (innerhalb des Teams oder in Beziehung zur Leitung) ist insgesamt deutlich größer als bei Fachkräften, die erst nach längerer Verweildauer aus ihrer Teamposition ausgeschieden waren; besonders hoch ist der Anteil

* bei *weiblichen* Fachkräften, die nach kurzer Verweildauer aus dem Team ausscheiden,
* bei Fachkräften, die bereits über Berufserfahrungen verfügen.

Konflikte von BerufsanfängerInnen mit dem Team oder mit der Leitung können somit das frühzeitige Ausscheiden vieler Fachkräfte nicht erklären.

(b) Bei den männlichen Fachkräften führen aufstiegsbezogene Gründe weitaus häufiger zu einem Ausscheiden bereits innerhalb der ersten zwei Jahre als bei Mitarbeiterinnen. Hier muß eine der wesentlichen Ursachen für den problematisch erhöhten Anteil der männlichen Fachkräfte gesehen werden, die sehr rasch aus ihrer Teamposition wieder ausscheiden.

2.3.3 Absicht eines Berufs- oder Tätigkeitswechsels

Insgesamt mehr als ein Viertel aller Befragten bringen eine aktuell bestehende Absicht, aus ihrem Tätigkeits- oder Berufsfeld auszuscheiden, zum Ausdruck; lediglich 14.2% haben zum gegenwärtigen Zeitpunkt keine entsprechende Absicht.

Deutliche Unterschiede zeigen sich in Abhängigkeit von der Tätigkeitsdauer und dem Lebensalter: Für beide Variablen besteht eine ausgeprägte umgekehrt-u-förmige Beziehung: Eine klar verminderte Bereitschaft zur beruflichen Veränderung findet sich bei BerufsanfängerInnen und andererseits wieder bei MitarbeiterInnen, die dem Berufsfeld vergleichsweise lange angehören.

Beachtenswert ist ferner, daß eine aktuelle Absicht zum Tätigkeitswechsel am häufigsten (mit einem Anteil von 32.7% in dieser Gruppe) bereits nach 2- bis 4jähriger Verweildauer im stationären Gruppendienst besteht sowie schwerpunktmäßig bei den 35 bis 39 Jahre alten MitarbeiterInnen.

Statistisch sicherbare Beziehungen zeigen sich weder zu Geschlecht und Ausbildungsgang noch zur Betreuungsform.

Ein inhaltlich beachtenswerter Befund besteht darin, daß deutlich positive Einschätzungen der getroffenen Berufswahl nur dann anzutreffen sind, wenn keine Absicht zum Ausscheiden aus dem Berufsfeld besteht.

Näher untersucht wurde, ob MitarbeiterInnen, denen berufliche Vergleichsinformationen weitestgehend fehlen, abweichende Verhaltensabsichten gegenüber einem Tätigkeits- oder Berufswechsel aufweisen: Dabei findet sich in der Gruppe der Fachkräfte, die bereits nach weniger als zweijähriger Berufsausübung einen Wechsel ernsthaft in Betracht ziehen, ein überproportional hoher Anteil von MitarbeiterInnen mit fehlenden beruflichen Vorerfahrungen (der Zusammenhang ist statistisch gesichert; Chi-Qu= 5.17, df=1, 5%-Niv.sign.). Dabei handelt es sich sicherlich nicht um ein statistisches Zufallsergebnis, wie ein weiterer Befund verdeutlicht: Auch unter den MitarbeiterInnen mit 2- bis 4jähriger (und auch noch bei 5- bis 9jähriger) Gesamtdauer ihrer Tätigkeit im Gruppendienst, die bereits vor dem Erhebungszeitpunkt an ein Ausscheiden gedacht haben, findet sich ein erhöhter Anteil von Berufsneulingen.

Die qualitativen Befunde über die Richtung der beruflichen Mobilität werden an späterer Stelle (vgl. Teil D, 5.1) näher untersucht, so daß hier auf eine ausführlichere Erörterung verzichtet werden kann. Als Gesamtbefund sei lediglich erwähnt, daß bei den in Betracht gezogenen beruflichen Veränderungen Tätigkeits- oder Berufswechsel innerhalb der sozialpflegerischen Arbeitsfelder etwa doppelt so häufig genannt werden (35.1% der Nennungen) im Vergleich zu Veränderungen, die aus diesem Arbeitsbereich hinausführen (18.7%).

Damit zeigt sich eine bemerkenswert hohe Übereinstimmung zwischen den in der Befragung gemachten Aussagen und den Informationen über tatsächlich ausgeschiedene MitarbeiterInnen (s.o., 2.3.2).

3. Teilstationäre Betreuungsformen

3.1. Rahmenbedingungen der Tätigkeit und Mitarbeiterzusammensetzung

Die in die Untersuchung einbezogenen Fachkräfte aus teilstationären Betreuungsformen sind überwiegend in Tagesgruppen und beim Betreuten Jugendwohnen tätig.

Allerdings waren die Rahmenvoraussetzungen der durchgeführten Befragung in bezug auf Stichprobenumfang (n = 108) und Kontrolle der Bedingungen für die Beteiligung an der Befragung weniger günstig, um verallgemeinerbare Ergebnisse erwarten zu dürfen. Die Darstellung wurde aus diesen Gründen vergleichsweise knapp gehalten.

Der Anteil der Frauen in der Befragungsstichprobe liegt bei 68.1%.

Dabei zeigt sich eine deutliche Beziehung zum Familienstatus: Während der ganz überwiegende Anteil der männlichen Fachkräfte (72.4%) verheiratet ist, gilt dies nur für einen Anteil von 25.8% der weiblichen Fachkräfte. Dieser Befund, der weitgehend mit den Kenngrößen zum Familienstatus bei Fachkräften aus der vollstationären Betreuung übereinstimmt, kann als Hinweis dafür gewertet werden, daß die Anforderungen in den vorliegenden Arbeitsfeldern vor allem für Frauen mit gleichzeitig bestehenden familiären Verpflichtungen schwer vereinbar sind.

Dies ergibt sich vor allem durch die zeitlichen Arbeitsbedingungen: Zwar erfordert die Berufsausübung in den vorliegenden Arbeitsfeldern im Regelfall weder Nachtdienste noch Nachtbereitschaft, beachtenswert hoch sind aber

* erforderliche Wochenendbetreuungszeiten und
* Dienstzeiten in Abendstunden; hier liegt für einen Teil der Fachkräfte sogar einer der Arbeitsschwerpunkte, der durch Mehrfachbesetzung innerhalb der Gruppen abgedeckt wird.

Ein Anteil von 28.1% der befragten Fachkräfte verfügt über zusätzliche berufspraktische Erfahrungen außerhalb des vorliegenden Arbeitsfeldes.

Im Durchschnitt sind die MitarbeiterInnen 30.7 Jahre alt; das Durchschnittsalter liegt damit unter dem Gesamtmittelwert innerhalb der vier untersuchten Berufsfelder. Besonders niedrig - geringer als in jedem der anderen drei einbezogenen Berufsfelder - lag innerhalb der Befragungsstichprobe der Anteil von Fachkräften im Alter über 40 Jahren (5.4%).

Die MitarbeiterInnen waren seit durchschnittlich 6.2 Jahren im Gruppendienst tätig; bedenklich hoch - mit 28.7% - ist dabei vor allem der Anteil derjenigen Fachkräfte, die innerhalb der letzten beiden Jahre neu in das Berufsfeld eingetreten sind. Immerhin 24.5% der Fachkräfte waren insgesamt bereits seit mehr als 10 Jahren im pädagogischen Gruppendienst tätig (hier liegt der Anteil etwas höher als bei den MitarbeiterInnen in der vollstationären Gruppenbetreuung).

3.2. Einschätzung der Arbeits- und Berufssituation

3.2.1. Einstellungen zur getroffenen Berufs-Wahlentscheidung

Die Bewertungen der in teilstationären Betreuungsformen tätigen Fachkräfte über die Berufswahlentscheidung zum Heimerzieher/zur Heimerzieherin stimmen trendmäßig mit den Einschätzungen der MitarbeiterInnen des vollstationären Dienstes überein, fallen aber insgesamt (auch bei den BerufsanfängerInnen) noch negativer aus: Einem Anteil von 45.7% negativer Einschätzungen stehen lediglich 5.3% der Mitglieder des Berufsfeldes gegenüber, die bei anderen eine Entscheidung für den eigenen Beruf befürworten (darunter befindet sich keine einzige Fachkraft im Alter über 35 Jahren). Auch hier beziehen sich die positiven Aussagen über das Berufsfeld ganz überwiegend (mit einem Anteil von 64.8%) auf die fachlichen Tätigkeitsmerkmale.

3.2.2. Berufliche Gesamtzufriedenheit

80.5% der Befragten sind mit den bestehenden Gegebenheiten insgesamt unzufrieden. Die Einschätzung liegt damit ungünstiger als der Gesamtdurchschnitt der vier untersuchten Berufsfelder. Demgegenüber ist ein sehr viel geringerer Anteil (35.6%) der Auffassung, daß Verbesserungen in ihrem persönlichen Arbeitsfeld vordringlich seien; hier liegen die Einschätzungen zugleich deutlich günstiger gegenüber dem Gesamtdurchschnitt der vier untersuchten Berufsfelder.

Dieses Beurteilungsmuster weicht damit beträchtlich von jenem der Fachkräfte in der vollstationären Gruppenbetreuung ab: Offensichtlich beziehen sich die Ursachen für die berufliche Unzufriedenheit bei den Fachkräften in teilstationären Betreuungsformen auf allgemeine Rahmenbedingungen des Berufsfeldes. Dies bestätigt sich auch, wenn die spezifischen Gründe für die berufliche Unzufriedenheit näher betrachtet werden;

die Kritik der Fachkräfte konzentriert sich deutlich auf drei Arbeitsmerkmale:

* unbefriedigende Vergütungsbedingungen,
* unzureichende Perspektiven für Weiterbildung und beruflichen Aufstieg sowie
* geringe gesellschaftliche Wertschätzung der Berufstätigkeit.

Bei jedem dieser drei Merkmale ist die Häufigkeit kritischer Äußerungen höher als im Gesamtdurchschnitt der vier untersuchten Berufsfelder.

Vergleichsweise positive Beurteilungen, bei denen die Zufriedenheit meist über dem Gesamtdurchschnitt der untersuchten Berufsfelder liegt, betreffen

* vor allem die Qualität der Kollegialbeziehungen im Team und auf Einrichtungsebene,
* die Qualität der Zusammenarbeit mit den MitarbeiterInnen der Fachdienste,
* die zeitlichen Arbeitsbedingungen.

Auffällig ungünstige Einschätzungen, wesentlich negativer als in den anderen Berufsfeldern, beziehen sich hingegen auf die Zusammenarbeit mit der Leitungsebene: 45,2% der in teilstationären Betreuungsformen tätigen Fachkräfte - deutlich mehr als in jedem der drei übrigen untersuchten Berufsfelder - äußern sich dazu kritisch, besonders oft berufserfahrene männliche Fachkräfte. Die nähere inhaltliche Analyse der Aussagen zeigt, daß dabei häufig Konflikte über Aufstiegsperspektiven innerhalb der Einrichtung die Ursache sind.

Ein vergleichsweise hoher Umfang an beruflicher Unzufriedenheit bezieht sich auch auf die fachlichen Arbeitsvoraussetzungen für die Betreuung der Kinder und Jugendlichen, während die Zusammenarbeit mit den Eltern und mit anderen Institutionen wie auch die räumlichen und ausstattungsbezogenen Bedingungen vergleichsweise günstiger eingeschätzt werden.

3.2.3. Erlebte Veränderung der Arbeitsbedingungen

Zugleich stellen die Fachkräfte in diesen Arbeitsfeldern bei den meisten Merkmalen ihrer Arbeitsbedingungen in der zurückliegenden Zeit Verbesserungen fest, die über dem Durchschnitt der Einschätzungen in den anderen Berufsfeldern liegen. Von diesem positiv getönten Gesamtmuster der Urteile weichen lediglich die Einschätzungen bei drei Merkmalen deutlich ab:

* Die Qualität der Zusammenarbeit mit der Leitungsebene wird überdurchschnittlich häufig kritisiert und hat sich nach dem Eindruck der Befragten in der zurückliegenden Zeit noch zusätzlich weiter verschlechtert.
* Extrem ungünstige Einschätzungen finden sich in Bezug auf die gesellschaftliche Anerkennung der in diesen Feldern geleisteten Arbeit: ganze 1.5% der Befragten erlebten hier in der zurückliegenden Zeit Verbesserungen, während 45.5% der Befragten eine Verschlechterung der äußeren Akzeptanz konstatieren.
* Während in wichtigen Teilaspekten der fachlichen Tätigkeit (Arbeit mit den Kindern/Jugendlichen, Zusammenarbeit mit den Eltern, berufliche Qualifikationsvoraussetzungen) der Eindruck positiver Veränderungen deutlich überwiegt, wird die Entwicklung der Zusammenarbeit mit einrichtungsexternen Institutionen im Vergleich zur Gesamteinschätzung in den vier Berufsfeldern weniger günstig beurteilt.

3.2.4. Belastungskenngrößen

Immerhin 62.2% der Fachkräfte (und damit mehr als in den drei anderen Berufsfeldern) aus teilstationären Arbeitsbereichen schätzen ihren Belastungsumfang zum Befragungszeitpunkt als überdurchschnittlich hoch ein. Obwohl der Unterschied gegenüber dem Gesamtdurchschnitt (49.1%) nicht signifikant ist, muß der Befund als problematisch gelten: Es kann nicht ausgeschlossen werden, daß die Einschätzungen zu Berufszufriedenheit und Belastungsumfang durch die vergleichsweise ungünstigere Wahl des Erhebungszeitpunktes negativ (mit)beeinflußt wurden.

Insgesamt zeigt sich bei der Mehrzahl der erhobenen Belastungskenngrößen keine beträchtliche Abweichung zwischen den Einschätzungen der Fachkräfte in der teilstationären und der vollstationären Betreuung: Ein sehr hoher Anteil der in diesen Arbeitsbereichen tätigen Befragten berichtet über regelmäßige Belastungsspitzen im Tages- und Jahresrhythmus (77.0%; 72.7%) sowie - nur geringfügig seltener - über regelmäßige Spitzenbelastungen an bestimmten Wochentagen (67.0%). Mehr als 80% der Befragten erinnern sich an einen oder mehrere Zeitpunkte im zurückliegenden Jahr mit besonders hohem Belastungsumfang.

Etwas seltener als in den beiden anderen pädagogischen Berufsfeldern werden betreute Kinder/Jugendliche beschrieben, die nach dem Eindruck der befragten Fachkräfte die pädagogische Arbeit überdurchschnittlich belasten oder erschweren (55.7%). Die Einschätzung, daß die teilstationär betreuten Kinder und Jugendlichen zunehmende psychosoziale Verhaltensprobleme aufweisen, ist indes noch ausgeprägter als bei den vollstationär tätigen KollegInnen.

Ein etwas erhöhter Anteil der Fachkräfte, die in teilstationären Betreuungsformen tätig sind, berichtet über einen Rückgang der persönlichen Belastbarkeit; der Unterschied zu den anderen Berufsfeldern ist jedoch statistisch nicht gesichert.

Auch bei der Einschätzung von Auswirkungen der Berufstätigkeit auf das gesundheitliche Wohlbefinden zeigen sich keine quantitativ bedeutsamen Unterschiede zu den übrigen Berufsfeldern: 17.2% der in der teilstationären Betreuung tätigen Fachkräfte berichten über sehr starke Auswirkungen. Auffällig ist die große Anzahl von Nennungen, die auf erhöhte Anfälligkeit gegenüber Infektionskrankheiten verweisen: 19.4% der gesundheitlichen Beschwerden beziehen sich auf diesen Symptombereich. Dieser Anteil liegt damit beträchtlich über dem Gesamtdurchschnittswert aus allen vier untersuchten Berufsfeldern.

Als Gesamtbefund sollte noch erwähnt werden, daß die beschriebenen gesundheitlichen Beeinträchtigungen der MitarbeiterInnen in teilstationären Betreuungsformen dem Beschwerdeprofil von Fachkräften der Kindertageseinrichtungen recht ähnlich ist, eine vergleichsweise nur geringe Ähnlichkeit aber mit jenem der MitarbeiterInnen im vollstationären Gruppendienst aufweist.

Lediglich von 24.7% der MitarbeiterInnen aus teilstationären Betreuungsformen - das ist deutlich weniger als der Gesamtdurchschnitt aller vier Berufsfelder - werden positive Auswirkungen der Berufsausübung auf die Gesamtlebenssituation berichtet. Als ungünstige Auswirkungen des Berufs finden sich vor allem Hinweise auf "Antriebslosigkeit" im Privatleben.

3.3. Mitarbeiterfluktuation und Fluktuationsbereitschaft

Zur Mitarbeiterfluktuation in der teilstationären Betreuung sind nur begrenzte Aussagen möglich; vor allem konnten im Untersuchungsrahmen keine Erhebungen zu ausgeschiedenen Fachkräften durchgeführt werden.

Die durch Befragung der jetzt tätigen MitarbeiterInnen gewonnenen Befunde zur Gesamtdauer der Berufsausübung führen zu der Schätzung einer jährlichen Ausscheidequote von durchschnittlich fast 15% (der Gesamtdurchschnitt in den vier Berufsfeldern liegt bei 21.0%).

Lediglich 12.4% der MitarbeiterInnen in teilstationären Bereichen äußern gegenwärtig *keine* Absicht eines Arbeits- oder Berufswechsels; immerhin 12.5% der seit mindestens zwei Jahren im Berufsfeld tätigen Befragten erinnern sich, bereits im ersten oder zweiten Arbeitsjahr einen Wechsel ernsthaft erwogen zu haben. Diese Kenngrößen fallen hier deutlich ungünstiger aus im Vergleich zu den Arbeitsfeldern in Kindertageseinrichtungen und in Verbänden.

Sofern diese Ergebnisse verallgemeinerbar sind (zu beachten ist dabei die wenig kontrollierte Auswahl der Befragungstichprobe), wäre davon auszugehen, daß sich Fluktuationsumfang und -bereitschaft in teilstationären Arbeitsbereichen nicht wesentlich von der problematischen Situation im vollstationären Gruppendienst unterscheiden.

4. Fachkräfte in Kindertageseinrichtungen

4.1. Rahmenbedingungen der Tätigkeit und Mitarbeiterzusammensetzung

Mit 97.2% extrem hoch - wesentlich höher als in den drei übrigen in die Untersuchungen einbezogenen Berufsfelder - ist der Frauenanteil.

Zwar sind weniger als die Hälfte (37.9%) der Fachkräfte aus Kindertageseinrichtungen verheiratet, immerhin liegt aber der Anteil beträchtlich über dem der verheirateten weiblichen Fachkräfte im Bereich der voll- und teilstationären Betreuung; dieser Befund würde dafür sprechen, daß die Rahmenbedingungen - und insbesondere die zeitlichen Arbeitsvoraussetzungen - im vorliegenden Berufsfeld mit familiären Rollenanforderungen für Frauen eher in Einklang zu bringen sind.

Dies besagt allerdings durchaus nicht, daß die persönliche Beanspruchung durch zeitliche Belastungseinflüsse im vorliegenden Berufsfeld von den Fachkräften selbst als unproblematisch eingestuft würde; dies zeigt sich nicht allein an den später darzustellenden Einschätzungen über eine zeitliche Überbeanspruchung, die sich insbesondere auf den privaten Lebensbereich auswirkt, sondern auch in Bezug auf den quantitativen Arbeitsumfang: Immerhin 19.8% der Fachkräfte berichten über eine durchschnittliche Wochenarbeitszeit von mehr als 40 (bis zu 60) Stunden.

Mit 12.4% ist der Anteil der im Berufsfeld tätigen Fachkräfte, die über zusätzliche berufspraktische Vorerfahrungen außerhalb des vorliegenden Arbeitsgebietes verfügen, wesentlich geringer als in jedem der übrigen in die Untersuchung einbezogenen Berufsfelder.

Auch das durchschnittliche Lebensalter der Fachkräfte in Kindertageseinrichtungen liegt mit 30.4 Jahren noch etwas niedriger als in den beiden anderen pädagogischen Berufsfeldern (vgl. Abbildung 5).

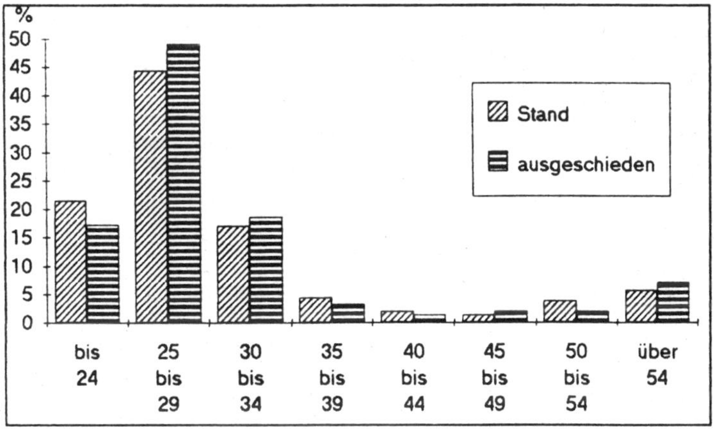

Abbildung 5: Die Altersverteilung derzeitiger und ausgeschiedener Fachkräfte in Kindertageseinrichtungen.

Besonders erhöht (mit einem Anteil von 21.5%) ist dabei der Anteil von MitarbeiterInnen im Altersbereich unter 25 Jahren. Umgekehrt sind lediglich 17.1% der Fachkräfte 35 Jahre alt oder älter. Vergleichsweise hoch - mit einem Anteil von immerhin 9.5% und damit wesentlich höher als bei Fachkräften, die in stationären Einrichtungen der Jugendhilfe derzeit tätig sind - ist zugleich aber der Anteil der Fachkräfte im Altersbereich ab 50 Jahre.

Insgesamt besagt dieses Befundmuster, daß die Streuung der Alterszusammensetzung bei den Fachkräften im vorliegenden Berufsfeld sehr beträchtlich ist, wobei eine zweigipflige Verteilung mit einem ausgeprägten "Loch" im Bereich der Altersgruppe zwischen 40 und 50 Jahren festzustellen ist.

Eine ähnliche, näherungsweise zweigipflige Altersverteilung findet sich bei den ausgeschiedenen Fachkräften mit einem absoluten Gipfelwert zwischen 25 und 29 Jahren (fast die Hälfte, 49.0%, der MitarbeiterInnen aus Tageseinrichtungen ist allein in diesem engen Altersbereich ausgeschieden) und einem zweiten relativen Gipfelwert im Altersbereich über 55 Jahre (7.9%). Der Altersdurchschnitt der ausgeschiedenen Fachkräfte von 30.4 Jahren ist der gleiche wie bei den derzeitigen Fachkräften.

Zugleich kann beiden Altersverteilungen und dem sehr geringen Anteil von Fachkräften, die über anderweitige berufliche Erfahrungen verfügen, entnommen werden, daß derzeit diskutierte Maßnahmevorschläge, vor allem zur Verminderung der sich abzeichnenden Personalbedarfslücke durch "Seiten"- oder Zweitzugänge (vor allem von berufserfahrenen Fachkräften, die zwischenzeitig aus familiären Gründen nicht erwerbstätig waren) zu vermindern, bislang wenigstens im hier betrachteten Regionalgebiet nahezu erfolglos gewesen sind.

4.2. Einschätzung der Arbeits- und Berufssituation

4.2.1. Einstellungen zur getroffenen Berufs-Wahlentscheidung

Insgesamt überwiegen bei den befragten Fachkäften aus Kindertageseinrichtungen Einschätzungen, in denen eine positive Bewertung über die getroffene Berufswahlentscheidung für den Erzieherberuf zum Ausdruck gebracht wird (21.6%; negative Bewertungen: 15.0%).

Geradezu extrem weichen dabei die Einschätzungen der BerufsanfängerInnen (Dauer der Berufsausübung kürzer als 2 Jahre) von jenen der BerufsanfängerInnen in stationären Jugendhilfeeinrichtungen ab: Die getroffene Berufswahlentscheidung wird in den Kindertageseinrichtungen fast durchgängig empfohlen (positive/negative Wahlempfehlung: 85.7% / 14.3%), im stationären Bereich mehrheitlich bedauert (positive/negative Wahlempfehlung: 33.3%/ 66.7%).

Insgesamt stützen sich auch bei den Fachkräften aus Kindertageseinrichtungen (sogar noch ausgeprägter als in den beiden anderen pädagogischen Berufsfeldern) die positiven Argumente für die Berufswahl auf Merkmale der beruflich-fachlichen Tätigkeit (v.a. Sinngehalt der Arbeit; Vielseitigkeit der Aufgaben; Anstöße für die eigene Persönlichkeitsentwicklung) und nur vergleichsweise selten auf die Arbeitsbedingungen des Berufsfeldes (23.4%).

4.2.2. Berufliche Gesamtzufriedenheit

Die befragten Fachkräfte aus Kindertageseinrichtungen bringen unter den vier einbezogenen Berufsfeldern den höchsten Gesamtumfang an beruflicher Unzufriedenheit zum Ausdruck. Außer über die allgemeinen Rahmenbedingungen der Berufstätigkeit besteht weit überdurchschnittlich häufig auch eine hohe Unzufriedenheit mit den Arbeitsvoraussetzungen am persönlichen Arbeitsplatz; hier sind es 60.7% der Befragten, die Verbesserungen als dringlich ansehen.

Neben dem überdurchschnittlich hohen Umfang der Kritik an

* der finanziellen Vergütung,
* den unzureichenden Weiterqualifizierungs- und Aufstiegsperspektiven sowie
* der unbefriedigenden gesellschaftlichen Wertschätzung für die dort geleistete Arbeit

fallen - auch im Vergleich zu den beiden anderen einbezogenen pädagogischen Berufsfeldern - zwei Kritikschwerpunkte besonders auf:

* Die unzulänglichen Voraussetzungen für die fachliche Arbeit mit den betreuten Kindern und
* die mangelhaften räumlichen Arbeitsvoraussetzungen und die unzulängliche Ausstattung der Einrichtungen bzw. Gruppen.

Überdurchschnittlich häufig kritisiert werden auch die beruflichen Qualifikationsvoraussetzungen (die Kritik bezieht sich dabei auf ein außerordentlich heterogenes Spektrum, das von Fragen der Studienorganisation - etwa dem zeitlichen Umfang an Praxisanteilen oder insgesamt unzureichendem Praxisbezug - bis hin zu speziellen Ausbildungsinhalten, etwa einer zu oberflächlichen Themenbehandlung, reicht).

Mit den sozialen Beziehungen - auf Kollegialebene innerhalb und außerhalb der Teams und zu den Fachdiensten - ist ein vergleichsweise geringer Anteil der befragten Fachkräfte unzufrieden; immerhin fällt auf, daß auch in Bezug auf diese Merkmale die Einschätzungen weniger günstig ausfallen im Vergleich zum Gesamtdurchschnitt der untersuchten vier Berufsfelder. Die überdurchschnittlich positiv eingeschätzte Qualität der Zusammenarbeit mit den Leitungsfachkräften muß - bereits nach dem

Stichprobenumfang - zurückhaltender interpretiert werden, weil etwa die Hälfte der Befragten selbst eine Leitungsposition einnimmt.

Der Umfang der Kritik an den zeitlichen Arbeitsbedingungen - 38.2% äußern sich hier unzufrieden - liegt zwar im Gesamtdurchschnitt der untersuchten vier Berufsfelder; bei der inhaltlichen Analyse zeigt sich aber als ein wesentlicher Problemschwerpunkt, daß von einem hohen Anteil der in diesem Berufsfeld tätigen MitarbeiterInnen die Anrechnung erforderlicher Vor- und Nachbereitungszeiten als unzureichend angesehen wird, sodaß die tatsächlich erbrachte Arbeitszeit im Durchschnitt deutlich über dem tarifvertraglich festgelegten Richtwert liegt.

4.2.3. Erlebte Veränderung der Arbeitsbedingungen

Bei Beurteilung der in der zurückliegenden Zeit eingetretenen Veränderungen von Arbeitsbedingungen im Berufsfeld überwiegen - wie in den beiden anderen pädagogischen Arbeitsfeldern - positive Einschätzungen (Verbesserungen/Verschlechterungen: 35.2%/19.9%). Auffällig ist, daß hinsichtlich der Voraussetzungen für die pädagogisch-fachliche Arbeit mit den Kindern der Eindruck zunehmender Verschlechterungen (37.4%) den wahrgenommener Verbesserungen (21.5%) deutlich überwiegt; auch bei der Einschätzung der beruflichen Qualifikationsvoraussetzungen findet sich eine deutlich zurückhaltendere Beurteilung der Trendentwicklung im Vergleich zum Gesamtdurchschnitt der untersuchten Berufsfelder.

Überdurchschnittlich positive Einschätzungen finden sich hingegen für die Qualität der sozialen Beziehungen (auf Kollegialebene, Zusammenarbeit zwischen Leitungsfachkräften und MitarbeiterInnen, auch zu den Fachdienstkräften); ebenfalls deutliche Verbesserungen werden im Hinblick auf die Qualität der Zusammenarbeit zwischen Tageseinrichtungen und anderen Institutionen wahrgenommen.

4.2.4. Belastungskenngrößen

Vergleichsweise seltener als MitarbeiterInnen im teil- und vollstationären Bereich berichten die Fachkräfte in Kindertageseinrichtungen über regelmäßig auftretende Belastungsspitzen im Tages- und Wochenablauf, extrem häufig dagegen (96.3% der Befragten aus diesem Berufsfeld) über besondere Belastungsphasen im Jahresablauf.

Die inhaltlichen Aussagen verweisen dabei auf

* Zeitphasen zum Schuljahresbeginn (Eingewöhnung eines hohen Anteils von neu dazugekommenen Kindern),

* Schlechtwetterperioden insbesondere im Winterhalbjahr (erhöhter Bewegungsbedarf der Kinder, der nicht zureichend durch Außenaktivitäten "ausgelebt" werden kann),

* Fest- und Feiertage (Erntedank-, Laternenfeste, Advents-, Weihnachts-, Osterzeit, Fasching, Sommerfeste) mit erforderlichen zusätzlichen organisatorischen Vorbereitungen,

* Vorbereitung und Durchführung von Elternveranstaltungen, die subjektiv - vollends bei ungenügender Beteiligung trotz entsprechender Vorbereitung - als unbefriedigend empfunden werden.

Im Vergleich zu den pädagogischen Arbeitsfeldern in Einrichtungen der stationären Jugendhilfe finden sich etwas günstigere Einschätzungen zu der Frage, ob aus dem zurückliegenden Jahr Zeitpunkte in Erinnerung sind, die als besonders belastend empfunden wurden: Immerhin 30.7% der MitarbeiterInnen aus Kindertageseinrichtungen (gegenüber 9% aus stationären Betreuungsfeldern) sind solche besonders belastenden Zeitphasen nicht mehr in Erinnerung.

Deutlich ungünstigere Einschätzungen als in den voll- und teilstationären Arbeitsfeldern finden sich dagegen im Hinblick auf den Umfang von sozialen und Verhaltensproblemen der betreuten Kinder in Tageseinrichtungen: Überdurchschnittlich viele (76.8%) beschreiben Kinder aus der von ihnen betreuten Gruppe, die die pädagogische Arbeit stark belasten. Auch der Gesamteindruck einer zunehmenden Verbreitung von Störungen bei Kindern findet sich besonders häufig bei Fachkräften der Kindertageseinrichtungen; hier sind es 72.9% der Befragten, die eine zunehmende Verschlechterung wahrnehmen, gegenüber lediglich 8.7%, die den Eindruck einer Abnahme von Verhaltensstörungen haben.

Während sich in Bezug auf gesundheitliche Auswirkungen und Veränderungen der persönlichen Belastbarkeit durch die Berufsausübung quantitativ keine statistisch sicherbaren Unterschiede zu den anderen Berufsfeldern zeigen, finden sich mehrere Hinweise auf spezifische Beschwerdeformen. Vor allem wird weitaus häufiger über Muskelverspannungen geklagt, etwas häufiger über Kopfschmerzen; überdurchschnittlich viele Nennungen in diesem Berufsfeld (noch übertroffen allerdings von den Aussagen der Fachkräfte, die in teilstationären Betreuungsformen tätig sind) weisen auf eine verminderte Widerstandsfähigkeit gegenüber Infektionserkrankungen hin.

Bedeutend positiver als in den drei übrigen untersuchten Berufsfeldern werden hingegen die Auswirkungen der Berufstätigkeit auf die gesamte Lebenssituation der MitarbeiterInnen geschildert: Immerhin 49.3% der in Kindertageseinrichtungen tätigen Fachkräfte beschreiben positive Auswirkungen auf die Privatsphäre. Zugleich werden auch ungünstige Auswirkungen seltener benannt; ein berufsfeldtypisches Hauptproblem wird darin gesehen, daß berufliche Aufgaben und Probleme in die Privatsphäre transferiert werden (sowohl auf funktionaler Ebene, etwa das Erledigen von Vor- und Nachbereitungsaufgaben außerhalb der eigentlichen Arbeitszeit, aber auch das "Nicht-Abschalten-Können" bei häufig auftretenden beruflichen Alltagsproblemen); ein vergleichsweise höherer Anteil der Nennungen (46.0%) entfällt bei Fachkräften aus Kindertageseinrichtungen auf diese Formen ungünstiger Auswirkungen der Berufstätigkeit.

4.3. Mitarbeiterfluktuation und Fluktuationsbereitschaft

4.3.1. Fluktuationsquote

Ungeachtet des geringen Durchschnittsalters der Fachkräfte, das sich vor allem durch den vergleichsweise frühen Eintrittszeitpunkt in das Berufsfeld erklärt, liegt die Gesamtdauer der derzeit tätigen Fachkräfte im Gruppendienst von Kindertageseinrichtungen im Durchschnitt bei 8.1 Jahren und damit um immerhin fast zwei Jahre höher als bei den Fachkräften der voll- und teilstationären Betreuungsformen (6.4 bzw. 6.2 Jahre); immerhin 28.8% sind seit 10 oder mehr Jahren im Gruppendienst der Kindertageseinrichtungen tätig (vgl. Abbildung 6).

Zugleich liegt der Anteil der Fachkräfte, die innerhalb der zurückliegenden zwei Jahre in das Berufsfeld eingetreten sind, bei 17.7%; diese Quote, die zugleich einen Anhaltspunkt für den Umfang des Personal-Ersetzungsbedarfes liefert, ist beträchtlich - und statistisch hoch gesichert - niedriger als bei den Arbeitsfeldern in stationären Jugendhilfe-Einrichtungen (voll-/teilstationäre Betreuung: 27.0 bzw. 28.7%). Auch der Schätzwert für die mittlere Ausscheidequote pro Jahr liegt mit 10.8% unter den entsprechenden Werten für die voll- und teilstationäre Betreuung (14.5 bzw. 14.9%).

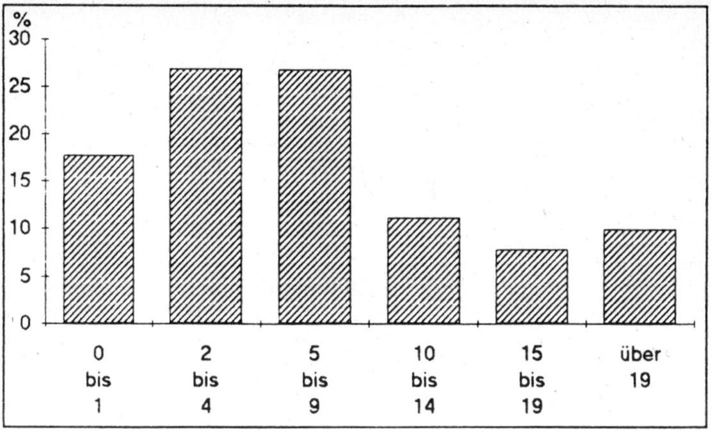

Abbildung 6: Gesamtdauer der Tätigkeit im pädagogischen Gruppendienst: derzeitige Fachkräfte in Kindertageseinrichtungen.

Die Fachkräfte in Kindertageseinrichtungen sind im Durchschnitt seit 5.6 Jahren in der von ihnen gegenwärtig betreuten Gruppe tätig, darunter fast 20% seit mindestens zehn Jahren (vgl. Abbildung 7).

Dies entspricht einer durchschnittlichen Ausscheidequote von 12.6% pro Jahr. 24.5% der MitarbeiterInnen in Kindertageseinrichtungen sind dabei seit weniger als zwei Jahren in der derzeitigen Gruppe tätig. Die Fluktuation ist damit deutlich niedriger als im vollstationären Gruppendienst (dort liegt die mittlere Ausscheidequote pro Jahr bei 20.0%, 42.3% der MitarbeiterInnen haben in den zurückliegenden beiden Jahren die Tätigkeit in der Gruppe aufgenommen). Der Fluktuationsumfang in Kindertageseinrichtungen ist allerdings immer noch deutlich höher als bei den befragten MitarbeiterInnen aus Verbänden und Organisationen (mit einer durchschnittlichen Verweildauer von 7.2 Jahren; die Kenngrößen sind allerdings nicht voll vergleichbar, weil dort nach gleichartiger Tätigkeit innerhalb der Organisation gefragt worden war).

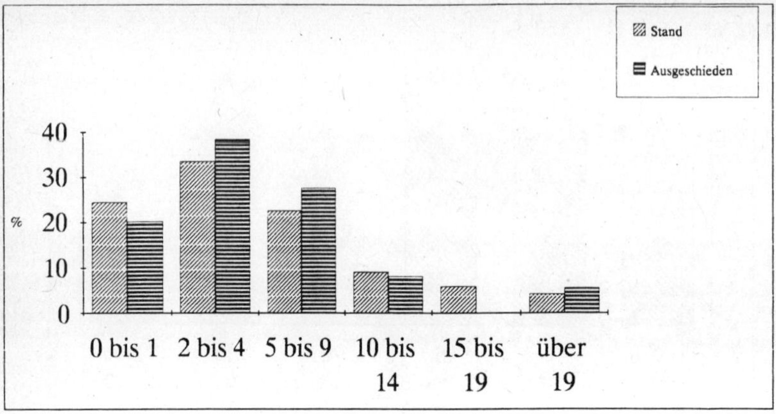

Abbildung 7: Die Tätigkeitsdauer derzeitiger und ausgeschiedener Fachkräfte in den Gruppen der Kindertageseinrichtungen.

Die nähere Analyse der Fluktuationsquoten liefert dabei zwei Befunde:

* Bezogen auf die Verweildauer innerhalb der einzelnen Betreuungsgruppen zeigt sich (übereinstimmend für die derzeit tätigen Fachkräfte wie auch für ausgeschiedene MitarbeiterInnen)

  - eine deutliche Erhöhung der Fluktuationsquote bei einer Verweildauer zwischen zwei und neun Jahren und

  - eine deutliche Verminderung der Fluktuationsquote bei Fachkräften, die seit weniger als zwei Jahren und bei jenen, die seit mehr als zehn Jahren in der gleichen Gruppe tätig waren.

* Für die Tätigkeits-Gesamtdauer im Gruppendienst der Kindertageseinrichtungen errechnet sich eine Ausscheidequote der Fachkräfte von durchschnittlich 10.8% pro Jahr, die sich als weitgehend konstant erweist (also kaum von der Berufsausübungsdauer abhängt).

  Ein ganz ähnliches Ergebnismuster zeigt sich auch bei der genaueren Untersuchung der Fluktuationsquoten für MitarbeiterInnen im Bereich der vollstationären Gruppenbetreuung.

Bei den ausgeschiedenen Fachkräften (ohne Berufsanerkennungspraktikantinnen!) zeigt sich ein deutlicher Einfluß der beruflichen Vorerfahrungen auf die Verweildauer: Fachkräfte, die direkt von der Ausbildung in die Gruppenposition eingetreten waren, scheiden im Durchschnitt frühzeitiger (nach 4.49 Jahren) wieder aus im Vergleich zu Fachkräften, die über vorausgehende Berufspraxis verfügen (6.53 Jahre; der Unterschied ist statistisch gesichert, $F(1,199) = 6.16$, 5%-Niv. sign.).

4.3.2. Fluktuationsursachen

Einschränkend muß zunächst darauf hingewiesen werden, daß mit den im folgenden dargestellten - auf einen 5-Jahres-Zeitraum vor 1990 bezogenen - Befunden die *derzeit* geltenden Fluktuationseinflüsse nicht ohne weiteres abgeschätzt werden können. In einer gut kontrollierten Teilstichprobe (Totalerhebung zu 74 seit 1985 ausgeschiedenen Fachkräften eines Einrichtungsträgers) zeigt sich beispielsweise bei den Ausscheidegründen mit dem Ziel der Weiterbildung ein gleichförmiger, sehr ausgeprägter Anstieg von 0% (1985/86) auf 34% (1989). Es ist daher wahrscheinlich, daß beträchtliche Umschichtungen *innerhalb* des Erhebungszeitraumes stattgefunden haben, die eine Extrapolation auf die Gegenwart besonders problematisch machen.

Einen Überblick über die wesentlichen Ausscheidegründe von Fachkräften der Kindertageseinrichtungen gibt Tabelle 8.

Tabelle 8: Gründe für das Ausscheiden von Fachkräften aus Kindertageseinrichtungen (in Prozent, Untergruppen eingerückt).

Ausscheidegründe	Gesamt	Ausscheidegründe	Gesamt
Nicht berufsbezogen	51,2	Tätigkeitswechsel im Gruppendienst	19,2
– Mutterschaft	33,3	– Einrichtungs-,Gruppenwechsel	10,3
– sonst. familiäre Gründe 9,9		– Wechsel auf unbefrist. Stelle	4,7
– Ortswechsel	8,0	– Aufstieg in Gruppenleitung	4,2
Wechsel des Tätigkeitsfeldes	2,8	Konfliktbedingte Kündigung	2,8
Berufswechsel	8,0	Rente	5,2
– allgemein	5,6	Krankheit	4,7
– im päd.-soz. Bereich	1,4	Sonstige Gründe	6,1
– außerh. päd.-soz. Bereich	0,9		

Beachtenswert sind folgende Hauptbefunde:

* Mit einem Anteil von lediglich 2.8% ist die Häufigkeit einer konflikthaften Beendigung der Tätigkeit erfreulich gering.

* Etwas mehr als die Hälfte (51.2%) der Mitarbeiterinnen ist aus nicht berufsbezogenen Gründen aus der Tätigkeit ausgeschieden, vor allem aus Mutterschutzgründen (ein Drittel aller ausgeschiedenen Fachkräfte).

* Dem gegenüber entfällt lediglich ein Anteil von 30% auf unterschiedliche berufsbezogene Ursachen. Der quantitativ größte Anteil ergibt sich bei berufsbezogenen Ursachen durch den Wechsel auf eine andere Gruppe (und Einrichtung) innerhalb des Arbeitsfeldes, bei einem Anteil von 4.2% der Fachkräfte verbunden mit dem Aufstieg in die Position der Gruppenleitung. Mit 38.4% sehr beträchtlich ist diese Fluktuationsursache bei Fachkräften, die nach weniger als drei Jahren aus der Gruppe ausgeschieden sind; zur Erklärung muß hier der nicht unerhebliche Anteil von Mitarbeiterinnen auf Aushilfs- oder befristeten Stellen berücksichtigt werden.

  Wechsel in andere Tätigkeitsfelder (etwa in die stationäre Betreuung) wirken sich auf die Personalfluktuation in den Kindertageseinrichtungen kaum aus (2.8%).

  Der Anteil der Fachkräfte, bei denen das Ausscheiden aus dem Betreuungsteam mit einem Berufswechsel verbunden war, liegt bei 8%. Eine deutlich erhöhte Veränderungsbereitschaft in dieser Richtung findet bei 3- bis 9jähriger Tätigkeitsdauer in der Betreuungsgruppe (12.8%), selten (jeweils unter 5%) bei Ausscheiden nach kurz- und besonders langzeitiger Tätigkeit in der gleichen Gruppe. Bei den - leider nur seltenen - Fällen, in denen zur Richtung der beruflichen Veränderung nähere Angaben gemacht wurden, überwiegen Hinweise auf Berufswechsel innerhalb des Gesamtfeldes sozialpflegerischer Berufe (nähere Hinweise ergeben sich dazu aus den Befragungen der derzeit tätigen Fachkräfte, s.u.).

* Sicherlich immer noch sehr viel geringer als in vielen anderen Berufsfeldern, im Vergleich zur Situation im stationären Gruppendienst aber in einer ganz anderen Größenordnung, liegt die Zahl der Mitarbeiterinnen, die aus der Gruppentätigkeit in Rente gegangen sind (5.2% aller Ausscheidegründe).

Insgesamt ist beachtenswert, daß sich das Gesamtprofil der Fluktuationsursachen bei Fachkräften in Kindertageseinrichtungen von dem in vollstationärer Betreuung Beschäftigten (s.o., 2.) erheblich unterscheidet, besonders in der Gewichtung von berufsbezogenen Veränderungen und privaten Ausscheidegründen.

Auch hier muß aber bei der Interpretation eine methodische "Tücke" berücksichtigt werden: Daß ein höherer *Anteil* der Fachkräfte wegen privater Gründe aus den Kindertageseinrichtungen als aus der vollstationären Betreuung ausscheidet, kann unter anderem dadurch begründet sein, daß Bedürfnisse nach Aufrechterhaltung und Weiterentwicklung fachlicher Kompetenzen bei Tätigkeit in Kindertageseinrichtungen *innerhalb* des Arbeitsfeldes besser verwirklicht werden können, so daß beruflich-fachlich begründete Arbeitswechsel hier seltener stattfinden als in der Jugendhilfe. Dieser Gedanke wird an späterer Stelle weiter diskutiert (s.u., Teil D/ 3.3).

4.3.3. Beabsichtigter Tätigkeitswechsel

Ein Drittel der befragten, derzeit in Kindertageseinrichtungen tätigen Fachkräfte zieht momentan einen Tätigkeits- oder Berufswechsel nicht in Betracht; der Anteil liegt damit höher als in jedem der anderen untersuchten Berufsfelder; besonders erheblich ist der Unterschied im Vergleich zu den Fachkräften, die in stationären Jugendhilfeeinrichtungen tätig sind.

Andererseits zeigt sich aber bei der Zahl der Mitarbeiterinnen in Kindertageseinrichtungen, die nach eigener Aussage derzeit gerade einen Wechsel ernsthaft erwägen (28.6%) kein wesentlicher Unterschied zu den anderen Berufsfeldern.

Bei den in Betracht gezogenen Übergängen in ein anderes Berufsfeld überwiegen berufliche Veränderungen *innerhalb* des sozial-pflegerischen Arbeitsgebietes deutlich; 60.7% der genannten Veränderungsvorstellungen beziehen sich auf diesen Bereich.

Vergleichsweise noch am häufigsten wird ein Berufswechsel, der zugleich mit einem Ausscheiden aus dem Gesamtfeld sozial-pflegerischer Tätigkeiten verbunden ist, von MitarbeiterInnen im Altersbereich zwischen 35 und 39 Jahren in Betracht gezogen, während keine einzige über 40-jährige Mitarbeiterin einen derartigen Wechsel in Erwägung zieht. Diese Veränderungen, die zugleich meist mit einer völligen beruflichen Neuorientierung verbunden wären, entfallen also bei MitarbeiterInnen in einem Alter über 40 Jahren vollständig; zweifellos ist hier eine wichtige Einzelursache für die insgesamt verminderte Fluktuationsbereitschaft bei älteren Fachkräften der Kindertageseinrichtungen zu suchen.

Beachtenswert ist dabei zugleich die ganz ähnliche Befundlage bei den befragten MitarbeiterInnen in der vollstationären Gruppenbetreuung.

Betrachtet man die (insgesamt n=117) Angaben inhaltlich näher, so zeigt sich:

* Innerhalb des Gesamtfeldes sozial-pädagogisch-pflegerischer Berufe werden mit großem Abstand besonders häufig heil- und sonderpädagogische sowie unterschiedliche therapeutische Arbeitsfelder (Krankengymnastik, Beschäftigungs-, Ergo-, Spieltherapie, therapeutisches Reiten) als Alternativen in Betracht gezogen, häufig genannt werden auch Lehrberufe. Ein Interesse zum Wechsel in pflegerische Tätigkeiten findet sich selten ("Kinderkrankenschwester": 1 Nennung; "Altenpflege": 5 der insgesamt 71 Nennungen).

* Wird ein Berufswechsel in Betracht gezogen, der aus dem sozialpflegerischen Tätigkeitsfeld hinausführt, so zeigen sich klare Präferenzschwerpunkte für handwerklich-technische (24%) und - besonders auffällig - künstlerisch-gestalterische Bereiche (Grafik, Raumausstattung, Kunst: 20%).

5. Tätigkeit in Verbänden und Organisationen

5.1. Rahmenbedingungen der Tätigkeit und Mitarbeiterzusammensetzung

Zunächst sei die wesentlich größere Streuung von Arbeitspositionen und Ausbildungsqualifikationen bei den Befragten in der vorliegenden Teilstichprobe - im Vergleich zu den drei pädagogischen Berufsfeldern - in Erinnerung gerufen (s.o. Teil B II).

58.2% der Befragten aus Verbänden und Organisationen ist weiblich; damit überwiegt zwar auch innerhalb der hier betrachteten Arbeitsfelder der Frauenanteil, allerdings bei weitem nicht so ausgeprägt wie in den pädagogischen Bereichen.

62.6% der MitarbeiterInnen aus Verbänden und Organisationen sind verheiratet; der Anteil liegt damit wesentlich höher als in den drei pädagogischen Berufsfeldern. Zusätzlich beachtenswert ist aber, daß nicht allein die überwiegende Mehrzahl (76.3%) der männlichen Fachkräfte, sondern auch die Mehrheit der weiblichen Fachkräfte (52.8%) verheiratet ist; die "Schere" im Familienstatus zwischen männlichen und weiblichen Erwerbstätigen, die vor allem bei MitarbeiterInnen in Einrichtungen der stationären Jugendhilfe extrem ausgeprägt war und als Hinweis (auch) auf die geringe Vereinbarkeit der Arbeitsbedingungen mit familiären Anforderungen gewertet wurde, ist im vorliegenden Berufsfeld wesentlich weniger ausgeprägt.

Ein sehr hoher Anteil, nämlich 74.2% der befragten Fachkräfte aus Verbänden und Organisationen, verfügt über zusätzliche berufspraktische Vorerfahrungen außerhalb ihres jetzigen Arbeitsgebietes; dieser Anteil ist wesentlich höher als in den betrachteten pädagogischen Arbeitsfeldern.

Der Altersdurchschnitt der befragten MitarbeiterInnen aus Verbänden und Organisationen liegt bei 41.2 Jahren und damit beträchtlich höher als bei den pädagogischen Berufsfeldern; deutlich mehr als die Hälfte der Befragten ist über 40 Jahre und gehört damit einem Altersbereich an, der in den unterschiedlichen Formen der pädagogischen Gruppenbetreuung sehr selten zu finden ist; umgekehrt sind lediglich 9.5% der befragten MitarbeiterInnen aus Verbänden und Organisationen unter 30 Jahre alt. Die befragten MitarbeiterInnen sind seit durchschnittlich 7.2 Jahren auf Arbeitsplätzen mit gleichartiger Tätigkeit innerhalb ihrer Organisation tätig.

Damit unterscheiden sich sowohl Tätigkeitsinhalte und Arbeitsbedingungen, insbesondere aber auch persönliche Kenngrößen beträchtlich von den entsprechenden Merkmalen in den drei pädagogischen Berufsfeldern.

5.2. Einschätzung der Arbeits- und Berufssituation

5.2.1. Einstellungen zur getroffenen Berufs-Wahlentscheidung

Bei den MitarbeiterInnen aus Verbänden und Organisationen legt sich - wie auch in den anderen untersuchten Berufsfeldern - lediglich die Hälfte der Befragten auf eine Einschätzung fest, ob man einem Dritten raten würde, den selbst gewählten Beruf zu ergreifen. Positive Empfehlungen (mit 32.6%) überwiegen deutlich die negativen (mit 16.8%). Das Urteilsmuster fällt damit insgesamt wesentlich günstiger aus als in jedem der drei untersuchten pädagogischen Berufsfelder. Die Einschätzungen der BerufsanfängerInnen in Kindertageseinrichtungen fallen allerdings noch etwas positiver aus als der MitarbeiterInnen, die ihre Tätigkeit im Verband seit weniger als zwei Jahren ausüben.

Zugleich zeigt sich, daß MitarbeiterInnen in Verbänden und Organisationen den Merkmalen der fachlichen Arbeitstätigkeit ein vergleichsweise geringeres Gewicht für eine positive Bewertung der Berufswahlentscheidung (Anteil nur 25.6%) beimessen als den positiv erlebten Arbeitsbedingungen (Betriebsklima vor allem innerhalb der eigenen Abteilung, Arbeitszeitregelungen, berufliche Entwicklungs- und Aufstiegsperspektiven; Sicherheit des Arbeitsplatzes).

5.2.2. Berufliche Gesamtzufriedenheit

Die befragten MitarbeiterInnen aus Verbänden und Organisationen bringen insgesamt einen deutlich höheren Grad an Berufszufriedenheit zum Ausdruck als die Angehörigen in jedem der drei pädagogischen Berufsfelder. Relative Schwerpunkte der Kritik beziehen sich auch hier - wie in jedem der untersuchten pädagogischen Arbeitsfelder - auf

* die finanziellen Vergütungsbedingungen,
* die Perspektiven für Weiterqualifizierung und beruflichen Aufstieg sowie
* die mangelhafte gesellschaftliche Wertschätzung der geleisteten beruflichen Tätigkeit.

Kritische Äußerungen zu anderen Einzelmerkmalen des Arbeitsfeldes (zeitliche Arbeitsbedingungen; Voraussetzungen für die fachliche Arbeit; berufliche Qualifikationsvoraussetzungen; räumliche und ausstattungsmäßige Bedingungen) sind insgesamt aber deutlich seltener als bei pädagogischen Fachkräften, die in stationären oder in Kindertageseinrichtungen tätig sind.

Überdurchschnittlich positiv beurteilt wird die Qualität der Zusammenarbeit mit der jeweiligen Abteilungsleitung und der Beziehungen zu KollegInnen außerhalb der eigenen Abteilung. Vergleichsweise problematischer wird hier allerdings die Zusammenarbeit mit KollegInnen innerhalb der Abteilung, insbesondere die Aufgabenverteilung eingeschätzt; über letzteres besteht sogar ein höherer Grad der Unzufriedenheit als in den drei pädagogischen Arbeitsfeldern. Weniger positiv als im Gesamtdurchschnitt der vier untersuchten Berufsfeldern wird schließlich auch die Zusammenarbeit mit anderen Institutionen beurteilt.

5.2.3. Erlebte Veränderung der Arbeitsbedingungen

Zugleich weichen aber die Einschätzungen der MitarbeiterInnen aus Verbänden und Organisationen über Veränderungen ihrer Arbeitsbedingungen deutlich von denen in den drei pädagogischen Berufsfeldern ab: Ein positiver Entwicklungstrend wird hier wesentlich weniger wahrgenommen (Verbesserungen/Verschlechterungen: 27.8% / 20.9%).

Vor allem hinsichtlich der fachlichen, aber auch der zeitlichen Arbeitsvoraussetzungen überwiegt der Eindruck einer zunehmenden Verschlechterung; bezüglich der räumlichen und ausstattungsbezogenen Arbeitsbedingungen und der Qualität der Zusammenarbeit mit KollegInnen innerhalb und außerhalb der eigenen Abteilung überwiegt zwar der Eindruck positiver Veränderungen in der zurückliegenden Zeit, die Einschätzungen fallen aber deutlich zurückhaltender aus als im Durchschnitt der vier untersuchten Berufsfelder. Lediglich für die Qualität der Zusammenarbeit mit den Vorgesetzten finden sich ähnlich häufig optimistische Veränderungseinschätzungen wie in den pädagogischen Berufsfeldern.

Im Vergleich der vier Berufsfelder findet sich nur bei drei Merkmalen ein Beurteilungsmuster, in dem ein überdurchschnittlich positiver Trendverlauf zum Ausdruck kommt, nämlich

* bei der Veränderung der beruflichen Qualifikationsvoraussetzungen,
* bei der Qualität der Zusammenarbeit mit anderen Institutionen
* sowie bei der gesellschaftlichen Akzeptanz erbrachter beruflicher Leistungen (dabei ist allerdings nur die skeptische Einschätzung, erbrachte Leistungen würden zunehmend weniger gesellschaftliche Anerkennung finden, nicht ganz so stark ausgeprägt wie bei den drei pädagogischen Berufsfeldern; die Skepsis überwiegt deutlich).

5.2.4. Belastungskenngrößen

Die Einschätzungen der MitarbeiterInnen aus Verbänden und Organisationen über die Häufigkeit von regelmäßig auftretenden Belastungsspitzen fallen insgesamt günstiger aus als in den drei pädagogischen Berufsfeldern; besonders große Unterschiede finden sich dabei in Bezug auf die Beschreibung auftretender Belastungsphasen im Tages- und Wochenablauf (jeweils 27.1% gegenüber mehr als 60% im Gesamtdurchschnitt der Berufsfelder); geringere, aber ebenfalls statistisch hoch gesicherte Unterschiede zeigen sich in Bezug auf das Auftreten von Belastungsspitzen im Jahresrhythmus (64.7% gegenüber 80% im Gesamtdurchschnitt).

Zeitphasen im zurückliegenden Jahr, die als besonders belastend in Erinnerung sind, werden hingegen von MitarbeiterInnen aus Verbänden und Organisationen mit etwa gleicher Häufigkeit berichtet wie in den anderen untersuchten Berufsfeldern.

Bei der Einschätzung von Auswirkungen der Berufstätigkeit auf das gesundheitliche Wohlbefinden zeigen sich zwar keine statistisch sicherbaren Abweichungen gegenüber den drei pädagogischen Berufsfeldern. Dennoch sind die insgesamt günstigeren Einschätzungen (lediglich 8.7% der in diesen Arbeitsfeldern befragten MitarbeiterInnen berichten über sehr starke, immerhin 21.7% über "keine" gesundheitlichen Auswirkungen) vor allem auch deshalb beachtenswert, weil der Altersdurchschnitt in dieser Teilstichprobe deutlich höher ist.

Dabei zeigen sich Hinweise auf zwei spezifische Beschwerdeformen: Weitaus häufiger als in den pädagogischen Berufsfeldern sind Hinweise auf Kreislaufbeschwerden (10.5% gegenüber lediglich 4.7% im Gesamtdurchschnitt) und auf Schlafstörungen (12.8%), wobei hier die Nennungshäufigkeit lediglich bei MitarbeiterInnen aus der vollstationären Gruppenbetreuung noch höher liegt.

Auswirkungen der Arbeitstätigkeit auf die Gesamtlebenssituation werden von MitarbeiterInnen aus Verbänden und Organisationen weniger ungünstig geschildert als aus den pädagogischen Berufsfeldern; vor allem berichtet hier ein wesentlich geringerer Anteil über negative Auswirkungen (64.0% gegenüber 83.3% im Gesamtdurchschnitt). Die ungünstigen Effekte beziehen sich dabei schwerpunktmäßig auf einen Problembereich, nämlich den Zeitmangel, der von MitarbeiterInnen aus Verbänden und Organisationen im Vergleich zu allen anderen untersuchten Berufsfeldern am häufigsten genannt wird. Im Zusammenhang damit dürften auch die überdurchschnittlich häufigen Hinweise auf die Beeinträchtigung der familiären Kontakte und der Entfaltung von persönlichen Interessen stehen (bei beiden Problembereichen zeigen sich Ähnlichkeiten zur Einschätzung der Lebenssituation durch Fachkräfte in der vollstationären Betreuung).

5.3. Mitarbeiterfluktuation und Fluktuationsbereitschaft

Die MitarbeiterInnen verbleiben wesentlich häufiger als in den anderen Berufsfeldern langfristig bei gleicher Tätigkeit in der Organisation (mit einem Anteil von 31.9% der Befragten, die dem Verband/der Organisation seit mindestens zehn Jahren bei gleichartiger Tätigkeit angehören).

Immerhin fast ein Viertel (23.1%) der MitarbeiterInnen, die sich an der Befragung beteiligt haben, haben ihre Tätigkeit allerdings erst innerhalb der letzten beiden Jahre begonnen; dieser Anteil ist etwa vergleichbar mit der Situation in Kindertageseinrichtungen (aber sehr viel geringer als in der vollstationären Gruppenbetreuung).

Erhebungen zum Fluktuationsumfang und den Kenngrößen ausgeschiedener MitarbeiterInnen wurden nicht durchgeführt.

Als vergleichsweise gering wird von den Befragten selbst der Fluktuationsumfang innerhalb ihrer Abteilung beurteilt: Mehr als die Hälfte (52.3%) hält den Fluktuationsgrad für eher gering, lediglich 10.3% für "eher" oder "sehr" hoch.

Zur Fluktuationsbereitschaft der Fachkräfte selbst zeigen sich folgende Befunde: Ein Anteil von 29.5% der MitarbeiterInnen zieht derzeit keinen Tätigkeits- oder Berufswechsel in Erwägung; der Anteil ist im Vergleich zum Gesamtdurchschnitt der Berufsfelder leicht erhöht. Eher überraschend erscheint indes ein weiterer Befund: immerhin 33.7% der Befragten - und dies sind mehr als in jedem der drei pädagogischen Berufsfelder - ziehen derzeit eine Veränderung der Tätigkeit oder einen Berufswechsel in Betracht.

D. Schwerpunktbereiche der Problemanalyse

In den nun folgenden vier Kapiteln wird über wesentliche Ergebnisse der durchgeführten Untersuchungen berichtet. Es wurde dabei versucht, die Problemschwerpunkte so herauszuarbeiten, daß Ansatzpunkte für eine Entwicklung von wichtigen und sinnvollen Verbesserungsmaßnahmen ersichtlich werden.

Dieses Anliegen findet seinen Ausdruck auch beim Aufbau: Die Kapitel sind (meist) in zwei Abschnitte gegliedert, wobei

* zunächst eine Darstellung der Hauptergebnisse gegeben wird, an die sich jeweils
* eine ausführlichere Diskussion über Zielsetzungen für Maßnahmen anschließt.

Für die vorliegende Untersuchung wurde ein Versuchsaufbau gewählt, der im Rahmen von Vergleichsanalysen *zwischen* Berufsfeldern inhaltlich teilweise neuartige, vor allem aber methodisch verläßlicher abgesicherte Ergebnisse erbringen kann.

Die Vielzahl von Einzelbefunden, die durch diesen breiten Untersuchungsrahmen gewonnen wurden und die sowohl die Berufssituation von MitarbeiterInnen in der vollstationären Gruppenbetreuung als auch in den weiteren einbezogenen Berufsfeldern betreffen, lassen sich dabei hinreichend übersichtlich auf folgenden vier Betrachtungsebenen beschreiben:

Berufsfeldübergreifende Ergebnisse (Kapitel 1)

Hier werden grundlegende Ergebnisse dargestellt, die sich in allen Berufsfeldern als wichtige Rahmenbedingungen für berufsbezogene Einstellungen und Entscheidungen von MitarbeiterInnen erweisen. Dazu gehören beispielsweise wesentliche Befunde zur Berufszufriedenheit und zur beruflichen Mobilität sowie deren Beziehungen zum Lebens- und Berufsalter von MitarbeiterInnen.

Grundübereinstimmungen bei pädagogischen Berufsfeldern (Kapitel 2)

Die drei Berufsfelder mit pädagogischen Tätigkeitsschwerpunkten (vollstationäre Gruppenbetreuung, teilstationäre Betreuungsformen, Gruppenbetreuung in Kindertageseinrichtungen) weisen in mehreren wesentlichen Kennwerten einen erstaunlich hohen Grad an Übereinstimmung auf; gleichzeitig unterscheiden sie sich z.T. beträchtlich von den

Ergebnissen, die bei der Befragung der MitarbeiterInnen aus Verbänden und Organisationen gewonnen wurden. In einem ausführlichen Diskussionsteil wird versucht, diese Grundübereinstimmungen bei den pädago-gischen Berufsfeldern zu erklären.

Spezifische Problemschwerpunkte in der vollstationären Gruppenbetreuung (Kapitel 3)

In diesem Kapitel werden die Befunde dargelegt, die auf besondere Problemschwerpunkte in der Berufssituation von MitarbeiterInnen in der vollstationären Gruppenbetreuung im Vergleich zu den anderen Berufsfeldern hinweisen.

Ausdrücklich angemerkt sei, daß durch diese Beschränkung der Diskussion keineswegs zum Ausdruck kommen soll, daß die Probleme von MitarbeiterInnen, die in den anderen untersuchten Berufsfeldern tätig sind, gering geachtet werden. Die inhaltliche Schwerpunktsetzung ergibt sich ausschließlich durch die Aufgabenstellung der hier vorgelegten Berichterstattung.

Spezifische Problemschwerpunkte bei MitarbeiterInnen-Subgruppen ***innerhalb*** *des Berufsfeldes der vollstationären Gruppenbetreuung (Kapitel 4)*

Die Untersuchungsergebnisse zeigen schwerpunktmäßig unterschiedliche Problemeinschätzungen bei Untergruppen von Fachkräften in Abhängigkeit von ihrer Tätigkeit in Innen- oder Außenwohngruppen, in verschiedenen Einrichtungen der Jugendhilfe oder von ihrem Ausbildungsgang. Anschließend werden in diesem Kapitel Befunde ausführlicher diskutiert, die sich auf die jeweilige Tätigkeitsdauer und das Lebensalter der Fachkräfte beziehen.

1. Berufsfeldübergreifende Befunde

Die Studie ergab eine Reihe von Allgemeinbefunden, die sich weitgehend *übereinstimmend* in jedem der vier untersuchten Berufsfelder feststellen ließen.

(1) Beachtenswert ist zunächst der Anstieg positiver Gesamteinstellungen zum Berufs- und Arbeitsfeld bei *älteren* Fachkräften. Dazu gehören die Bewertung der Berufswahl und der Berufsfeld- und Arbeitsbedingungen im allgemeinen (vgl. Tabelle 9, folgende Seite).

Deutlich ausgeprägt ist dieser Anstieg aber erst im Altersbereich über 40, teilweise sogar erst über 45 Jahren und bei einer Berufsausübungsdauer von mindestens 15 Jahren.

(2) Durchgängig positivere Einstellungen zur getroffenen Berufswahl zeigen sich bei Beginn der Berufsausübung, wobei zunächst auch die Absicht eines Tätigkeits- oder Berufswechsels recht selten geäußert wird (vgl. Tabelle 10).

Tabelle 10: Allgemeine Einstellungen zum beruflichen Tätigkeitsfeld bei Differenzierung nach Tätigkeitsdauer (in Prozent).

Tätigkeitsdauer in Jahren	Jugendhilfe vollstationäre Betreuung	Jugendhilfe teilstationäre Betreuung	Kindertages-Einrichtungen	Verbände/ Organisationen	Mittelwert
Positive Empfehlung der Berufswahl (unter Vernachlässigung von indifferenten Einschätzungen)					
0 - 1	33,3	25,0	85,7	72,7	47,9
2 - 4	20,5	28,6	50,0	69,2	36,7
5 - 9	21,8	0,0	40,0	62,5	26.0
10 - 14	22,2	0,0	64,3	50,0	33.3
15 und mehr	36,4	0,0	73,3	80.0	52.8
Keine Absicht eines Berufs- oder Tätigkeitswechsels					
0 - 1	24,6	17,9	40,0	52,4	29,4
2 - 4	5,3	20,8	33,3	26,9	17,2
5 - 9	8,6	4,3	19,4	33,3	13,2
10 - 14	10,2	5,6	25,0	15,8	13,3
15 und mehr	16,2	0,0	25,3	20.0	18,7

Die Unterschiede zwischen den Tätigkeitsfeldern sind statistisch signifikant ($p<0,05$).

Tabelle 9: Allgemeine Einstellungen aller Befragten zum beruflichen Tätigkeitsfeld bei Differenzierung nach Altersgruppen (in Prozent).

Alter	Jugendhilfe voll-stationäre Betreuung	Jugendhilfe teil-stationäre Betreuung	Kinder-tages-Einrichtungen	Verbände/Organi-sationen	Mittelwert	statistische Signifikanz[1]
Positive Empfehlung der Berufswahl (unter Vernachlässigung der indifferenten Einschätzungen)						
bis 24	26,3	0,0	71,9	nicht berechnet	52,8	
25 bis 29	22,4	11,8	35,3	40,0	25,7	
30 bis 34	30,8	10,5	64,7	63,6	37,2	
35 bis 39	14,3	0,0	50,0	75,0	32,4	
40 bis 44	40,0	0,0	71,4	57,1	55,0	
45 u. älter	80,0	0,0	90,0	75,0	75,0	p<0,01
keine Absicht eines Berufs- oder Tätigkeitswechsels						
bis 24	20,9	37,7	44,0	nicht berechnet	33,9	
25 bis 29	9,4	16,2	25,8	28,6	19,9	
30 bis 34	7,6	10,3	27,5	22,7	14,2	
35 bis 39	8,7	0,0	28,0	25,0	14,3	
40 bis 44	0,0	0,0	26,7	42,1	25,0	
45 u. älter	36,8	33,3	43,8	30,3	35,2	p<0,01
Kritik an den persönlichen Tätigkeitsbedingungen: Veränderungen als dringlich empfunden						
bis 24	38,8	66,7	57,9	nicht berechnet	49,7	
25 bis 29	47,8	17,6	68,9	71,4	50,6	
30 bis 34	42,4	50,0	60,5	36,4	46,7	
35 bis 39	45,7	42,8	57,9	58,3	49,5	
40 bis 44	50,0	0,0	63,6	36,8	45,5	
45 u. älter	42,1	33,3	38,5	21,2	30,9	p>0,05 n.s.
Gesamtzufriedenheit mit den Berufsbedingungen wird eher hoch eingeschätzt (maximal vier Berufsfeldmerkmale als dringend veränderungsbedürftig eingestuft)						
bis 24	15,8	0,0	14,8	nicht berechnet	15,2	
25 bis 29	16,5	22,2	8,8	44,4	15,1	
30 bis 34	19,1	7,7	12,2	50,0	19,8	
35 bis 39	25,0	28,6	11,1	66,7	26,5	
40 bis 44	0,0	33,3	28,6	61,1	28,6	
45 u. älter	41,7	25,0	25,0	66,7	48,1	p<0,01

1) Chi-Quadrat Test zwischen den Altersgruppen insgesamt.

Beide Befunde stehen im Einklang mit vielfach bestätigten Ergebnissen berufspsychologischer Untersuchungen wie auch spezielleren Befunden für das Berufsfeld der stationären Gruppenbetreuung (v.a. Brombach/ Schäuble 1984).

Es sind allerdings einige Einschränkungen zu machen. So sind die oben genannten Befunde zwar bei jeder der untersuchten Berufsgruppen zu finden, unterscheiden sich jedoch im Grad ihrer Ausprägung deutlich voneinander. Auch einige Einzelaspekte weichen vom Gesamttrend deutlich ab: Nicht alle Einschätzungen der Arbeitsbedingungen oder der unterschiedlichen Belastungskomponenten entsprechen dem beschriebenen Gesamttrend; dies wird in den Kapiteln 2 und 3 näher betrachtet.

Als wichtige Schlußfolgerung läßt sich ableiten, daß der Grad der beruflichen Unzufriedenheit wesentlich durch die Altersverteilung und die durchschnittliche Verweildauer der MitarbeiterInnen in den einzelnen Berufsfeldern beeinflußt wird. *Ungünstigere Einschätzungen* sind generell in Berufsfeldern mit einem überdurchschnittlich hohen Anteil von Fachkräften im Altersbereich zwischen 25 und 35 oder 40 Jahren bzw. einer Berufsverweildauer zwischen 2 und 10 Jahren zu erwarten.

(3) Ein weiterer wichtiger Befund bezieht sich auf die Mobilitätsbereitschaft der Fachkräfte in den verschiedenen Berufsfeldern in Abhängigkeit von der Berufsverweildauer und dem Lebensalter. Es bestehen zwar statistisch hoch gesicherte Unterschiede in der *durchschnittlichen* Ausscheidequote (und folglich der Berufsverweildauer) *zwischen* den vier Berufsfeldern. Prüft man aber die jährliche Ausscheiderate *innerhalb* eines Berufsfeldes, so lassen sich - mit Ausnahme der Situation bei teilstationären Betreuungsformen - zwei Ergebnisse gegenüberstellen:

* Die Ausscheiderate verändert sich *nicht* wesentlich mit der *Dauer* der Berufsausübung; es ist somit innerhalb der einzelnen Berufsfelder von einer weitgehend konstanten Ausscheidequote (bei Fachkräften, die ihren Beruf jeweils bereits 1, 2, 3 Jahre u.s.f. ausgeübt hatten) auszugehen.

* Anders verhält es sich hingegen in bezug auf das *Lebensalter*: Hier ergeben sich verminderte Mobilitätskenngrößen im Bereich oberhalb von etwa 40 Jahren. Dies gilt sowohl für den tatsächlichen Fluktuationsumfang, als auch für die Absicht eines Berufswechsels.

Selbstverständlich besagt eine weitgehend gleichbleibende Ausschei-derate *nicht* zwangsläufig, daß auch die Ausscheidegründe nach unterschiedlicher Verweildauer *qualitativ* gleich bleiben. Die hierzu durchgeführten Analysen widerlegen diese Annahme deutlich (s.u., Kapitel 4).

Es zeigt sich aber, daß in den verschiedenen Berufsfelder keine spezifischen *quantitativen* Erhöhungen der Fluktuationsquoten etwa bei Berufsanfängern, bei mittlerer Berufsausübungsdauer oder bei langzeitig tätigen MitarbeiterInnen festzustellen sind.

Vor allem auch in Hinblick auf *Maßnahmen*entwicklungen gewinnt vor diesem Befund die Vorhersage an Bedeutung, daß externe Einflüsse, die die *Gesamtfluktuationsquote* in einem Berufsfeld (positiv oder negativ) verändern, sich vor allem auf den Mitarbeiterbestand mit einer *mittellangen Verweildauer* auswirken. Besonders wichtig erscheint hier, daß selbst scheinbar geringfügige Veränderungen der mittleren Fluktuationsquote zu quantitativ beträchtlichen Umschichtungen vor allem bei der Gruppe der MitarbeiterInnen mit einer beruflichen "Überlebens"dauer zwischen circa 4 und 10 Jahren führen. Bei BerufsanfängerInnen und langzeitig tätigen MitarbeiterInnen sind die zu erwartenden Auswirkungen in quantitativer Hinsicht sehr viel geringer.

Beachtenswert sind zwei weitere Ergebnisse, die sich allerdings lediglich auf die Situation in den beiden Berufsfeldern stützen, für die Erhebungen zu den ausgeschiedenen MitarbeiterInnen vorgenommen wurden (stationäre Gruppenbetreuung und Kindertageseinrichtungen):

* Die Ausscheiderate verändert sich offensichtlich mit der *Tätigkeitsdauer* am jeweiligen *Arbeitsplatz*. Hier ist ein Positionswechsel in den ersten beiden Jahren nach Übernahme der Tätigkeit und nach langzeitiger Verweildauer auf dem gleichen Arbeitsplatz seltener, bei einer *mittleren* Tätigkeitsdauer (zwischen etwa 4 bis 8 Jahren) dagegen erhöht.

  Dieses Ergebnis ist zunächst in methodischer Hinsicht von Bedeutung; es zeigt nämlich erneut, wie stark die Ergebnisse über Fluktuationsumfang und -ursachen - und auch scheinbare Widersprüchlichkeiten zwischen Befunden aus unterschiedlichen Untersuchungen - von der Wahl des jeweils verwendeten Analysekriteriums beeinflußt sind. Ausführlich setzt sich Schoch (1989) mit diesem Problem im Bereich der stationären Jugendhilfe auseinander.

* Für den Zeitraum von etwa zwei bis drei Jahren *vor* dem Durchführungszeitpunkt der Untersuchungen lassen sich nach den Analysen (unter Einbeziehung der Erhebungen über früher *ausgeschiedene* Fachkräfte) in den Berufsfeldern der voll- und teilstationären Gruppenbetreuung wie auch der Kindertageseinrichtungen *keine* Hin-

weise auf quantitativ beträchtliche *Veränderungen* der durchschnittlichen Berufsverweildauer erkennen.

(4) Auf eine weitere, offensichtlich allgemeinere Gesetzmäßigkeit sei an dieser Stelle lediglich hingewiesen: In jedem der vier Berufsfelder finden sich übereinstimmend Hinweise, daß der *berufliche Erfahrungsumfang* von MitarbeiterInnen *vor dem Eintritt* in eine Arbeitsposition den weiteren Verlauf der Berufsbiographie - und damit auch die Verweildauer - wesentlich beeinflußt. Vergleichsweise problematischere Untersuchungsergebnisse zeigen sich dabei vor allem bei Fachkräften, die *weder* über einschlägige Berufspraxis im derzeitigen Arbeitsgebiet *noch* über Erfahrungen aus anderen Arbeitsfeldern verfügen. Zugleich zeigen sich sehr beträchtliche Unterschiede zwischen den untersuchten Berufsfeldern in bezug auf den Anteil von MitarbeiterInnen *ohne* berufliche Vorerfahrungen, die neu in frei werdende Arbeitspositionen eintreten. Über diese Ergebnisse wird später (in Kapitel 4) näher berichtet, weil dabei Fragen der Maßnahmeentwicklung für wichtige Teilgruppen von MitarbeiterInnen *innerhalb* eines Berufsfeldes besonderes Gewicht erhalten.

2. Grundübereinstimmungen bei den pädagogischen Berufsfeldern

In die vorliegende Untersuchung wurden als pädagogische Berufsfelder die voll- und teilstationären Betreuungsformen sowie die Tätigkeit in Kindertageseinrichtungen einbezogen. In vielen Hauptergebnissen zeigt sich eine hohe Übereinstimmung bei diesen Berufsfeldern mit überwiegend pädagogischen Tätigkeiten, zugleich unterscheiden sie sich deutlich von der vierten einbezogenen Gruppe, den MitarbeiterInnen aus Verbänden und Organisationen. Auf der Darstellung dieser Gemeinsamkeiten wird nachfolgend das Hauptgewicht liegen, aber auch auf wichtige Unterschiede in Einschätzungen der Fachkräfte *innerhalb* der drei pädagogischen Berufsfelder wird eingegangen.

2.1. Beurteilung der Berufs- und Arbeitssituation

Bei den drei pädagogischen Berufsfeldern zeigen sich beachtenswerte Übereinstimmungen im Gesamtumfang der Berufszufriedenheit, bei den

Belastungseinschätzungen und bei der inhaltlichen Beurteilung von Vorzügen und Nachteilen des jeweiligen Arbeitsfeldes.

(1) Betrachtet sei zunächst die *Berufszufriedenheit* insgesamt.

* Als ein Hauptbefund zeigt sich, daß im Vergleich zu den befragten MitarbeiterInnen aus Verbänden und Organisationen die Berufszufriedenheit in allen drei Berufsfeldern mit pädagogischen Aufgabenschwerpunkten deutlich geringer ist (vgl. Tabelle 11).

Tabelle 11: Allgemeine Einstellungen zum beruflichen Tätigkeitsfeld.

	Jugendhilfe voll-stationäre Betreuung	Jugendhilfe teil-stationäre Betreuung	Kinder-tages-Einrichtungen	Verbände/ Organi-sationen	Mittelwert
Empfehlung der Berufswahl					
Es raten klar/eher ab	28,3	45,7	15,0	16,8	24,8
Vor-/Nachteile etwa gleich	62,3	48,9	63,4	50,5	59,9
Es raten klar/ eher zu	9,4	5,3	21,6	32,6	15,3
Absicht eines Berufs- oder Tätigkeitswechsels					
nein	13,1	12,4	33,3	29,5	21,0
ja, früher oder in Zukunft	60,9	67,0	38,0	36,8	52,0
ja, derzeit	26,0	20,6	28,6	33,7	26,9
Kritik an den persönlichen Tätigkeitsbedingungen: Veränderungen eingestuft als					
sehr wichtig/dringlich	44,4	35,6	61,0	36,8	47,4
nicht so wichtig/dringlich	55,6	64,5	39,0	63,2	52,3
Gesamtzufriedenheit [1]					
eher hoch	45,5	46,7	50,3	33,6	44,0
eher gering	54,5	53,3	49,7	66,4	56,0

1) Durchschnittsanteil der Berufsfeldmerkmale, die als dringend veränderungsbedürftig eingestuft werden; bezogen auf 13 in allen Berufsfeldern erhobene Einzelmerkmale. Die Unterschiede zwischen den Berufsfeldern und zwischen den pädagogischen Berufen sind bei allen dargestellten Merkmalen statistisch signifikant ($p<0.01$).

An diesem Befund überrascht außerdem, daß sich die zwischen den pädagogischen Arbeitsfeldern beträchtlich voneinander abweichenden *zeitlichen* Arbeitsbedingungen nicht stärker in den Gesamteinschätzungen niederschlagen: Der Gesamtumfang der Kritik an den Arbeitsbedingungen ist bei MitarbeiterInnen aus teilstationären Betreuungsformen und in Tageseinrichtungen der Jugendhilfe kaum geringer als bei den befragten Fachkräften, die vollstationäre Betreuungsaufgaben wahrnehmen.

Übereinstimmend werden *besonders kritisch* eingeschätzt (vgl. Tabelle, Anhang 2):

* die finanziellen Vergütungsbedingungen,

* die unbefriedigenden Weiterbildungs- und Aufstiegsmöglichkeiten,

* die ungünstigen gesellschaftlichen Rahmenbedingungen, die auf das Berufsfeld einwirken.

  Als *relative* Schwerpunkte der Kritik finden sich entsprechende Einschätzungen bezüglich dieser Merkmale allerdings auch bei den Befragten aus Verbänden und Organisationen.

* Weitere kritische Äußerungen beziehen sich auf die unzureichenden Rahmenbedingungen für die fachliche Arbeit mit den betreuten Kindern und Jugendlichen.

Ferner zeigen sich aber auch bei mehreren Einzelmerkmalen berufsfeldspezifische Problemschwerpunkte: Beispielsweise werden die zeitlichen Arbeitsbedingungen bei den Fachkräften der vollstationären Betreuung sehr ungünstig eingeschätzt, besonders starke Kritik an unzureichenden Weiterqualifizierungs- und Aufstiegsmöglichkeiten wird bei Tätigkeit in teilstationären Betreuungsformen sowie in bezug auf fachlich-pädagogische Arbeitsvoraussetzungen und Ausstattungsgegebenheiten bei MitarbeiterInnen in Kindertageseinrichtungen geübt.

Gleichzeitig überwiegen auch bei weiteren wesentlichen Kenngrößen zur allgemeinen Arbeitszufriedenheit - der Kritik an den persönlichen Tätigkeitsbedingungen und bei Einschätzung der getroffenen Berufswahlentscheidung sowie bei der Fluktuationsbereitschaft - die *Unterschiede* zwischen den pädagogischen Berufsfeldern deutlich (vgl. Tabelle 11); mögliche Ursachen und deren Bedeutung für Maßnahmevorschläge werden anschließend diskutiert.

(2) Auch die *Einschätzung von Belastungen* stimmt zwischen den pädagogischen Berufsfeldern nur teilweise überein (vgl. Tabelle 12).

Gemeinsame Problemschwerpunkte sind vor allem:

* Die Fachkräfte aller drei pädagogischen Berufsfelder äußern, daß die von ihnen betreuten Kinder und Jugendlichen in zunehmendem Umfang psychosoziale Störungen aufweisen. Am ausgeprägtesten findet sich dieser Eindruck bei MitarbeiterInnen in Kindertageseinrichtungen.

Tabelle 12: Einschätzung von berufsbedingten Belastungsformen (in Prozent).

	Jugendhilfe vollstationäre	Jugendhilfe teilstationäre	Kindertages-Ein-	Verbände/ Organisationen	Mittelwert	statistische Signifikanz insg.[1]	statistische Signifikanz päd.[2]
	Betreuungrichtungen						
(a) Beschreibung von regelmäßigen Belastungen im Tagesverlauf	77,0	77,0	60,9	27,1	67,5	**	**
(b) Beschreibung von regelmäßigen Belastungen im Wochenablauf	68,0	67,0	52,1	27,1	62,2	**	**
(c) Beschreibung von regelmäßigen Belastungen im Jahresrhythmus	76,3	72,7	96,3	64,7	80,0	**	**
(d) Gab es im vergangenen Jahr Zeitpunkte, die als besonders belastend in Erinnerung sind?							
nein	19,0	19,7	30,7	25,0	23,2	*	*
(e) Einschätzung des Belastungsumfanges zum Befragungszeitpunkt im Vergleich zur Durchschnittsbelastung im Berufsalltag							
geringer als üblich	16,0	15,6	18,2	12,0	16,1		
wie üblich	36,4	22,2	33,6	42,4	34,8		
höher als üblich	47,6	62,2	48,2	45,7	49,1		
(f) Werden Auswirkungen der beruflichen Belastungen auf das gesundheitliche Wohlbefinden erlebt?							
nein	13,8	16,1	10,1	21,7	13,6		
ja, gelegentlich	71,3	66,7	72,4	69,6	71,0		
ja, sehr stark	14,9	17,2	17,5	8,7	15,4		

1) Vergleich zwischen den vier Berufsfeldern. Prüfgröße Chi-Quadrat (* = $p<0,05$, ** = $p<0,01$).

2) Vergleich zwischen den drei pädagogischen Berufsfeldern. Prüfgröße Chi-Quadrat (* = $p<0,05$, ** = $p<0,01$).

* Sehr viel häufiger als von den MitarbeiterInnen der Verbände und Organisationen werden regelmäßig auftretende Belastungsspitzen - im Tages- und Wochenablauf und, nicht ganz so eindeutig, im Jahresverlauf - beschrieben, wobei die Fachkräfte in der stationären Gruppenbetreuung diese (etwa bei den Essenszeiten und der Hausaufgabenbetreuung) noch kritischer einschätzen als ihre KollegInnen aus den Kindertagesstätten.

(3) Bei der inhaltlichen Beurteilung von *Vor- und Nachteilen,* die mit dem gewählten Beruf verbunden sind, zeigt sich zwischen den pädagogischen Fachkräften und den Befragten aus Verbänden und Organisationen ein besonders auffälliger Unterschied:

* Wesentliche Grundlage für eine positive Bindung bildet bei den drei erstgenannten Berufen ganz vorrangig die *fachlich-pädagogische*

Tätigkeit mit den damit verbundenen vielseitigen Aufgabenstellungen, die durch eigene Vorstellungen weitgehend mitgestaltet werden. Die Tätigkeiten werden als sinnvoll erlebt und haben oft positive Rückwirkungen auf die eigene Persönlichkeitsentwicklung. Als Vorteile erwähnt werden diese Merkmale von mehr als 70% der Befragten aus jedem der drei pädagogischen Berufsfelder.

Demgegenüber bezieht ein vergleichsweise geringerer Teil der befragten MitarbeiterInnen aus Verbänden und Organisationen (25.6%) die positive Einschätzung des eigenen Berufes auf Merkmale der Tätigkeit. Hier spielen vielmehr verschiedene Aspekte der *Arbeitsbedingungen* eine größere Rolle; dazu gehören u.a. ein kollegiales Arbeitsklima in der Abteilung, der Grad der Autonomie, Arbeitszeit und Arbeitsplatzsicherheit.

* Mit Ausnahme von Hinweisen auf einen hohen Grad an Selbständigkeit äußern sich die Befragten aus den pädagogischen Bereichen zu ihren *Arbeitsbedingungen* hingegen ganz überwiegend negativ. Manche Bewertungskriterien, wie das der Arbeitsplatzsicherheit, werden fast überhaupt nicht erwähnt.

2.2. Fluktuation - wer wechselt wann und wohin?

Einschränkend muß zunächst gesagt werden, daß für die durchgeführten, umfangreichen Analysen nicht in jedem Fall Kenngrößen aus jedem der vier Berufsfelder zur Verfügung standen; beispielsweise stützen sich die Analysen zur Richtung des Tätigkeitswechsels lediglich auf Erhebungen in der vollstationären Betreuung und in Kindertageseinrichtungen.

Auch in diesem Bereich zeigen sich - neben einer Reihe wichtiger Unterschiede - insgesamt sehr beträchtliche *Übereinstimmungen zwischen den pädagogischen Berufsfeldern.*

(1) Fluktuationsumfang. Hier kann nur von einer bedingten Übereinstimmung gesprochen werden. Insgesamt läßt sich nach den Analysen, die sich auf die verschiedenen erhobenen Fluktuationskenngrößen beziehen, feststellen: Am *geringsten* ist die Fluktuation bei den Beschäftigten in Verbänden und Organisationen, am *höchsten* bei denen in den stationären Jugendhilfe-Einrichtungen (wobei sich zwischen voll- und teilstationären Betreuungsformen keine beträchtlicheren Unterschiede zeigen); die Fachkräfte der Kindertageseinrichtungen liegen in bezug auf die Fluktuationshöhe in einer Mittelposition.

Übereinstimmend für das Arbeitsfeld in der vollstationären Gruppenbetreuung ebenso wie in Kindertageseinrichtungen (zu den beiden anderen Arbeitsfeldern liegen einschlägige Daten nicht vor) zeigt sich aber ein beachtenswerter Befund: Betrachtet man den Altersdurchschnitt und die mittlere Verweildauer in der Gruppenposition, so zeigen sich keine wesentlichen Unterschiede beim Vergleich zwischen den derzeit tätigen und den ausgeschiedenen Fachkräften. Vielmehr liegen die Kennwerte bei den ausgeschiedenen MitarbeiterInnen jeweils geringfügig *unter* den Werten der derzeit tätigen Fachkräfte.

(3) Was sind nun die entscheidenden *Fluktuationsursachen*? Dabei sind zunächst drei Ergebnisse festzuhalten:

* Der Übergang in den Altersruhestand ist als Fluktuationsursache weitgehend bedeutungslos. Ganz extrem gilt dies für den Bereich der vollstationären Gruppenbetreuung, wo nur 2 von 396 Ausgeschiedenen in den Altersruhestand übergingen!
* Sehr beträchtlich ist dagegen der Anteil der MitarbeiterInnen, die bereits bis zum Alter von 25 Jahren aus ihrer Gruppenposition ausgeschieden sind. Das betrifft vor allem diejenigen Fachkräfte, die vergleichsweise sehr jung und ohne zusätzliche berufliche Vorerfahrungen in das Berufsfeld eingetreten sind.
* Der Anteil *berufsbezogener* Fluktuationsursachen ist in den Arbeitsfeldern der voll- und teilstationären Betreuung beträchtlich, wesentlich geringer aber für Mitarbeiterinnen in Kindertageseinrichtungen; hier bestehen also deutliche Unterschiede zwischen den pädagogischen Arbeitsfeldern. Ob dabei der unterschiedliche Anteil männlicher und weiblicher Fachkräfte in den einzelnen Berufsfeldern von Bedeutung sein kann, wird später genauer untersucht.

  Dieser und die folgenden Befunde beziehen sich allerdings auf *vorrangig* berufsbezogene Ursachen für Tätigkeitsveränderungen: Bei Auswertung der Ausscheidegründe wurden "Ortswechsel" als nicht berufsbezogene Fluktuationsursachen kodiert, weil diese Angabe sehr häufig in Kombination mit "privaten" oder "familiären Gründen" genannt wurde. Antworten in dieser Auswertungskategorie beziehen sich möglicherweise auch auf MitarbeiterInnen, die weiterhin berufstätig waren, ohne daß - nach den Informationen, die den Einrichtungen zur Verfügung standen, aus denen die MitarbeiterInnen ausgeschieden waren - berufliche Gründe für die Veränderung vorrangig entscheidend war.

Betrachtet man die *berufsbedingten* Gründe für das Ausscheiden aus einer Arbeitsposition näher, so zeigt sich:

(a) Vergleichsweise gering - mit einem Gesamtanteil von jeweils weniger als 20% - ist die Bedeutung der horizontalen Fluktuation *innerhalb* der jeweiligen Tätigkeitsfelder, also der Wechsel in eine andere Gruppe bei gleicher Betreuungsform; ein damit verbundener Wechsel der Einrichtung findet sich in Kindergärten und Tagesstätten häufiger als im stationären Bereich.

(b) Dagegen wechseln häufig MitarbeiterInnen aus der vollstationären Gruppenbetreuung in Kindertageseinrichtungen, überwiegend mit dem Ziel, die berufsbedingte Belastung zu vermindern. Umgekehrt ist aber auch der Wechsel von Kindertageseinrichtungen zum Arbeitsfeld der vollstationären Betreuung nicht unerheblich: Fast die Hälfte aller Fachkräfte, die mit pädagogischer Berufserfahrung in das Arbeitsfeld der vollstationären Betreuung eintreten, war vorher in Kindertageseinrichtungen tätig.

(c) Beachtenswert ist ferner, daß ein tatsächlich vollzogener oder beabsichtigter *Berufswechsel* vergleichsweise selten mit dem Ausscheiden aus dem *Gesamtbereich* der pädagogisch-pflegerischen Tätigkeitsfelder verbunden ist: Der Anteil liegt für die Fachkräfte aus dem teilstationären Bereich bei 29.6%, noch niedriger sind die Werte bei MitarbeiterInnen des vollstationären (18.4%) und des Kindertagesstättenbereichs (14.1%). Dabei ist das *Alter der Fachkräfte* von erheblicher Bedeutung:

* Überdurchschnittlich häufig ziehen Fachkräfte im Altersbereich zwischen 35 und 39 Jahren einen Wechsel in einen Arbeitsbereich außerhalb der sozial-pädagogisch-pflegerischen Berufe in Betracht (im vollstationären Bereich ferner jüngere MitarbeiterInnen unter 25 Jahren);
* bei im Berufsfeld tätigen Fachkräften von über 40 Jahren, ist diese Veränderungsperspektive dagegen fast bedeutungslos. Diese sehr viel seltener in Betracht gezogene Möglichkeit einer vollständigen beruflichen Neuorientierung kann teilweise erklären, daß die Bereitschaft für einen Tätigkeitswechsel in dieser Altersgruppe bei *allen* untersuchten Berufsfeldern vermindert ist.

2.3. Erklärungsmöglichkeiten für Berufsunzufriedenheit und Fluktuation in den pädagogischen Berufsfeldern

Hier schließt sich nun eine weitere Frage an: Wie lassen sich diese augenfälligen Übereinstimmungen zwischen den verschiedenen *pädagogischen* Berufsfeldern erklären?

In Betracht kommen zunächst vor allem solche Einflußgrößen, in denen die drei pädagogischen Berufsfelder weitgehende Übereinstimmung aufweisen und sich wiederum deutlicher von dem untersuchten nichtpädagogischen Berufsfeld unterscheiden.

Als Erklärungsmöglichkeiten werden im folgenden die Geschlechtsverteilung, "Burn-out"-Wirkungen, Klienteleinflüsse (also spezifische Belastungen durch die betreuten Kinder und Jugendliche) sowie berufsbiographische Faktoren herangezogen.

2.3.1. Geschlechtsverteilung

Die naheliegende Vermutung, daß die Geschlechtsverteilung eine Rolle spielt, ergibt sich aus der Tatsache, daß in den hier betrachteten pädagogischen Berufsfeldern überwiegend Frauen beschäftigt sind. Im Kindertagesstättenbereich ist dies mit einem Frauenanteil von mehr als 97% ganz extrem der Fall. Dagegen ist das Verhältnis von männlichen und weiblichen ArbeitnehmerInnen in Verbänden und Organisationen nahezu ausgeglichen.

Zur Überprüfung dieser Annahme bietet das Berufsfeld der Fachkräfte in der vollstationären Gruppenbetreuung eine berufsfeld*interne*, auch unter methodischen Gesichtspunkten aussagekräftige Möglichkeit: Hier ist der Anteil männlicher Fachkräfte ausreichend hoch, um Vergleiche innerhalb des Arbeitsfeldes durchzuführen.

> Andererseits können berufsfeldspezifische Einflüsse auf die Ergebnisse nicht ausgeschlossen werden; deshalb werden hier lediglich ausgewählte Hauptbefunde dargestellt.

Für die Annahme eines Geschlechtseinflusses spricht zunächst der Befund, daß Frauen insgesamt etwas kürzere Zeit im Gruppendienst verbleiben: Im Durchschnitt liegt die Berufsausübungsdauer der *derzeit* im Gruppendienst tätigen männlichen Fachkräfte bei 6.67 Jahren, die der Frauen bei 5.38 Jahren. Die Ergebnisse weichen damit etwas von den Ergebnissen der Untersuchungen von Schoch (1989) und Hebborn-Brass (1989) ab. Die nähere Analyse zeigt, daß Unterschiede in der Gesamtverweildauer zusätzlich vom Familienstatus abhängen: Die durchschnittlich etwas längere Gesamtverweildauer der männlichen Fachkräfte ist offensichtlich darauf zurückzuführen, daß diese auch nach der Familiengründung wesentlich häufiger im Gruppendienst verbleiben als Frauen.

Dies trägt auch dazu bei, daß sich unter den *älteren* Gruppendienst-MitarbeiterInnen ein höherer Anteil männlicher Fachkräfte findet; zusätzlich müssen aber weitere Einflußgrößen berücksichtigt werden, daß beispielsweise ein höherer Anteil der männlichen Fachkräfte bereits *vor Eintritt* in den Gruppendienst über berufliche Vorerfahrungen verfügt, weil MitarbeiterInnen (Männer wie Frauen) mit dieser Voraussetzung insgesamt länger im Gruppendienst verbleiben.

Betrachtet man jedoch die durchschnittliche *Verweildauer in den einzelnen Betreuungsgruppen*, so gibt es hier *keinen geschlechtsbezogenen Unterschied* zwischen den männlichen und den weiblichen Fachkräften. Dies gilt sowohl für die derzeit tätigen wie auch für die ausgeschiedenen MitarbeiterInnen.

Dennoch besteht hier ein bedeutsamer geschlechtsbezogener Unterschied: Es zeigt sich, daß vergleichsweise mehr männliche als weibliche Fachkräfte nach einer Verweildauer von *weniger als zwei Jahren* - also in einem bezogen auf pädagogische Anforderungen problematisch kurzen Zeitraum - aus der jeweiligen Gruppenposition wieder ausscheiden.

Untersucht man die Gründe für ein frühzeitiges Ausscheiden aus einer Gruppenposition (siehe auch später, Kapitel 4), so erweist sich, daß bei den männlichen Fachkräften berufsbezogene Ursachen eine signifikant größere Rolle spielen. Besonders deutlich ist dieser Unterschied bei den aufstiegsbedingten Veränderungen. Bei den weiblichen Fachkräften finden sich dagegen - neben familiären Ursachen - häufiger auch Konflikte im Team oder mit der Leitung. Bei den Ausscheidegründen zeigen sich somit *beträchtliche* Unterschiede zwischen männlichen und weiblichen Fachkräften.

In der Gesamtbilanz heben sich indes die unterschiedlichen Fluktuationseinflüsse bei Männern und Frauen weitgehend auf: Die bestehenden geschlechtsbezogenen Unterschiede in der *Gesamt*verweildauer wirken sich auf die Kontinuität der Betreuung von Kindern und Jugendlichen in den einzelnen *Gruppen nicht* positiv aus.

Auch bei der *Beurteilung von Berufsfeldmerkmalen* zeigen sich - insgesamt wenige - signifikante Unterschiede zwischen den befragten männlichen und weiblichen Gruppendienstfachkräften. Dabei äußern sich die Männer *insgesamt* unzufriedener, und zwar übereinstimmend in jedem der drei geschlechtsheterogen zusammengesetzten Berufsfelder; diese höhere Unzufriedenheit bezieht sich vor allem auf eine kritischere Einschätzung

* der allgemeinen beruflichen Rahmenbedingungen,
* der Gegebenheiten im persönlichen Tätigkeitsfeld und
* der Beziehungen zur Einrichtungsleitung.

Die Feststellung, daß sich Mitarbeiter im allgemeinen unzufriedener äußern als Mitarbeiterinnen, ist auch noch in anderer Richtung bedeutsam: Der höhere Grad der beruflichen Unzufriedenheit, der sich übereinstimmend in den drei pädagogischen Berufsfeldern findet, läßt sich sicherlich nicht auf die Geschlechtszusammensetzung zurückführen - der Anteil weiblicher Fachkräfte ist in Verbänden und Organisationen am geringsten.

Ein beachtenswerter Befund zeigt sich schließlich bei Berücksichtigung des Familienstatus:

* Verheiratete *weibliche* Fachkräfte äußern sich deutlich weniger negativ über fehlende Weiterqualifizierungs- und Aufstiegsmöglichkeiten (dies zeigt sich sowohl bei den in der stationären Betreuung als auch in den Kindertageseinrichtungen tätigen Mitarbeiterinnen); von den *männlichen* Fachkräften in der stationären Betreuung werden die unzureichenden Aufstiegsmöglichkeiten generell häufiger kritisiert; der Familienstatus ist dabei ohne Bedeutung.

Allgemein berichten verheiratete Gruppendienstfachkräfte häufiger über Kooperationsschwierigkeiten mit dem gruppenübergreifenden Dienst, über eine *Verschlechterung* ihrer Beziehungen zu TeamkollegInnen und über negative Auswirkungen der Berufstätigkeit auf die Gesundheit.

Beachtenswert sind ferner Hinweise auf unterschiedliche Einsatzbedingungen von männlichen und weiblichen Fachkräften im Gruppendienst: Von Betreuungsteams, denen *keine* männliche Fachkraft angehört, werden durchschnittlich mehr Mädchen, insgesamt eher jüngere Kinder, die zudem häufiger eine Regelschule besuchen, betreut; die Fluktuation in den Gruppen ist geringer, und es finden häufigere Elternbesuche statt. Mindestens eine männliche Fachkraft im Betreuungsteam findet sich bei Außenwohngruppen häufiger als bei Innenwohngruppen. Trotzdem sind im Durchschnitt von reinen Frauenteams mehr Nachtbereitschaften zu leisten als von Betreuungsteams, denen (mindestens) eine männliche Fachkraft angehört. Die zuletzt genannten Befunde können sicherlich - zumindest teilweise - durch die unterschiedliche Alterszusammensetzung der betreuten Gruppe erklärt werden. Insgesamt sind die Ergebnisse deshalb von Bedeutung, weil Unterschiede in der Berufszufriedenheit und der Verweildauer von männlichen und weiblichen

Fachkräften auch auf verschiedenartigen Einsatzbedingungen beruhen könnten, die lediglich indirekt mit der Geschlechtszugehörigkeit zusammenhängen.

Als *Fazit* kann festgehalten werden: Ungeachtet unterschiedlicher Auswirkungen des Geschlechts auf die Berufssituation, die sich im Rahmen der vorliegenden Untersuchung zeigen, können die zentralen Probleme, die sich übereinstimmend bei den drei pädagogischen Berufsfeldern zeigen, durch den hohen Frauenanteil in diesen Berufsfeldern kaum erklärt werden: Der überdurchschnittlich hohe Umfang der Berufsunzufriedenheit wird dadurch keinesfalls erklärt; für die Berufsverweildauer zeigt sich ein lediglich begrenzter und in bezug auf die Fluktuationsquote der MitarbeiterInnen innerhalb der Betreuungsteams kaum ein Einfluß der Geschlechtszugehörigkeit.

> Allerdings dürfen methodische Einschränkungen, auf denen diese Schlußfolgerung beruht, nicht völlig übersehen werden; vor allem ist zu berücksichtigen, daß sich die Befunde - wegen der extrem einseitigen Geschlechtsverteilung der MitarbeiterInnen in Kindertageseinrichtungen - weitgehend auf die Situation in der stationären Betreuung beziehen. Daß eine Verallgemeinerung von Befunden auf andere *pädagogische* Berufsfelder nicht immer zulässig ist, zeigt sich etwa bei den Gründen für das Ausscheiden aus den Gruppenpositionen: In den Kindertageseinrichtungen ist die Gesamtlage durch *familienbezogene* Gründe für das Ausscheiden und den Umfang horizontaler Mobilität zwischen Einrichtungen offensichtlich viel stärker beeinflußt als bei den Frauen, die in der stationären Gruppenbetreuung tätig sind.

2.3.2. "Burn-out"-Effekte

In welchem Umfang können Fluktuation und Berufsunzufriedenheit durch "burn-out"-Wirkungen erklärt werden? Für die Entstehung von Burn-out-Effekten spielen nach Bronsberg und Vestlund (1986) sowohl Arbeitsplatzbedingungen als auch Merkmale der Tätigkeit selbst eine Rolle. Dazu gehören: Unklare, widersprüchliche Ziele, feste Routinen, ein schlechtes Arbeitsklima, in dem eigene Ideen nicht aufgegriffen werden, inkompetente Vorgesetzte, wenig Einflußmöglichkeiten, wenig Anerkennung, ein ungenügender Überblick über eine zu große Organisation, zu viele in zu kurzer Zeit zu bearbeitende Aufgaben. Wesentlich ist außerdem die Angst, eigenes Scheitern eingestehen zu müssen. Auch Persönlichkeitselemente sind von Bedeutung; vor allem führt eine überdurchschnittlich hohe Arbeitsmotivation, die zudem häufig mit unrealistisch hohen Erfolgserwartungen verknüpft ist, zu rasch eintretenden und sehr ausgeprägten "Burn-out"-Effekten.

Versucht man, diesen Erklärungsansatz zur Interpretation der Befunde heranzuziehen, so ergeben sich folgende Erwägungen:

(1) Nur einige der aufgeführten Merkmale treffen auf die untersuchten pädagogischen Arbeitsfelder zu, andere offensichtlich viel eher auf die Arbeitsplatzsituation in Verbänden und Organisationen. Die festgestellten Unterschiede zwischen den untersuchten Berufsgruppen lassen sich demnach nicht plausibel auf die jeweiligen Arbeitsbedingungen beziehen.

(2) In der Untersuchung zeigen sich bedeutsame Unterschiede in der *Gesamt*beurteilung der einzelnen Berufsfelder. Eine Gemeinsamkeit zwischen den pädagogischen Berufsfeldern - im Vergleich zur Tätigkeit in Verbänden und Organisationen - findet sich aber bei lediglich einem wesentlichen Merkmal - dem Grad der beruflichen Unzufriedenheit. Bei der Einschätzung der getroffenen Berufswahl, dem Zeitpunkt, zu dem erstmals ein Verlassen des Tätigkeitsfeldes in Betracht gezogen wurde und im Umfang der Kritik an den persönlichen Arbeitsbedingungen unterscheiden sich zwar auch die pädagogischen Berufsfelder von den Einschätzungen der MitarbeiterInnen aus Verbänden und Organisationen, besonders ausgeprägt sind aber die *Unterschiede* zwischen den *pädagogischen* Berufsfeldern! Zugleich ist es jeweils eine andere pädagogische Berufsgruppe, die sich entweder besonders ungünstig oder weniger negativ darstellt.

(3) Nach dem "burn-out"-Erklärungsansatz ist die Entstehung beruflicher Unzufriedenheit als eine Funktion der Tätigkeits*dauer* aufzufassen. Insgesamt (also bei allen betrachteten Berufsfeldern) wird durch die Befunde die Vorhersage bestätigt, daß mit zunehmender Tätigkeitsdauer ungünstige Einstellungen gegenüber der ausgeübten Berufstätigkeit ansteigen (s.o., Kap. 1). Zusätzlich zeigen sich aber sehr beträchtliche Einschätzungsunterschiede zwischen den Berufsfeldern bereits bei einer Berufsausübungsdauer von weniger als zwei Jahren.

Diese sehr frühzeitig entstandenen, möglicherweise sogar bereits vor Eintritt in das Berufsfeld bestehenden Beurteilungsunterschiede - vor allem über Vor- oder Nachteile der Entscheidung für den gewählten Beruf und entsprechende Absichten für einen Tätigkeits- oder Berufswechsel - können schwerlich auf psychische Sättigungswirkungen einer *längerzeitigen* Berufsausübung zurückgeführt werden, die dem Erklärungsansatz des "Burning out" zugrunde liegen. Zudem trennen diese Einstellungsunterschiede der jüngeren Fachkräfte nicht die pädagogischen Tätigkeitsfelder von denen in Verbänden und Organisationen; vielmehr wird ein weit überdurchschnittlicher Grad der Berufsunzufriedenheit von den befragten jüngeren Fachkräften aus der voll- und der teilstationären Gruppenbetreuung zum Ausdruck gebracht, vergleichsweise sehr selten hingegen von den jüngeren Fachkräften der Kindertageseinrichtungen wie auch von den MitarbeiterInnen in Verbänden und Organisationen.

(4) Legt man die "Burn-out-Hypothese" zugrunde und damit die Annahme, daß die mit der pädagogischen Berufstätigkeit verbundenen Anforderungen längerfristig zu psychischen Sättigungs- und Ermüdungseffekten führen, so wären zwei Dinge zu erwarten:

(a) Ein beabsichtigter oder tatsächlich vollzogener Tätigkeits-/Berufswechsel führt die Fachkräfte überwiegend in Bereiche, die *außerhalb* der sozial-pädagogisch-pflegerischen Berufsfelder liegen.

(b) Die Stärke dieser Tendenz wächst mit längerer Berufsausübung.

Auch diese Vorhersagen werden durch die Untersuchung nur teilweise bestätigt. Insgesamt überwiegen Tätigkeits- bzw. Berufswechsel *innerhalb* der sozial-pädagogisch-pflegerischen Berufsfelder zahlenmäßig deutlich. Dies gilt für alle Altersgruppen mit einer wesentlichen Ausnahme: Im Altersbereich zwischen 35 und 39 Jahren ist der Anteil der Fachkräfte, die aus dem Gesamtbereich sozial-pädagogisch-pflegerischer Tätigkeitsfelder ausscheiden wollen, erhöht. Bei den noch älteren pädagogischen Fachkräften vermindert sich dieser Anteil wieder deutlich; vermutlich werden hier die Barrieren für einen beruflichen Neuanfang als zu hoch erlebt.

Lediglich der Befund für die Altersgruppe der 35- bis 39-jährigen könnte damit auf den Einfluß psychischer Sättigungseffekte hinweisen, die mit längerzeitiger sozial-pädagogischer Berufsausübung verbunden sind.

Insgesamt gesehen dürfte den "Burn-out"-Einflüssen somit keine entscheidende Bedeutung zukommen - vor allem nicht unter dem Gesichtspunkt, daß die meisten Fachkräfte bereits in jüngerem Alter ausscheiden.

2.3.3. Belastung durch Merkmale der betreuten Kinder und Jugendlichen

Ein sehr prägnanter, aber interpretationsbedürftiger Befund der durchgeführten Studie bezieht sich auf den Grad der psychosozialen Störungen von Kindern und Jugendlichen, deren Erziehung und pädagogische Betreuung den Einrichtungen der Jugendhilfe übertragen ist: Die überwiegende Mehrheit der Fachkräfte gelangt zu der Einschätzung, daß der Grad der psychosozialen Auffälligkeiten im Laufe der zurückliegenden Jahre zugenommen habe. Durch diese Beurteilung wird vor allem der hohe und weiter zunehmende *Schwierigkeitsgrad* in der Erziehung und Betreuung von Kindern und Jugendlichen zum Ausdruck gebracht.

Von den verschiedenen möglichen Hypothesen werden nachfolgend vor allem drei berücksichtigt und mit Einzelergebnissen aus der durchgeführten Studie in Beziehung gebracht:

Vor allem drei Erklärungsmöglichkeiten dürften zu berücksichtigen sein:

Externe Erklärungshypothese

Nach diesem Erklärungsansatz wäre die wahrgenommene Zunahme an psychosozialen Störungen bei Kindern und Jugendlichen, auf die *tatsächliche Veränderung äußerer Rahmenbedingungen* zurückzuführen.

Für den Bereich der stationären Jugendhilfe kann vor allem auf die Erweiterung von familienergänzenden oder -ersetzenden Angeboten verwiesen werden, die in den zurückliegenden Jahren als Alternativen zur vollstationären Gruppenbetreuung entwickelt und in großem Umfang praktisch umgesetzt wurden. Spezifische Auswirkungen auf den stationären Betreuungsbereich können durch Vorselektionseffekte im Zusammenhang mit dieser Angebotsdifferenzierung erklärt werden.

Die Untersuchung erbrachte ein anderes Ergebnis: Eine selektive Wirksamkeit dieser *spezifischen* Einflüsse auf die vollstationäre Betreuung in Einrichtungen der Jugendhilfe erwies sich *nicht*. Auch dort, wo eine Vorselektion der betreuten Kinder kaum stattfindet, nämlich in Kindertageseinrichtungen, äußern die befragten Fachkräfte, daß psychosoziale Schwierigkeiten bei den betreuten Kinder zunehmen, hier sogar in noch extremerer Weise: Fast Dreiviertel der Befragten glauben hier eine ungünstige Trendentwicklung wahrzunehmen, während dieser ungünstige Eindruck bei "nur" 54.8 % der Fachkräfte aus Einrichtungen der stationären Jugendhilfe besteht. Spiegeln diese Einschätzungen *externe Bedingungsveränderungen* wider, so müssen die Ursachen dafür unter anderem in allgemeineren gesellschaftlichen Umfeldbedingungen mit entsprechend breiteren Auswirkungen gesucht werden. Auch zur Stützung dieser Annahme gibt es vielfältige Hinweise (z.B. Colberg-Schrader 1990; Hurrelmann 1990; Ledig 1988; Rienits 1986).

Personbezogene Erklärungshypothese

Als ein anderer naheliegender Erklärungsansatz kann das arbeitswissenschaftliche Beanspruchungs-Belastungs-Modell herangezogen werden (Schönpflug 1987). Danach beruht die Entstehung von Belastungen immer auf der *Relation* zwischen äußeren Beanspruchungen und den persönlich verfügbaren Bewältigungsressourcen. Hieraus ergibt sich eine weitere Erklärungsmöglichkeit: Bei einem Rückgang der eigenen Leistungsressourcen steigt der Beanspruchungsgrad. Auch bei "objektiv" gleichbleibender Belastung durch die betreuten Kinder wäre somit unter bestimmten Voraussetzungen ein Anstieg der erlebten Belastung psychologisch plausibel. Folgende Befunde können mit dieser Annahme in Verbindung gebracht werden:

* Der Umfang der persönlichen Belastbarkeit wird bei längerer Tätigkeitsdauer (und, weniger konsistent, mit zunehmendem Alter) im Gruppendienst als deutlich ungünstiger eingestuft. Parallel ergibt sich ein gleiches Beurteilungsmuster für die Einschätzung der Störungszunahme bei den zu betreuenden Kindern und Jugendlichen.

* Es besteht ein enger Zusammenhang zwischen dem erlebten Belastungsgrad der Tätigkeit, den ungünstigen Auswirkungen der Berufstätigkeit auf das gesundheitliche Wohlbefinden, und der Einschätzung, daß der Grad der psychosozialen Störungen bei Kindern und Jugendlichen zugenommen hat.

  Dies zeigte sich besonders deutlich im Ergebnis der Faktorenanalysen (vgl. Teil C/ 1 und Anhang A), wonach die Einschätzung einer Störungszunahme bei den zu betreuenden Kindern und Jugendlichen hohe Ladung auf einem allgemeinen Belastungsfaktor aufweist; der Befund zeigt sich konsistent für das Urteilsmuster der Befragten in jedem der drei pädagogischen Berufsfelder.

Fehlattributionsannahme

Wie in der vorausgehenden Erklärung wäre die Einschätzung zunehmender Verhaltensprobleme bei Kindern und Jugendlichen zunächst vorwiegend auf "subjektive" Bedingungen zurückzuführen.

Attributionstheoretische Modelle gehen dabei (wie z.B. Heider 1958) von der Annahme aus, daß Menschen nach Ursachen von beobachteten Ereignissen suchen. Sofern keine eindeutigen Aussagen über ihre Entstehungsbedingungen möglich sind - und dies gilt für die Mehrzahl von Alltagsereignissen -, eröffnet die Unklarheit der Situation subjektive Deutungsspielräume (z.B. Laucken 1974), die auch zu Fehleinschätzungen führen können. Bei dieser Ursachenzuschreibung wurden sowohl *motivationale* Einflüsse festgestellt, vor allem mit der Funktion der persönlichen Entlastung, als auch Begrenzungen der menschlichen Informationsverarbeitung, die dazu führen können, daß beispielsweise besonders *augenfällige* Gegebenheiten in ihrem Bedeutungsgrad überschätzt werden (vgl. Carroll/Payne 1977).

Auf letzteres könnte etwa der Befund verweisen, daß von den Fachkräften in den pädagogischen Berufen der Belastungsgrad im Tages- und Wochenverlauf als überdurchschnittlich hoch empfunden wird, also im täglichen Umgang mit den betreuten Kindern und Jugendlichen. Diese sind somit ein augenfälliges und "distinktives" (Kelley 1972) Situationsmerkmal, auf das häufig Kausalerklärungen bezogen werden.

Nicht zuletzt können auch *soziale* Einflüsse wirksam werden. Nach Festinger (1954) werden persönliche Einschätzungen von den Meinungen anderer beeinflußt, besonders in unklaren Situationen. Dieser Erklärungsansatz würde den Befund in die Nähe eines berufsspezifischen Stereotyps rücken.

Besonderes soziales Gewicht erhalten solche Zuschreibungen durch ihre möglichen *realen* Rückwirkungen auf die beschriebenen Personen oder Gruppen: Kinder oder Jugendliche, die als "problematisch" oder "verhaltensgestört" beschrieben wurden, können *aufgrund dieser Einschätzung* in ihrer weiteren persönlichen und sozialen Entwicklung Beeinträchtigungen erfahren (also auch in dem Fall, daß die zugeschriebenen Probleme ursprünglich gar nicht vorhanden waren).

Wegen dieser ungünstigen Konsequenzen, die sich aus sozial negativ wertenden Zuschreibungen für betroffene Personen oder Gruppen ergeben können, fand der vorliegende Erklärungsansatz gerade auch bei Auseinandersetzungen über institutionelle Risiken der Heimerziehung starke Beachtung (eine neuere, prägnante Darstellung dieses "Labeling"-Ansatzes innerhalb der Heimerziehung findet sich etwa bei Bürger 1990).

Eine besondere Schwierigkeit entsteht nun dadurch, daß die meisten Befunde, die in den vorliegenden Untersuchungen gewonnen wurden, durch *jede* der vorausgehend genannten drei Hypothesen erklärt werden können.

Auch weitere Ergebnisse, die den subjektiv empfundenen Belastungsumfang durch den Grad der psychosozialen Störungen von Kindern und Jugendlichen verdeutlichen, bringen hier keine Klärung. Die Befunde beziehen sich allerdings ausschließlich auf Einschätzungen in der vollstationären Gruppenbetreuung:

* Von den Befragten wird die Fähigkeit eines Kindes oder Jugendlichen, sich in alltäglichen sozialen Lebensfeldern angemessen bewegen zu können, auch wenn keine ständige Beaufsichtigung durch eine Erziehungsperson besteht, als bedeutsame Einflußgröße eingeschätzt.

  Kinder und Jugendliche werden demnach - unter sonst vergleichbaren Bedingungen - als umso belastender erlebt, je geringer die Aussichten eingeschätzt werden, dieses zentrale Erziehungsziel altersgemäß zu erreichen oder in dieser Richtung Fortschritte zu erzielen.

* Erhebliche Bedeutung könnte nach den vorliegenden Befunden einem Organisationsmerkmal, nämlich der *Gruppengröße*, zukommen. Zum Beispiel werden in *kleineren* vollstationär betreuten Gruppen mit weniger als sieben Kindern überdurchschnittlich häufig diejenigen Kinder und Jugendlichen als besonders belastend beschrieben, die die kürzeste *oder* die längste Verweildauer in der Gruppe haben. Ein genau umgekehrtes Bild zeigt sich bei Gruppengrößen von acht und mehr - hier wird die Betreuung der neu in die Gruppe aufgenommenen und vor allem der "gruppenälteren" Kinder häufiger als pädagogisch bereichernd erlebt. Die genannten Befunde sind statistisch gut sicherbar. Die mit der Zahl der gleichzeitig zu betreuenden Kinder verbundene Veränderung von Gruppenprozessen hat offensichtlich auch qualitative Auswirkungen auf die Mitarbeiterbelastung.

* Eine Einschränkung, die genauer betrachtet bereits für den vorher beschriebenen Befund gilt, bleibt anzumerken: Die Zusammenhänge zwischen dem erlebten Belastungsgrad und Merkmalen der betreuten Kinder und Jugendlichen sind nicht als einfache Wirkungsbeziehungen nachweisbar, sondern sie stellen *Wechselwirkungen* zwischen mehr als einer Einflußgröße dar. Zum Beispiel finden sich keine statistisch sicherbaren "einfachen" Beziehungen zum Alter oder Geschlecht des Kindes, zur Kontakthäufigkeit mit der Mutter und zur Aufenthaltsdauer in der Gruppe. Lediglich zum Schulstatus sind direkte Beziehungen vorhanden (dabei wird die pädagogische Betreuung von Kindern, die eine Regelschule besuchen, von den Fachkräften seltener als "besonders belastend" beurteilt). Bereits bei der Berücksichtigung von zwei Einflußgrößen lassen sich aber hoch signifikante Zusammenhänge zum Grad der erlebten Belastung der pädagogischen Arbeit durch ein Kind oder einen Jugendlichen fest-

stellen. Beispielsweise zeigt sich eine statistisch gesicherte Wechselwirkung zwischen dem Alter des Kindes und der Aufenthaltsdauer in der Gruppe. Neu aufgenommene Kinder werden durchschnittlich als belastender erlebt, je älter sie zum Zeitpunkt der Aufnahme in die Gruppe sind; umgekehrt wird die pädagogische Aufgabe bei älteren Kindern häufiger als bereichernd oder einfacher erlebt, wenn diese der Gruppe bereits längere Zeit (mehr als ein Jahr) angehören.

Als *Schlußfolgerung* bleibt festzuhalten: Ein sehr beträchtlicher Anteil der Fachkräfte aus *jedem* der drei pädagogischen Arbeitsfelder sieht eine deutliche Zunahme psycho-sozialer Störungen bei den betreuten jungen Menschen. *Aus Sicht der Fachkräfte* sind veränderte Merkmale der betreuten jungen Menschen festzustellen, die übereinstimmend in den drei pädagogischen Berufsfeldern als wesentliche Ursache für zunehmende Beanspruchungen in der pädagogischen Berufsausübung angesehen werden und die zudem Befürchtungen über eine daraus entstehende persönliche Überlastung auslösen. Dies gilt ganz besonders für *dienstältere MitarbeiterInnen* im Gruppendienst. Sie bringen eine Überforderung ihrer persönlichen Leistungsmöglichkeiten in direkten Zusammenhang mit dem Störungsgrad der Kinder und Jugendlichen, für die sie fachlich wie persönlich Verantwortung tragen.

Auch wenn zur Begründung der Einschätzungen unterschiedliche Erklärungsmöglichkeiten herangezogen werden können, erhält die festgestellte enge Beziehung zwischen der wahrgenommenen Zunahme von Störungsbildern und -graden bei den betreuten Kindern und Jugendlichen und dem Umfang und den Formen der Belastung im Berufsalltag im vorliegenden Projektrahmen besonderes Gewicht.

Die durchgeführten Untersuchungen können nicht genauer klären, wodurch diese Einschätzungen letztlich hervorgerufen werden; die vorgelegten Ergebnisse zeigen aber, daß spezielle Einflüsse in den einzelnen pädagogischen Arbeitsfeldern - etwa als Folge der Maßnahmedifferenzierung vor der Aufnahme von Kindern in die stationäre Jugendhilfe - nicht allein ausschlaggebend sein können.

Weiterführende Untersuchungen erscheinen dringend geboten, um vor allem genauer abzuklären, ob die *wahrgenommene* Zunahme von Verhaltensstörungen vorrangig auf die betreuten jungen Menschen bezogen ist oder ob sich in diesem Befund Schwierigkeiten der betreuenden Bezugspersonen widerspiegeln.

Außerdem wird der Ansicht, daß die "Indikationsproblematik" wegen zu hoher Komplexität der Bedingungszusammenhänge einer wissenschaftlichen Analyse kaum zugänglich sei (Planungsgruppe PETRA 1987), eine begründete Skepsis entgegengebracht. Begrenzte Zusatzanalysen der vorliegenden Erhebungsdaten bestätigten, daß isolierte Einflußgrößen nur in Ausnahmefällen in gesetzmäßiger Weise mit den beschriebenen Schwierigkeiten bei der pädagogischen Betreuung zusammenhängen.

Ertragreicher werden daher solche Forschungsansätze sein, die sich weniger an einem statisch klassifizierenden "Diagnose"modell orientieren als vielmehr an Betreuungs- und Interventions*prozessen*. Gerade auch im Hinblick auf mögliche praktische Konsequenzen, sollten die Bedingungen systematisch erforscht werden, die sich auf *Abläufe* in Betreuungsgruppen auswirken; das wären beispielsweise der Grad der "Störanfälligkeit" von pädagogischen Alltagssituationen durch das Verhalten jedes einzelnen Gruppenmitgliedes und die hieraus sich ergebenden Anforderungen oder Anreize zur Unterstützung von Selbstregulationsprozessen innerhalb der Gruppe; die Voraussetzungen für die Einbindungsfähigkeit der "Hauptgruppe" für neue Mitglieder oder Art und Umfang der Mehrbeanspruchung von Teamkräften, die sich im Zusammenhang mit Neuaufnahmen oder Entlassungen von Kindern und Jugendlichen ergeben kann.

Nicht zuletzt stellt sich bei Vorliegen besser gesicherter Befunde auch die Frage nach alternativen Betreuungsformen für *die* Kinder und Jugendlichen, für die die üblichen Formen der Gruppenbetreuung nicht besonders geeignet sind, um auf diesem Weg eine Belastungsreduzierung bei Fachkräften zu ermöglichen, die in der Gruppenbetreuung tätig sind.

2.3.4. Berufsbiographische Einflüsse

Eine weitere wesentliche Gemeinsamkeit zwischen den drei pädagogischen Berufsfeldern kann in der hohen Übereinstimmung in der *Alters*zusammensetzung und den damit zusammenhängenden *berufsbiographischen* Einflüssen auf die Fachkräfte gesehen werden. Besonders zu beachten sind dabei - vor allem auch im Vergleich zur Mitarbeiterzusammensetzung in Verbänden und Organisationen - folgende Basisbefunde:

(1) In jedem der drei pädagogischen Berufsfelder besteht derzeit ein Altersdurchschnitt der Fachkräfte von etwa 31 Jahren; der Anteil von MitarbeiterInnen, die über 40 Jahre alt sind, liegt jeweils bei weniger als 15%. Eine gänzlich abweichende Altersstruktur weisen die einbezogenen Fach-

kräfte aus Verbänden und Organisationen auf, von denen deutlich mehr als die Hälfte über 40 Jahre alt sind.

Zwar bestehen zwischen den pädagogischen Berufsfeldern große Unterschiede bei der mittleren Gesamtdauer der Berufsausübung und der Tätigkeitsdauer in den jeweiligen Betreuungsgruppen; daß dies kaum Auswirkungen auf das Durchschnittsalter der dort tätigen Fachkräfte hat, beruht vor allem auf zwei Ursachen. Zum einen führt die hinsichtlich der Ausbildungsgänge unterschiedliche Zusammensetzung in den einzelnen Berufsfeldern dazu, daß die Fachkräfte in Kindertageseinrichtungen durchschnittlich in jüngerem Alter in den Beruf eintreten. Außerdem hat immerhin ein Drittel der im stationären Bereich tätigen Fachkräfte eine weitere Berufsausbildung abgeschlossen; im Kindertagesstättenbereich ist dieser Anteil wesentlich geringer. In der Gesamtbilanz heben sich diese gegenläufigen Einflüsse weitgehend auf, so daß das *Durchschnittsalter* der derzeit in allen drei pädagogischen Berufsfeldern tätigen MitarbeiterInnen nahezu übereinstimmt.

Es wurden verschiedene Analysen durchgeführt, um zu klären, ob sich in den unmittelbar zurückliegenden Jahren Hinweise auf systematische Verschiebungen in der Alterszusammensetzung oder der Berufsverweildauer bei MitarbeiterInnen ergeben haben. Diese zeigten, daß die Ausscheidequote ab etwa 35 Jahren etwas abnimmt gegenüber jüngeren Altersstufen. Ferner geht im Bereich der stationären Betreuung in letzter Zeit der Anteil von Fachkräften zurück, die im Alter von unter 25 Jahren in die derzeitigen Gruppenpositionen gelangt sind. Beide Befunde könnten in der Zukunft zu einem leichten Anstieg des Altersdurchschnitts beitragen. Insgesamt ergeben sich aber keinerlei Hinweise auf einen erheblichen Anstieg des Anteils älterer Fachkräfte in der Zukunft.

(2) Trotz des etwas höheren Anteils von Seitenzugängen bei den in der (voll- und teil-)stationären Jugendhilfe tätigen Fachkräften ist für die ganz überwiegende Mehrzahl der Angehörigen *aller* pädagogischen Berufsfelder die pädagogische Tätigkeit ein *Erstberuf*. Dieser Anteil liegt sehr viel höher als etwa bei pflegerischen Berufen im Bereich der Altenhilfe (vgl. Kempe und Closs 1984; Sauter, Kempe, Closs 1985). Noch bedeutsamer erscheint, daß bei ziemlich genau der Hälfte der befragten pädagogischen Fachkräfte der Beginn ihrer Tätigkeit in der jetzt betreuten Gruppe mit dem Eintritt in das Berufsleben überhaupt zusammenfiel. Der Vergleich mit den MitarbeiterInnen aus Verbänden und Organisationen ergibt ein ganz anderes Bild: Dort haben lediglich 25,8% keine zusätzlichen beruflichen Vorerfahrungen.

Diese Übereinstimmungen zwischen den pädagogischen Berufsfeldern können einen Teil der oben beschriebenen Ähnlichkeiten erklären.

1. Befragungen von MitarbeiterInnen verschiedenen Alters erbringen teilweise sehr beträchtliche Einstellungsunterschiede (vgl. Kapitel 1). In Bezug auf die getroffene Berufswahl und die Absicht eines Berufs- oder Tätigkeitswechsels findet sich ein recht klarer umgekehrt-u-förmiger Zusammenhang mit dem Alter der MitarbeiterInnen: Vergleichsweise günstige Einschätzungen haben jüngere Berufstätige im Alter unter 25 Jahren, sowie die über 40-jährigen, besonders deutlich in dem Altersbereich ab 45. Demgegenüber zeigen MitarbeiterInnen in den dazwischen liegenden Altersgruppen (zwischen etwa 25 und 40 Jahren) eher ungünstige Einschätzungen. Hier wird von der Wahl des eigenen Berufsfeldes überdurchschnittlich oft abgeraten und ein Berufs- oder Tätigkeitswechsel vergleichsweise häufig in Betracht gezogen. Berücksichtigt man diese berufsfeldübergreifend festgestellten Beziehungen zum Alter der Befragten, so ist mit Sicherheit davon auszugehen, daß die Unterschiede in der Alterszusammensetzung im Vergleich zu den MitarbeiterInnen der Verbände und Organisationen den Grad der *Berufs(un)zufriedenheit* der pädagogischen Fachkräfte ungünstig beeinflussen (vgl. Tabelle 13, folgende Seite).

   Zugleich zeigen aber die durchgeführten Analysen, daß die höhere berufliche Gesamtzufriedenheit bei den MitarbeiterInnen der Verbände und Organisationen *nicht* auf die andere Alterszusammensetzung und Tätigkeitsdauer *reduzierbar* ist (s.o., Tabelle 9). Die deutlichen Unterschiede gegenüber den drei pädagogischen Arbeitsfeldern bleiben nämlich auch nach Berücksichtigung dieser berufsbiographischen Einflußgrößen bestehen.

2. Wie bereits früher beschrieben, wird von den MitarbeiterInnen der pädagogischen Berufsfelder ein Berufs- oder Tätigkeitswechsel sehr viel häufiger vorgenommen als von den in Verbänden und Organisationen Beschäftigten. Auch hier ist nach den Befunden davon auszugehen, daß sowohl Alterseinflüsse - insbesondere im Altersbereich unter 25 - als auch der hohe Anteil von MitarbeiterInnen, die ohne jegliche berufliche Vorerfahrungen in den Gruppendienst eintreten, zu einer erhöhten Fluktuationsquote in den pädagogischen Berufsfeldern beitragen.

Tabelle 13: Altersverteilung der MitarbeiterInnen aus vier Berufsfeldern (in Prozent).

Alter	Jugendhilfe voll- stationäre Betreuung	Jugendhilfe teil- stationäre Betreuung	Kinder-tages-Einrichtungen-	Verbände/ Organi-sationen
bis 24	12,4	11,7	21,5	2,1
25 bis 29	35,7	36,2	44,3	7,4
30 bis 34	22,9	28,7	17,1	23,2
35 bis 39	15,0	18,1	4,4	12,6
40 bis 44	5,5	3,2	1,9	20,0
45 bis 49	3,3	1,1	1,3	9,5
50 bis 54	2,3	0,0	3,8	11,6
55 und älter	2,1	1,1	5,7	13,7
Mittelwert	32,0	30,7	30,4	41,2
Streuung	6,1	6,3	10,5	10,0
n	856	99	417	99

Zugleich hat sich in vielen Untersuchungen (vgl. z.B. Glatzer/Zapf 1984) gezeigt, daß bei jüngeren Altersgruppen solche *Motivationskomponenten* in der persönlichen Einstellung zum Beruf wenig ausgeprägt sind, die zu "sekundären" Bindungen an das Berufsfeld führen können (z.B. Sicherheit des Arbeitsplatzes). Auch dies steht in Einklang mit den Untersuchungsergebnissen.

3. Die Bedeutung alltagstypischer Belastungsformen nimmt bei längerer Tätigkeitsdauer in der jeweiligen Gruppe ab. Der erhöhte Gesamtumfang erlebter Belastungen im Tages- und Wochenverlauf ist somit - wenigstens teilweise - als Folge des fluktuationsbedingt erhöhten *Ersetzungsbedarfs* von Gruppendienstfachkräften durch meist jüngere und berufsunerfahrene MitarbeiterInnen erklärbar.

   Durch diesen berufsbiographischen Einfluß läßt sich indes keinesfalls der subjektiv als hoch empfundene Belastungsgrad durch *schwierig zu betreuende Kinder und Jugendliche* erklären. Im Gegenteil - bei einer der Situation in Verbänden und Organisationen entsprechenden Alterszusammensetzung wäre hier bei einem höheren Anteil älterer Fachkräfte mit einem *sogar noch ungünstigeren* Beurteilungsmuster zu rechnen.

Auch der in vielen Gruppen bedenklich geringe Altersabstand zwischen den jüngeren, in der vollstationären Betreuung tätigen Fachkräften und den älteren betreuten Jugendlichen findet in den Befunden keinen Niederschlag. Auffällig häufig wird von den Fachkräften aus dieser Altersgruppe allerdings über eine Verschlechterung der Elternarbeit berichtet; möglicherweise bildet hier die meist negative Altersdifferenz, d.h. die Fachkräfte sind deutlich jünger als die Eltern der betreuten Kinder, eine wesentliche Barriere. Dies zeigt sich allerdings nur im Bereich der vollstationären Betreuung; Einschätzungen der jüngeren MitarbeiterInnen zur Elternarbeit im Kindertagesstättenbereich fallen umgekehrt besonders günstig aus.

2.4. Zielbereiche für die Entwicklung von Maßnahmen

Die *Übereinstimmung der untersuchten pädagogischen Berufsfelder* in wesentlichen Grundproblemen kann nach den vorangegangenen Überlegungen vor allem auf das Zusammenwirken von zwei Einflußgruppen zurückgeführt werden:

1. Die Rahmengegebenheiten des Berufs- und Arbeitsfeldes;
2. die Besonderheiten der MitarbeiterInnenzusammensetzung nach wichtigen berufsbiographischen Kennwerten.

Zum erstgenannten Problembereich:

Die umfangreiche Kritik an den beruflichen *Rahmenbedingungen* bezieht sich vor allem auf die Einschätzung, einem gesellschaftlich wenig geachteten Berufsfeld anzugehören, das weder attraktive Vergütungsbedingungen noch berufliche Langfrist-Perspektiven bietet. Der Mangel an letzteren ist weitgehend bedingt durch das Fehlen von Weiterqualifizierungs- und Aufstiegsmöglichkeiten mit den damit verbundenen persönlichen Statusverbesserungen. Auch sind weniger beanspruchende Tätigkeitsfelder ohne den Erwerb von Zusatzqualifikationen nicht zugänglich.

Allgemein - also unabhängig vom speziellen Berufsfeld - ist damit zu rechnen, daß nach dem Berufseintritt mit zunehmender Dauer der Berufsausübung die "psychologischen" Kräfte, die *gegen* ein weiteres Verbleiben im Tätigkeitsfeld gerichtet sind, an Stärke zunehmen. Um diese motivationalen Einflußgrößen zu kompensieren, müßten positive "Bindungs"-Feldkräfte an die Tätigkeit mit zunehmender Stärke wirksam sein.

Unter den bestehenden Voraussetzungen bietet jedes der drei pädagogischen Berufsfelder allerdings lediglich zwei stärkere Bindungskomponenten, nämlich die hohe Attraktivität der als sinnvoll und abwechslungsreich erlebten Berufsaufgabe und den hohen Selbständigkeitsgrad. Vor diesem Hintergrund erhält die in allen drei pädagogischen Berufsfeldern übereinstimmende Einschätzung, die Bedingungen für die fachliche Arbeit mit den Kindern und Jugendlichen seien weitgehend unzulänglich, ein ganz besonderes Gewicht.

Die differenziertere Analyse zeigt allerdings, daß hieraus sich ergebende Einstellungs- und Verhaltenskonsequenzen bei den Fachkräften der stationären Gruppenbetreuung wesentlich prägnanter und frühzeitiger wirksam werden als bei denen in Kindertageseinrichtungen. Unter Berücksichtigung der im stationären Gruppenbereich noch höheren psychischen "Kosten" - vor allem als Folge der zeitlichen Arbeitsbedingungen - ist dies auch zu erwarten.

Zum zweiten Problembereich:

Hier liefern die durchgeführten Analysen zunächst einige Negativeinschätzungen:

* Nach den vorliegenden Befunden vermögen *geschlechtsabhängige* Einflüsse die berufliche Unzufriedenheit sowie das vergleichsweise frühe Ausscheiden aus den pädagogischen Arbeitsfeldern nur sehr bedingt zu erklären. Beispielsweise spielen bei den ausgeschiedenen weiblichen Fachkräften erwartungsgemäß familiäre Ursachen zwar eine wesentlich bedeutendere Rolle als bei den männlichen, dennoch überwiegen - zumindest bei den weiblichen Fachkräften in stationären Jugendhilfeeinrichtungen - *berufsbezogene* gegenüber *außerberuflich-familiären* Gründen deutlich. Bei der Verweildauer auf den Teampositionen ergibt sich im Durchschnitt zwischen männlichen und weiblichen Fachkräften kein Unterschied.

  Dennoch erscheinen Verbesserungsansätze, die die Berufs- und Lebenssituation von *Frauen* insgesamt angemessen berücksichtigen, besonders dringlich, weil unter den gegebenen Rahmenbedingungen eine Berufsausübung mit der Familienrolle nur sehr schwer vereinbar ist. Vor allem gilt dies für die Berufstätigkeit in der stationären Gruppenbetreuung. Ein Indikator dafür ist, daß dort mindestens zwei Drittel der männlichen Fachkräfte, aber lediglich ein Viertel der Frauen verheiratet sind. Die Arbeitsvoraussetzungen in Verbänden und Organisationen, aber auch in Kindertageseinrichtungen sind - nach den Befunden zu schließen - mit familiären Rollenanforderungen für Frauen eher vereinbar, so daß Heirat oder Familiengründung überwiegend nicht mit einem Ausscheiden aus der bisher ausgeübten Arbeitstätigkeit einhergeht; hier wird aber - gerade durch verheiratete Frauen - häufig über starke zeitliche Überlastung im privaten Lebensfeld geklagt.

* Zweifelhaft erscheint nach den Befunden auch, ob *"Burn-out"- Effekte* als Folge spezifischer Tätigkeitsmerkmale oder Arbeitsbedingungen in den pädagogischen Berufsfeldern einen *wesentlichen* Erklärungsbeitrag liefern.

* Daß spezifische Belastungen durch *ein breites Spektrum von Verhaltensstörungen* der zu betreuenden Kinder und Jugendlichen nach Einschätzung der Fachkräfte in den pädagogischen Berufen von besonderer Bedeutung sind, steht nach den Befunden außer Zweifel. Welche Bedingungen dabei besonderes Gewicht haben und vor allem auch bei der Entwicklung von Maßnahmen besonders berücksichtigt werden müssen, kann aber weder auf der Basis der hier vorgelegten Befunde noch aufgrund anderer Untersuchungsergebnisse (z.B. Ostermann 1984, 1985, Planungsgruppe Petra 1987) angemessen beurteilt werden. Hier besteht zweifellos beträchtlicher Bedarf für weitergehende Forschungen.

Als *Einflußgrößen von erheblicher Bedeutung* erscheinen hingegen die *Alterszusammensetzung* und der hohe Anteil an *BerufsanfängerInnen.* Ungünstig beeinflußt werden nach den Befunden sowohl der Grad der Berufsunzufriedenheit (mit berufs*unspezifisch* ungünstigeren Kenngrößen im Altersbereich unter 35 Jahren) als auch Kenngrößen, die den Berufs- oder Tätigkeitswechsel betreffen. Dazu gehört beispielsweise die erhöhte Ausscheiderate im Altersbereich unter 25 Jahren und von Fachkräften ohne berufliche Vorerfahrungen, sowie die insgesamt geringere persönliche Bindung an das Berufsfeld bei BerufsanfängerInnen.

Unter Berücksichtigung dieser Rahmenbedingungen ergeben sich für die Entwicklung von Maßnahmen vier Schwerpunktziele:

1. Ein übergreifender Maßnahmeschwerpunkt besteht darin, eine *Gesamtaufwertung* für *alle* pädagogischen Berufsfelder zu erreichen. Dazu gehören Verbesserungen der *Besoldungsstruktur* und vor allem auch der *beruflichen Langzeitperspektive.*

Zu berücksichtigen ist hierbei das Alter beim Eintritt in das Berufsfeld, das bei FachschulabsolventInnen ganz überwiegend unter 25 Jahren, bei Fachkräften mit breiterem Ausbildungsgang überwiegend zwischen 25 und 27 Jahren liegt. Demnach sind FachschulabsolventInnen, die mit etwa 35 Jahren noch dem Berufsfeld angehören, fast immer bereits zehn oder mehr Jahre in der Gruppenbetreuung tätig; bei Fachkräften mit breiterem Ausbildungsabschluß liegt eine vergleichbar lange Berufsverweildauer meist noch vor Erreichen des 40. Lebensjahres vor. In der persönlichen Zukunftsplanung wird spätestens in diesem Alter die Klärung der Frage dringlich, ob ein weiteres Verbleiben in der derzeitigen Tätigkeit nicht zu einer wesentlichen Einengung der beruflichen Weiterentwicklungsmöglichkeiten führt, und damit zu einer subjektiv wie auch fachlich als nicht akzeptabel einzustufenden Festlegung der weiteren beruflichen und persönlichen Lebensplanung.

Vorrangige Ziele bestehen darin, durch eine *gesellschaftliche Aufwertung* die Berufsfelder für die Berufswahl attraktiver zu gestalten und durch geeignete Maßnahmen die Wahrscheinlichkeit für frühzeitiges Ausscheiden zu vermindern. In dieser Altersgruppe sind außerdem *direkte* - nicht zuletzt auch finanzielle - *Anreize* häufig besonders wirkungsvoll. Sie können beispielsweise an den Verbleib innerhalb des Berufsfeldes für einen überschaubaren Zeitraum gekoppelt sein (vgl. entsprechende, auf eine vergleichbare Altersgruppe bezogene Modelle im Bereich des Verteidigungswesens; Bundeswehrverwaltungsamt 1989).

2. Dringlich erscheint ferner, eine *intensivere persönliche Bindung* der MitarbeiterInnen an das Tätigkeitsfeld zu erreichen. Auch hierbei ergeben sich weitreichende Folgerungen aus der Alterszusammensetzung, weil bei den überwiegend jüngeren MitarbeiterInnen, die in den pädagogischen Arbeitsfeldern tätig sind, sekundäre Motive - wie etwa Sicherheitsorientierungen - *allgemein* vergleichsweise schwach an das Berufsfeld binden.

   Bei Maßnahmediskussionen sollte dabei vor allem der Befund beachtet werden, daß die Verwirklichung fachlicher Vorstellungen und Arbeitsmöglichkeiten *das entscheidende* Merkmal bildet, das Fachkräfte in den untersuchten pädagogischen Berufsfeldern an ihren Beruf bindet (und vermutlich bereits - obgleich in der vorliegenden Studie nicht empirisch untersucht - eine vorrangige Determinante der Berufswahlentscheidung bildet; vgl. Schoch 1989). Arbeitsbedingungen, die eine Entfaltung dieser meist hohen pädagogisch-fachlichen Leistungsbereitschaft ermöglichen, tragen damit ganz wesentlich zu einer persönlichen Bindung an das Berufsfeld bei.

Schon unter den gegenwärtigen Rahmenbedingungen werden von einem bedenklich hohen Anteil der MitarbeiterInnen - und dies gilt für den Bereich der Kindertageseinrichtungen sogar noch ausgeprägter als für Tätigkeitsfelder in der stationären Jugendhilfe - die Möglichkeiten für eine den persönlichen Qualitätsansprüchen genügende fachliche Arbeit als unzureichend eingestuft. Im Fall einer Veränderung beruflicher Rahmenbedingungen, die zu einer zusätzlichen Qualitäts*beeinträchtigung* der fachlichen Arbeit führen, müssen unmittelbare negative Rückwirkungen erwartet werden, die bei einem hohen Anteil der Fachkräfte die Bindung an das Berufsfeld zusätzlich beeinträchtigen und die Fluktuationsbereitschaft erhöhen.

3. Der überdurchschnittlich hohe Anteil an jüngeren MitarbeiterInnen ohne berufliche Vorerfahrungen erfordert in besonderem Umfang die Berücksichtigung von *berufsbezogenen Einstellungs- und Leistungsvoraussetzungen* während der Berufsanfangsphase.

   Aufgrund weiterer Befunde kann angenommen werden, daß hierfür im Berufsfeld der stationären Gruppenbetreuung ein besonders dringender Verbesserungsbedarf besteht (s.u., Kap. 4).

4. Als weiteres Ergebnis der Untersuchung sollte berücksichtigt werden, daß derzeit etwa 40% der ausgeschiedenen Fachkräfte nicht den sozial-pädagogisch-pflegerischen Berufsfeldern insgesamt verloren gehen, wohl allerdings ganz mehrheitlich den Tätigkeitsfeldern in der Gruppenbetreuung. Deshalb sollte über eine Erleichterung von horizontalen Übergangsmöglichkeiten zwischen sozialen und pädagogischen Dienstleistungsbereichen nachgedacht werden; vor allem gilt dies für den Wechsel von der Jugend- in die Altenpflege. Ein entscheidender Beitrag zur MitarbeiterInnen-Gewinnung, etwa für die Altenpflege-Berufe, ist damit allerdings nicht zu erwarten! Als Angebote zur Verbesserung der langfristigen beruflichen Perspektive erscheinen erleichterte Übergangsmöglichkeiten in Berufsfelder *auch* außerhalb der pädagogisch-pflegerischen *Gruppendienste* insgesamt weitaus bedeutsamer.

5. Schließlich verweist ein ganzes Bündel von Befunden auf insgesamt günstigere Voraussetzungen und längerfristige Perspektiven bei Fachkräften, die über *Seitenzugangswege* in die pädagogischen Be-

rufsfelder gelangen. Sie unterscheiden sich deutlich von Fachkräften ohne berufliche Vorerfahrungen durch ein um 4 Jahre höheres Eintrittsalter und den stark erhöhten Anteil an der Gruppe der älteren MitarbeiterInnen. Ein weiterer wesentlicher Unterschied liegt in der längeren Gesamtverweildauer im Tätigkeitsbereich.

Diese Zugangsmöglichkeit sollte durch die Entwicklung entsprechender Maßnahmen - wie z.B. Erleichterung der Eingangsvoraussetzungen - weiter ausgebaut werden (vgl. Ambos/ Gertner/ Schiersmann 1989), wobei der Berücksichtigung von längerfristigen Zukunftsperspektiven bei diesen - bereits zum Zeitpunkt des Eintritts in das Berufsfeld etwas älteren - Fachkräften große Bedeutung zukommt.

3. Spezifische Problemschwerpunkte im Bereich der vollstationären Gruppenbetreuung

Im folgenden werden Ergebnisse behandelt, die auf spezifische Probleme der Tätigkeit in der vollstationären Gruppenbetreuung verweisen.

3.1. Umfang des Tätigkeitswechsels

3.1.1. Ergebnisschwerpunkte

(1) In der vergleichenden Analyse der Berufsfelder, vor allem der *pädagogischen* Bereiche, erwiesen sich die auf einen Tätigkeitswechsel bezogenen Befunde bei MitarbeiterInnen in der vollstationären Betreuung insgesamt deutlich am ungünstigsten.

Die mittlere jährliche Ausscheidequote von Fachkräften aus Kindertageseinrichtungen liegt bei 10.8%, aus der stationären Gruppenbetreuung aber bei über 14%. Das hat zur Folge, daß lediglich 46.3% der Fachkräfte die ersten 5 Jahre in diesem Berufsfeld "überleben".

Besonders markante Unterschiede zwischen den Berufsfeldern ergeben sich beim Vergleich der jeweiligen *Tätigkeitsdauer in der gleichen Betreuungsgruppe* (vgl. Tabelle 14):

Tabelle 14: Tätigkeitsdauer in der gegenwärtig betreuten Gruppe bzw. gleichartige Tätigkeit in einer Organisation (in Prozent)

Dauer in Jahren	Jugendhilfe voll- stationäre Betreuung	Jugendhilfe teil- stationäre Betreuung	Kinder-tages-Einrichtungen	Verbände/Organi-sationen
0 bis 1	42,3	nicht	24,5	23,1
2 bis 4	28,2	erho-	33,5	28,6
5 bis 9	16,4	ben	22,6	16,5
10 bis 14	8,0		9,1	20,9
15 bis 19	3,1		6,0	7,5
20 und mehr	1,9		4,3	3,5
Mittelwert (in Jahren)	4,42		5,64	7,18
n	858		417	98
Ausscheidequote/Jahr (%)	20,0		14,6	12,6

* Die durchschnittliche Tätigkeitsdauer in der derzeit betreuten Gruppe beträgt bei Fachkräften im vollstationären Bereich 4,42 Jahre; die mittlere Ausscheidequote aus der Gruppenposition liegt bei 20,5% pro Jahr. Im Kindertagesstättenbereich liegt die mittlere Ausscheiderate mit 14,6% deutlich niedriger. Die MitarbeiterInnen bleiben hier im Schnitt knapp 6 Jahre in ihrer Gruppe.

* Entsprechend hoch ist der Neubesetzungsbedarf von Betreuungspositionen in vollstationären Gruppen: 42,3% der derzeit dort tätigen Fachkräfte sind *weniger als zwei Jahre* in der jetzigen Gruppe tätig, insgesamt ein Viertel seit weniger als einem Jahr. Bei den Kindertageseinrichtungen liegt dieser Anteil mit 24,5% nur etwa bei der Hälfte.

  Tendenziell noch geringerer Ersetzungsbedarf besteht bei den Fachkraftpositionen in Verbänden und Organisationen; allerdings sind hier die Erhebungsdaten nicht völlig mit den vorausgehenden vergleichbar. Hiermit in Einklang stehen die Einschätzungen der dort tätigen Fachkräfte: Mehr als die Hälfte der Befragten hält den Fluktuationsgrad in ihrer Abteilung für gering (28.4% für "sehr gering", 23.9% für "eher gering") gegenüber lediglich 10.3%, die ihn als "eher" oder "sehr hoch" erleben.

(2) Eine wesentliche Rahmenbedingung für die pädagogische Arbeit ist die *Zusammensetzung der Betreuungsteams*. Hier liefern die durchgeführten Analysen einige besonders bedenkliche Ergebnisse:

* In mehr als 50% der Gruppen findet sich mindestens *ein* Kind oder Jugendlicher mit einer Betreuungsdauer innerhalb dieser Gruppe von mindestens 4 Jahren.

* Umgekehrt ist in fast genau einem Drittel der Teams die *dienstälteste* Fachkraft seit allenfalls drei Jahren in der Gruppe tätig. Dies bedeutet, daß in solchen Gruppen einem Kind, das seit mindestens 48 Monaten in der Gruppe gelebt hat, *nicht einmal wenigstens eine konstante Bezugsperson* über diesen Zeitraum hinweg zur Verfügung stand.

* Noch ungünstigere Ergebnisse erhält man zwangsläufig, wenn ein weitergehendes Kriterium berücksichtigt wird, nämlich die Gewährleistung der Beziehungsstabilität auch für den Fall, daß die dienstälteste Fachkraft aus ihrer derzeitigen Gruppenposition ausscheiden sollte. In diesem Fall wären es lediglich 55% aller Grup-

pen, in denen die dann dienstälteste Fachkraft wenigstens seit *zwei* Jahren in der Gruppe tätig war.

Betrachtet man die *Zahl der Fachkräfte in den einzelnen Betreuungsteams*, so zeigen sich weitere beachtenswerte Ergebnisse:

* Betreuungsteams, die zum Erhebungszeitpunkt mit lediglich zwei vollen Fachkräften besetzt waren, schneiden in den zeitlichen Stabilitätskennwerten auffällig ungünstig ab. In fast der Hälfte dieser Gruppen sind *beide* Betreuer erst im laufenden Jahr in ihre jetzige Gruppe eingetreten. Auffällig häufig scheiden in diesen Gruppen *beide* BetreuerInnen fast *gleichzeitig* (zumindest innerhalb desselben Jahres) aus.

* Bei den Betreuungsteams, die sich aus vier (und in seltenen Fällen fünf) vollen Fachkraftstellen zusammensetzen, ist bereits aufgrund mathematisch-statistischer Erwartungswerte eine hohe Wahrscheinlichkeit für Veränderungen der Teamzusammensetzung zu erwarten. Diese Vorhersage bestätigt sich auch in den Untersuchungen: Von den 42 Gruppen mit dieser Teamstärke haben bei fast 52.4% im laufenden Jahr, bei weiteren 31.0% im vorausgehenden Jahr Veränderungen in der MitarbeiterInnenzusammensetzung stattgefunden. Der rasche Wechsel der Fachkräfte auf den Vollstellen ist in diesen Teams nahezu der Regelfall.

  Dennoch unterscheiden sich diese größeren Betreuerteams in zweierlei Hinsicht *positiv* von den Dreier- und vor allem den Zweierteams: Ungeachtet der hohen Wahrscheinlichkeit einer Veränderung in der Zusammensetzung des *Gesamtteams* ist die Wahrscheinlichkeit eines Wechsels auf *einzelnen* Stellen signifikant vermindert: In diesen größeren Betreuergruppen verbleiben die einzelnen Fachkräfte insgesamt länger auf ihren Positionen. Zugleich ist in diesen Teams in der Mehrzahl der Fälle (69.4%) auch bei Ausscheiden des teamältesten Mitgliedes eine weitere Fachkraft vorhanden, die bereits seit mindestens zwei Jahren in dieser Gruppe mitarbeitet.

  Daß mit zunehmender Teamgröße der Umfang der *Kritik* an den bestehenden beruflichen Rahmenbedingungen - insbesondere an unzureichenden Aufstiegsmöglichkeiten - nicht ab-, sondern sogar zunimmt, sei lediglich erwähnt. Im Hinblick auf die erlebte *Qualität der Teambeziehungen* zeigt sich kein Zusammenhang mit der Teamgröße. Diese Befunde lassen viele Interpretationsmöglichkeiten zu.

3.1.2. Zielsetzungen für die Entwicklung von Maßnahmen

Den Überlegungen zu Maßnahmeentwicklungen liegt die Annahme zugrunde, daß die ausreichende *zeitliche Stabilität der Betreuung* eine notwendige (allerdings keineswegs hinreichende) Voraussetzung für den Aufbau emotionaler und sozialer Beziehungen ist. Dies gilt gerade für *die* Kinder und Jugendlichen, die in vollstationären Einrichtungen der Jugendhilfe pädagogisch betreut werden: Fehlende Konstanz der Bezugspersonen findet sich in der Lebensgeschichte dieser Kindern besonders häufig; die damit verbundenen, oft langfristig wirkenden traumatischen Auswirkungen dürften einen der gewichtigsten Belastungsfaktoren für die "Verletzbarkeit" (Kolip/Lösel 1990) im Entwicklungsverlauf bilden. Hieraus leiten sich besonders hohe Anforderungen an die Beziehungsstabilität zwischen den ErzieherInnen und den betreuten jungen Menschen in vollstationären Betreuungsformen ab.

Die einschlägigen Untersuchungsergebnisse stehen in direktem Widerspruch zu diesen pädagogisch-fachlichen Anforderungskriterien. Die hohe Fluktuation in vollstationären Betreuungsteams ist - zweifellos mitbedingt durch die vergleichsweise ungünstigeren zeitlichen Arbeitsbedingungen - deutlich höher als in Kindertageseinrichtungen.

Der Umfang der Mitarbeiterfluktuation bei Fachkräften, die vollstationäre Betreuungsaufgaben wahrnehmen, wird somit als *zentraler Problemschwerpunkt* gesehen.

Diese Einschätzung beruht *nicht* auf der Vorannahme, daß eine möglichst geringe Fluktuationsquote generell ein positiv zu bewertendes Organisationsziel wäre. Die kritische Bewertung des derzeitigen Fluktuationsumfanges (v.a. innerhalb der einzelnen Teams) ist vielmehr durch die fach*spezifischen* Anforderungen begründet.

Bezogen auf die Gesamtverweildauer weisen die Kennwerte weder für die vollstationäre Gruppenbetreuung noch für die Kindertageseinrichtungen darauf hin, daß erst ganz aktuell eine quantitativ *deutliche Zunahme der Ausscheidequoten* erfolgt wäre. Daher liegt die Vermutung nahe, daß der MitarbeiterInnenverlust weitenteils *nicht* als dringlich lösungsbedürftiges Problem angesehen wurde, solange ein Ersatz durch das ausreichende externe Personalangebot keine Schwierigkeiten bereitete.

Berufsfeldinterne Maßnahmen zur Senkung der Ausscheidequote müssen an den dafür verantwortlichen Ursachen ansetzen. Nicht allein die vorausgehend genannten berufsfeldspezifischen Gründe lassen es dabei äußerst dringlich erscheinen, den Personalersetzungsbedarf zu verringern.

Außer geeigneten Verbesserungsmaßnahmen, erfordert dies vor allem auch einen *Einstellungswandel* bei den Entscheidungsbeteiligten auf verschiedenen Ebenen. Aus diesem Grund seien einige weitere, wichtige *Begründungen für den hohen Stellenwert der Mitarbeiter-Fluktuationsproblematik* genannt:

* Allgemein gilt: Je mehr ein Berufs- und Institutionenfeld auf extern zu gewinnendes Personal angewiesen ist, desto stärker wirken sich Angebotsschwankungen aus und erhöhen dadurch auch institutionsinterne Planungsunsicherheiten.

* Aus Sicht der Gesamteinrichtungen stellt sich das Fluktuationsproblem derzeit vor dem Hintergrund zunehmender Schwierigkeiten bei der Ersetzung ausgeschiedener Fachkräfte. Von 75% der befragten Einrichtungsleitungen werden zum Erhebungszeitpunkt von teilweise sehr beträchtlichen Stellenbesetzungsproblemen berichtet, die bis hin zur Gruppenschließung führten.

* Im Hinblick auf die weitere Entwicklung ergeben sich keine Hinweise auf eine Bedarfsverminderung bei den MitarbeiterInnenstellen in der stationären Gruppenbetreuung, ebenso ist mit einer Erweiterung des Personalangebotes nicht zu rechnen. Es überwiegen vielmehr Hinweise auf eine sich weiter *verschlechternde* Personalnachfrage/Angebotsrelation bei pädagogischen Fachkräften wie auch im Gesamtfeld der sozial-pflegerischen Berufe (Bundesarbeitsgemeinschaft der Landesjugendämter 1990; Frank 1990).

* Neubesetzungen verursachen sowohl auf Einrichtungs- wie auch auf Mitarbeiterebene erhebliche (finanzielle, zeitliche und persönliche) Mehrkosten. Als Ursache für besondere Belastungen werden von fast jedem/r dritten BefragungsteilnehmerIn (nach allen auf die betreuten Kinder bezogenen Ereignissen am zweithäufigsten) Veränderungen im Team genannt, die sich durch das Ausscheiden von KollegInnen, zeitweise Unterbesetzungen, Einstellungsgespräche und Integrationsprozesse beim Eintritt neuer MitarbeiterInnen ergeben.

* Über das externe Personalangebot können zur Wiederbesetzung von MitarbeiterInnenstellen mehrheitlich lediglich BerufsanfängerInnen gewonnen werden. Diese Gruppe weist nach den Befunden eine überdurchschnittlich hohe Ausscheidequote während der ersten Tätigkeitsjahre auf.

* Nicht zuletzt birgt die hohe Ausscheidequote - selbst bei einer Abdeckung des quantitativen Ersetzungsbedarfs von ausscheidenden

Fachkräften - Risiken für die fachliche Leistungs- und Entwicklungsfähigkeit der Einrichtungen und des gesamten Institutionsfeldes, da die Einführung von neuen pädagogischen Konzepten überwiegend auf die Mitwirkung berufserfahrener MitarbeiterInnen angewiesen ist.

3.2. Belastungsverminderung

3.2.1. Ergebnisschwerpunkte

Berufsbezogene Belastungen können nach ihren *Verursachungsbedingungen* grob in drei Kategorien einteilt werden. Dabei sind tätigkeitsbezogene und arbeitsorganisatorische Beanspruchungsursachen meist schwer voneinander zu trennen.

Beanspruchungen durch schwierige Dienstzeiten

Auf die *Arbeitszeit* bezogene Belastungen werden von den in vollstationären Betreuungsformen tätigen Fachkräften erheblich stärker erlebt als von MitarbeiterInnen aus teilstationären Betreuungsformen und Kindertageseinrichtungen.

Die Dienstzeiten der meisten in diesem Arbeitsfeld tätigen MitarbeiterInnen sind dabei durch eine *Kombination mehrerer belastender* Rahmenbedingungen gekennzeichnet:

* Zwei Drittel aller Fachkräfte müssen *in jeder dritten Nacht oder noch häufiger* Nachtdienst leisten;
* 64,8% der Fachkräfte müssen Vollzeitbetreuung auch an Wochenenden und Feiertagen leisten;
* hinzu kommen bei einem hohen Anteil der MitarbeiterInnen hochgradig *unregelmäßige* Dienstzeiten im *Schichtdienst* (die übliche Dienstzeitregelung in den Innenwohngruppen) sowie zusätzlich
* täglich oder mehrfach wöchentlich *unterbrochene Dienstzeiten* ("geteilte Dienste"), bedingt durch die Schul- oder Ausbildungszeiten der Kinder.

In ausgelagerten Wohngruppen fehlen meist Schichtdienstregelungen. Hier müssen aber von den Betreuungs-Erstkräften im Regelfall *täglich* Nachtbereitschaften (einschließlich der Wochenenden und Feiertage) geleistet werden.

Auf den Tätigkeitsablauf bezogene Belastungsschwerpunkte

(1) Wesentlich häufiger als in den übrigen untersuchten Berufsfeldern werden von den MitarbeiterInnen der voll- und auch der teilstationären Gruppenbetreuung *regelmäßige Belastungsspitzen* im Tages- und Wochenverlauf genannt. Besonders häufig erwähnt werden dabei:

* im Tagesablauf die Mittagessenszeit mit der in diesem Zeitabschnitt überdurchschnittlich hohen motorischen Unruhe der Kinder sowie die Hausaufgabenbetreuung, während der fehlende Mehrfachbesetzungen besonders deutliche Auswirkungen zeigen;
* bestimmte Komponenten während der Wochenenddienste, wie der Umfang der dort anfallenden Betreuungsaufgaben, weil viele Kinder gleichzeitig anwesend sind und kein eigenes Selbstbeschäftigungs"programm" läuft, aber auch die zeitlichen Arbeitsbedingungen: Die am Wochenende meist durchgehenden Dienstzeiten führen sowohl zu physischen Überlastungen als auch zu besonders negativ empfundenen längeren Trennungen von der eigenen Familie.

(2) Auch über *unregelmäßig* auftretende, als besonders belastend empfundene Einzelereignisse oder Zeitphasen wird von den MitarbeiterInnen der stationären Betreuung häufiger berichtet; hier ist der Unterschied zu den anderen Berufsfeldern aber quantitativ weniger bedeutsam.

Inhaltlich beziehen sich die Nennungen einerseits auf ein breites Spektrum pädagogischer Konflikte mit einzelnen Kindern (z.B. zeitweise Konfrontation der Fachkräfte mit massiven Verhaltensstörungen, etwa mit extremen Aggressionsformen; soziale Konflikte; "Abhauen"; vgl. z.B. Ostermann 1984, 1985).

Außerdem werden teambezogene Sonderbelastungen genannt, wobei beachtenswert ist, daß diese Probleme in Innenwohngruppen wesentlich größeres Gewicht haben als in ausgelagerten Gruppen. Zu den häufiger erwähnten Schwierigkeiten gehören Erkrankungen oder sonstige Ausfallzeiten von KollegInnen, Unterbesetzung durch Ausscheiden von MitarbeiterInnen sowie Mehrbelastungen durch die Einarbeitung von neuen Teammitgliedern. Nach der Zahl der Nennungen bildet dieser Bereich nach allen auf die betreuten Kinder und Jugendlichen bezogenen Ursachen die am zweitstärksten belegte Inhaltsgruppe. Auch in Bezug auf den Grad der Belastung sind also fluktuationsbezogene Einflüsse - besonders bei Innenwohngruppen - von erheblicher Bedeutung.

Als weitere, bedeutsame Belastungsursache werden von MitarbeiterInnen im voll- und teilstationären Bereich Probleme im Zusammenhang mit

Kontakten der Kinder/Jugendlichen zu anderen sozialen Feldern außerhalb der Heimgruppe genannt. Dabei spielen insbesondere eine Rolle: Die Zeit vor und nach mehrtägigen Aufenthalten in der Herkunftsfamilie, besondere schulische Leistungsanforderungen, wie sie gehäuft in den Wochen vor Schuljahresende anfallen, sowie Schul- oder Ausbildungsabschlüsse samt Stellensuche für die Jugendlichen.

Schließlich sieht sich ein hoher Anteil aller pädagogischen Fachkräfte - in Kindertageseinrichtungen ebenso wie in der stationären Jugendhilfe - auch durch einrichtungsinterne "Sonderprogramme", wie beispielsweise Tage der offenen Tür, Weihnachtsprogramme u.a. in besonderer Weise gefordert.

Auswirkungen berufsbedingter Belastungen auf die gesamte Lebenssituation

Zwei Bereiche wurden im Rahmen der Untersuchung näher erfaßt:

* *Gesundheitliche Auswirkungen.* Hier zeigt sich im Vergleich zu den beiden anderen pädagogischen Berufsfeldern bei MitarbeiterInnen der vollstationären Gruppenbetreuung zwar keine *quantitativ* bedeutsame Abweichung, allerdings wird von ihnen mit zunehmendem Alter und zunehmender Dauer der Berufstätigkeit ein besonders deutlicher Anstieg der Beeinträchtigung des gesundheitlichen Wohlbefindens berichtet.

  Entsprechend der Alterszusammensetzung der Befragten handelt es sich dabei *nicht* um körperliche Erkrankungsformen im engeren Sinne, sondern es stehen psychische oder psychosomatische Symptome im Vordergrund. Dabei zeigen sich *qualitativ beträchtliche Unterschiede* zwischen den pädagogischen Berufsfeldern. Bei Fachkräften, die vollstationär tätig sind, beziehen sich auffällig viele Nennungen auf Magen- und Eßprobleme. Dieser Sachverhalt ist auch im Hinblick auf die Entwicklung von Maßnahmen wichtig. Bemerkenswert ist ebenso der hohe Anteil dysphorischer Verstimmungszustände (Reizbarkeit, motorische Unruhe, Nicht-abschaltenkönnen). Des weiteren werden häufig - vermutlich psychogene - Kopfschmerzen genannt. Fachkräfte aus Kindertageseinrichtungen berichten dagegen besonders häufig über muskuläre Verspannungen und eine erhöhte Anfälligkeit für infektiöse Erkrankungen (vgl. Tabelle 15).

Tabelle 15: Erlebte Beeinträchtigungen des gesundheitlichen Wohlbefindens durch die Berufsausübung im Vergleich zwischen Berufsfeldern (Zahl der Nennungen; spaltenweise in Prozent).

	Jugendhilfe voll-stationäre Betreuung	Jugendhilfe teil-stationäre Betreuung	Kinder-tages-Einrichtungen	Verbände/Organi-sationen	stat. Sign.[1]
Schlafstörungen	13,2	5,8	4,8	12,8	**
psychosomat. Beschw.,"Stress"	5,8	3,9	5,0	3,8	
Antriebslosigkeit	17,5	14,6	15,1	12,0	
Unruhe, Gereiztheit	13,0	16,5	14,1	18,0	
Magen-, Eßprobleme	15,2	7,8	7,0	9,8	**
Kopfschmerzen	13,1	16,5	16,3	12,0	
erhöhte Anfälligkeit für Infektionskrankheiten	9,9	19,4	14,9	1,5	**
Kreislaufbeschwerden	2,9	3,9	1,6	10,5	**
Muskelverspannungen	6,5	9,7	18,3	9,0	**
sonstige	2,8	1,9	2,8	10,5	**
n	755	103	497	133	

1) Vergleich zwischen den vier Berufsfeldern. Prüfgröße Chi-Quadrat (** = $p<0,01$).

* *Ungünstige Auswirkungen auf die private Lebenssphäre.* Hier zeigen sich *sowohl quantitativ als auch qualitativ beträchtliche Unterschiede* zwischen den untersuchten Berufsfeldern, wobei die Fachkräfte der vollstationären Betreuungsformen ihre Situation mit Abstand am ungünstigsten beurteilen. Ein hoher Anteil der inhaltlichen Äußerungen bezieht sich auf verminderte Kontaktmöglichkeiten zur Familie und zum Freundeskreis (vgl. Tabelle 16, folgende Seite).

Als weitere starke Beeinträchtigung wird von vielen Befragten die Tatsache empfunden, daß die Gelegenheiten zu regelmäßiger Teilnahme an kulturell-gesellschaftlichen Aktivitäten durch die unregelmäßigen Dienstzeiten stark reduziert sind.

Ein Großteil der Angaben betrifft ungünstige "psychologische" Auswirkungen der beruflichen Tätigkeit auf den Privatbereich wie z.B. das "Nicht-abschalten-können" und das "Hineintragen belastender Alltagsereignisse in das Privatleben". Auch die Gefährdung von Partnerbeziehungen als Folge solcher sozial problematischen Verhaltensgewohnheiten sowie der nur unregelmäßig möglichen Kontaktaufnahme und -gestaltung gehören zu diesen Auswirkungen. Bei der Nennungshäufigkeit für die Auswirkungsformen zeigen sich *keine* Unterschiede zwischen den pädagogischen Berufsfeldern.

Tabelle 16: Erlebte ungünstige Auswirkungen auf den privaten Lebensbereich (Zahl der Nennungen; spaltenweise in Prozent).

	Jugendhilfe voll-stationäre Betreuung	Jugendhilfe teil-stationäre Betreuung	Kinder-tages-Einrichtungen	Verbände/ Organi-sationen	stat. Sign.[1]
Transfer von beruflichen Problemen in private Bereiche	15.9	34.2	46.0	22.2	**
Sozialbeziehungen	23.8	13.7	1.1	5.6	**
Zeitmangel	10.9	13.7	18.9	19.4	**
Lebensrhythmus	6.2	2.7	0.8	6.9	**
Familiäre Kontakte	20.5	13.7	14.0	19.4	
Interessenentfaltung	13.4	2.7	4.2	9.7	**
Antriebslosigkeit	5.4	13.7	9.4	8.3	*
Allgemeine Isolation	2.2	4.1	0.4	4.2	
Sonstiges	1.7	1.4	5.3	4.2	
n	596	73	265	72	

1) Vergleich zwischen den vier Berufsfeldern. Prüfgröße Chi-Quadrat (* = $p<0{,}05$, ** = $p<0{,}01$).

3.2.2. Folgerungen für die Entwicklung von Maßnahmen

Als ein wichtiges Hauptergebnis der durchgeführten Analysen sollte folgendes festgehalten werden: Bei den MitarbeiterInnen im Bereich der vollstationären Betreuung ist der *quantitative* Umfang erlebter Belastungen in wesentlichen Teilaspekten bedeutend höher als bei den in den anderen untersuchten Berufsfeldern Beschäftigten. Außerdem zeigen sich bei ihnen beachtenswerte Belastungsauswirkungen in *qualitativer* Hinsicht.

Daher liegt ein ganz wesentliches Ziel in der Ausschöpfung von Möglichkeiten zur Verminderung des quantitativen und qualitativen Belastungsumfanges für die in der vollstationären Betreuung tätigen Fachkräfte.

Im Hinblick auf Ansatzpunkte für die Entwicklung von Maßnahmen können dabei zwei Inhaltsebenen (A.) und verschiedene Verfahrensebenen (B.) unterschieden werden.

A. Inhaltsebenen

1. Belastungsverminderung durch arbeitsorganisatorische Rahmenbedingungen. Einer der wichtigsten Ansatzpunkte ist naheliegenderweise der Personalschlüssel, der die Zahl der Betreuungspersonen im Verhältnis zur Zahl der betreuten Kinder und Jugendlichen festlegt. Eine Veränderung dieses Schlüssels kann sowohl auf den Zähler als auch auf den Nenner des Quotienten bezogen werden, auch Mischformen sind denkbar. Die inhaltliche Analyse der entsprechenden Einschätzungen durch die Fachkräfte ergibt lediglich *eine* grundsätzliche Übereinstimmung: Der derzeitige Personalschlüssel wird ganz überwiegend für nicht ausreichend gehalten, um trotz der umfangreichen Arbeitsanforderungen die angestrebten pädagogisch-fachlichen Qualitätsstandards zu sichern. Insbesondere wird kritisiert, daß Dienstzeiten mit Mehrfachbesetzungen nicht in ausreichendem Maße vorhanden sind. Dieser Befund würde für eine Bevorzugung der *Teamerweiterung* sprechen.

Bei einer Entscheidung zwischen den hierzu verfügbaren Möglichkeiten müssen indes vielfältige Einflußgrößen berücksichtigt werden. Diese gehen jedoch weit über die im vorliegenden Untersuchungsrahmen erfaßten mitarbeiterbezogenen Kenngrößen hinaus. Gerade hier gibt es besonders enge Verflechtungen mit weiteren wichtigen Organisationszielen. Eine inhaltliche Empfehlung ausschließlich auf der Grundlage der hier verfügbaren Befunde erscheint deshalb unangemessen. Zudem liefern die Detailanalysen durchaus ambivalente Einschätzungen über die Auswirkungen verschiedener Teamgrößen.

Da die Erweiterung der Teams mit unvermeidbaren pädagogischen Nachteilen für die Betreuungssituation verbunden ist, scheint es dringend notwendig, andere Umsetzungsformen zu prüfen. Beachtenswert sind in diesem Zusammenhang Modelle, die eine *Flexibilisierung der Dienstzeiten* vorsehen (z.B. Cless 1990) und den MitarbeiterInnen damit eine angemessene Gestaltung der zeitlichen Arbeitsbedingungen ermöglichen, ohne schwerwiegende pädagogische Nachteile in Kauf nehmen zu müssen. Die hierzu erforderlichen Gestaltungsspielräume - zunächst im Rahmen von Modellerprobungen - sollten angesichts der Dringlichkeit der zur Lösung anstehenden Fragen baldmöglichst bereitgestellt werden!

2. *Situationsbezogene Verbesserungen für Tätigkeitsabläufe*. Bei vielen der festgestellten *inhaltlichen* Belastungen müssen Verbesserungmaßnahmen an konkreten Situationen ansetzen. Die Gestaltungsmöglichkeiten müssen unter Berücksichtigung konkreter organisatorischer und räumlich-ökologischer Rahmengegebenheiten erweitert und verbessert werden.

Die Aussagen der Fachkräfte ergaben ein breites Spektrum *speziellerer inhaltlicher Fragestellungen*, aus dem einige Beispiele folgen:

a) Viele der erwähnten Belastungen (z.B. unzureichende Beschäftigungsangebote für Kinder und Jugendliche an Wochenenden, besonders bei ungünstiger Witterung; Überlastung bei der Hausaufgabenbetreuung, u.a.) hängen *auch* mit den *räumlich-funktionalen Möglichkeiten* zusammen. Bei der Hausaufgabenbetreuung spielt beispielsweise die Frage der Arbeitsplatzanordnung innerhalb der verschiedenen Gruppenräume eine wichtige Rolle. Mit den funktionalen Auswirkungen solcher räumlicher Gegebenheiten befassen sich beispielsweise Planungsmodelle und Untersuchungsansätze der ökologischen Psychologie (Craik 1973; Proshanski/ Ittelson/ Rivlin 1970). Das betrifft auch Fragen der Raumplanung und -gestaltung pädagogischer Einrichtungen (vor allem Flosdorf/Mahlke 1988; Mahlke/ Wisgalla/Reinhart/Hansen/Fuchs 1990/91).

Betrachtet man die Äußerungen der Fachkräfte zu Fragen der Ausstattung und räumlichen Anordnung, so läßt sich - etwa als Ansatzpunkt für Fortbildungsmaßnahmen - festhalten, daß eine Bewertung unter funktionalen Aspekten, die eine erhebliche Bedeutung für alltägliche Arbeitsabläufe und -belastungen haben können, weitestgehend fehlt.

b) Eine der entscheidenden Voraussetzungen dafür, daß in "natürlichen" Großfamilien Überlastungen der Eltern begrenzt werden können, ergeben sich aus der Nutzung von *Selbstregulationskräften* innerhalb des Gesamtsystems "Familie". Besonders wichtig sind dabei die Geschwisterrollen. Aussagen von BetreuerInnen über Kinder und Jugendliche, die ihre pädagogische Arbeit bereichern oder erleichtern, zeigen, daß solche Entlastungspotentiale teilweise auch in den Heimgruppen bestehen. Entwicklung und praktische Umsetzung vorhandener Selbstregulationspotentiale sollten deshalb unbedingt gefördert werden und zwar naheliegenderweiser mit möglichst intensiver Beteiligung von Fachkräften der gruppenübergreifenden Dienste. Da mit einer derartigen Maßnahme auch wichtige pädagogische Zielsetzungen verbunden sind, sollte sie verstärkt beachtet und hinsichtlich der Fachgrundlagen weiterentwickelt werden.

c) Sinnvoll erscheinen *systematische Analysen hinsichtlich der Bedeutung von psychosozialen Störungen und Verhaltenauffälligkeiten* in Alltagssituationen. Die vielfältigen Einflüsse auf die Betreuungssituation sind bisher empirisch aber meist noch nicht ausreichend präzise erfaßt, um tragfähige Ansatzpunkte für Interventionen zu ermöglichen. Dies reicht bis hin zu der schwierigen, aber außerordentlich wichtigen Frage, ob für einen Teil der Kinder mit spezifischen psychobiographischen Voraussetzungen die derzeit üblichen Formen der vollstationären Gruppenbetreuung nicht völlig ungeeignet sind.

d) Im vorhergehenden Abschnitt wurde von Auswirkungen der pädagogischen Betreuungstätigkeit auf die gesamte Lebenssituation der MitarbeiterInnen berichtet. Zwei häufig geäußerte Problemschwerpunkte im vollstationären Gruppendienst verdienen dabei besondere Beachtung. Sie betreffen gesundheitliche Aspekte, die sich nicht ohne weiteres mit allgemeinen Erkenntnissen über Auswirkungen unregelmäßiger Arbeitszeiten erklären lassen. Da hierauf schon beim Vergleich zwischen den untersuchten Berufsgruppen ausführlich eingegangen worden ist, soll hier nur die für die Fachkräfte in der vollstationären Betreuung spezifische Problematik angerissen werden:

1. Magenbeschwerden und allgemeine Eßstörungen. An entsprechenden Auswirkungen leiden zwar auch Arbeitskräfte im Schichtdienst (z.B. Knauth/Rutenfranz 1987; Shipley 1980), dort werden sie aber auf die tätigkeitsbedingt variierenden *Zeitpunkte* der Essenseinnahme zurückgeführt. Bei den MitarbeiterInnen im vorliegenden Berufsfeld trifft diese Voraussetzung weniger zu. Eine andere Erklärung könnte in den Bedingungen liegen, unter denen die MitarbeiterInnen ihre Mahlzeiten einnehmen müssen. Häufige Störungen verhindern oft eine "geregelte" Mahlzeit. Diese Möglichkeit sollte vor allem deshalb systematischer untersucht werden, weil hier relativ einfache Verbesserungen realisierbar erscheinen. Völlig unerforscht sind denkbare psychosomatische Auswirkungen auf die betreuten *Kinder und Jugendlichen* aufgrund der gleichen Ursachen.

2. Ein erheblicher Anteil der MitarbeiterInnen stellt bei sich selbst *mißmutig-gereizte Verstimmungen* fest, die als berufsbedingte Beeinträchtigungen des Privatlebens, aber auch als gesundheitliche Störungen beschrieben werden. Auch diese Symptomatik könnte mit unregelmäßigen Dienstzeiten zusammenhängen; in der einschlägigen Forschungsliteratur finden sich jedoch bisher kaum entsprechende Hinweise.

Diese Auswirkungen der Berufsausübung können dazu führen, daß MitarbeiterInnen durch Familienangehörige oder Freunde geradezu dazu gedrängt werden, aus ihrem Beruf auszuscheiden. Schon deshalb sollte den hier wirksamen Ursachen bei der Planung von Maßnahmen besondere Aufmerksamkeit geschenkt werden. Als Ansatzpunkt könnte eine deutlichere Trennung zwischen beruflichen und außerberuflichen Lebensbereichen der MitarbeiterInnen in Betracht kommen, z.B. über den Aufbau "psychologischer" oder auch arbeitsorganisatorischer Barrieren.

B. Verfahrensebenen

Die vorausgehend beschriebenen Überlegungen orientieren sich eher an inhaltlichen Feldern der Maßnahmeentwicklung. Zu einer ganz anderen Betrachtungsperspektive gelangt man durch folgende Erwägungen:

(a) Die in diesem Abschnitt betrachteten Ergebnisse machen besonders deutlich, daß die Auswirkungen vieler Randbedingungen des Berufsfeldes auf die Beanspruchung von MitarbeiterInnen gegenwärtig nur grob abgeschätzt und diese deshalb auch nicht gezielt verbessert werden können. Dies zeigt sich vor allem bei situativen Belastungseinflüssen, etwa den Auswirkungen räumlicher und organisatorischer Gegebenheiten auf den Gesundheitsstatus.

(b) Aus dem *Kontext* der arbeitsorganisatorischen Rahmenbedingungen stammende situative Einflüsse haben Auswirkungen auf die konkrete Arbeit und die Belastung von MitarbeiterInnen; durch sie wird das Anforderungsprofil des individuellen Arbeitsplatz bestimmt.

(c) Gleichzeitig wäre es völlig verfehlt, die Diskussion über Auswirkungen von arbeitsorganisatorischen Rahmenbedingungen auf die Mitarbeiterebene zu beschränken und die Gesamtziele und -aufgaben der Institution - also vor allem die Verantwortung für die Erziehung und Entwicklung der Kinder - unberücksichtigt zu lassen.

Vor diesem - viel umfassenderen - Diskussionsrahmen stellt sich vor allem die Frage, welche *Verfahrenswege* Aussicht bieten, zu tragfähigen Lösungsvorschlägen für Verbesserungsmaßnahmen zu gelangen.

1. Einen komplexen Verfahrensweg bieten die Methoden der *Organisationsentwicklung*. Um die Durchführungsvoraussetzungen für diese Maßnahmen angemessen beurteilen zu können, müssen indes weitere Ergebnisse - vor allem über die Arbeitsvoraussetzungen und -belastungen von MitarbeiterInnen in den einzelnen Einrichtungen der stationären Jugend-

hilfe - berücksichtigt werden; die Diskussion dazu wird deshalb erst an späterer Stelle fortgeführt (s.u., Kap. 4.1).

2. *Systematisierung der Konzept- und Maßnahmeentwicklung.* Eine weitere, wesentliche Empfehlung zielt darauf ab, in verschiedenen Einrichtungen praktisch erprobte Umsetzungen von Verbesserungsmaßnahmen zu sammeln, systematisch auszuwerten und auf ihre Verallgemeinerbarkeit zu prüfen. *Insgesamt sollte also der Erfahrungstransfer zwischen den Einrichtungen verbessert werden.* Dies gilt insbesondere für solche Lösungsansätze, die besonders vielfältige Umsetzungsmöglichkeiten bieten, wie zum Beispiel im Bereich der Flexibilisierung von Dienstzeiten. Gerade hier steht aber eine breitere Erprobung noch aus.

Für die erfolgreiche Intensivierung eines derartigen Erfahrungstransfers zwischen den Einrichtungen (Güntert/Orendi/Weyermann 1989) müssen wiederum wichtige Vorbedingungen erfüllt sein. Dazu gehört das Vertrauen in die Zielsetzungen eines solchen Verfahrens.

3. Um bessere und praxisangemessene Vorschläge für Maßnahmen machen zu können, müssen fachlich-wissenschaftliche Erkenntnisgrundlagen - unter Einbeziehung bereits verfügbarer Erkenntnisse aus Nachbardisziplinen - weiterentwickelt werden. Dazu können vor allem *verbesserte Kooperationsformen* zwischen praxisorientierten Forschungseinrichtungen und den einzelnen stationären Jugendhilfe-Einrichtungen dienen. Im sinnvollen Dialog zwischen Forschung und Praxis können taugliche Konzepte entwickelt und erprobt werden. Berücksichtigt man den derzeitigen Stand der Zusammenarbeit, so muß hier ein weitreichender Verbesserungsbedarf festgestellt werden.

3.3. Sicherung und Weiterentwicklung fachlicher Kompetenzen während der Berufsausübung

3.3.1. Ergebnisschwerpunkte

Insgesamt gelangt man bei der Auswertung zu dem Gesamteindruck, daß die Einschätzungen der fachlichen Aspekte ihrer Tätigkeit von den Befragten mit beträchtlicher "Zurückhaltung" vorgenommen wurden. Dies gilt vor allem für die Beurteilung der eigenen beruflichen Qualifikationsvoraussetzungen und den Umfang der Elternarbeit. Die Einschätzungen liegen hier insgesamt in einem unauffälligen Mittelbereich, wobei die derzeit bestehenden Voraussetzungen weder als sehr positiv noch als dringend veränderungsbedürftig beurteilt werden. Lediglich die Rahmenbedingungen für die fachliche Arbeit mit den betreuten Kindern und Jugendlichen fallen in den Bereich der Berufsfeldmerkmale, die heftig kritisiert werden.

Gerade in diesem Untersuchungszusammenhang erweisen sich die frei formulierten Aussagen der Fragebogenerhebung - sowie wiederum Vergleichsinformationen zu den beiden anderen pädagogischen Berufsfeldern - als nützlich, um tiefergehende Einschätzungen vornehmen zu können. Nicht zuletzt werden bei den hier vorgetragenen Schlußfolgerungen auch Informationen aus der Befragung von Einrichtungsleitern und -leiterinnen über strukturelle Rahmenbedingungen innerhalb der einzelnen Einrichtungen bedeutsam.

Folgende Einzelergebnisse sind beachtenswert:

(1) Im stationären Gruppendienst Tätige beteiligen sich wesentlich seltener an einrichtungsinternen oder -externen *Fortbildungen* als KollegInnen, die teilstationäre Betreuungsaufgaben wahrnehmen. Noch deutlich häufiger als diese beiden Gruppen beteiligen sich Fachkräfte der Kindertageseinrichtungen, hier haben über 90% im laufenden Jahr an Fortbildungen teilgenommen (dieser Anteil ist etwa doppelt so hoch wie bei den Fachkräften in der vollstationären Betreuung). Außerdem ist hier die Fortbildungsaktivität weitgehend unabhängig von der Berufsdauer, während bei längerzeitiger Berufsausübung in der vollstationären Betreuung ein besonders bedenklicher Abfall festzustellen ist.

Die von den Befragten gegebenen Begründungen hierfür sollen an dieser Stelle nicht bewertet werden. Häufig erwähnt werden vor allem erhöhte Belastungen für die anderen TeamkollegInnen während dieser Zeit. Ein weiterer Schwerpunkt der Begründungen bezieht sich auf zeitliche Überbeanspruchung als Folge von MitarbeiterInnen-Wechsel oder nicht besetzten Teampositionen. Hier zeigt sich somit eine weitere wichtige Auswirkung der bestehenden, hohen Personalfluktuation (s.o., 3.2.).

Insgesamt führen alle Befunde (weitere Ergebnisse werden anschließend näher beschrieben) zu der Einschätzung, daß unter den derzeitigen Rahmenbedingungen bei einem erheblichen Anteil der vollstationär tätigen Fachkräfte nicht genügend Möglichkeiten oder Anreize vorhanden sind, um der Sicherung und vor allem Verbesserung von fachlichen Qualitätsstandards einen hohen Prioritätsrang einzuräumen.

Aus den freien Äußerungen der MitarbeiterInnen in Kindertageseinrichtungen ergibt sich als ein häufiger Problemschwerpunkt das zahlenmäßig unzureichende Angebot an Fortbildungsveranstaltungen, so daß eine Teilnahme oft wegen Überbuchungen nicht möglich gewesen sei. Derartige Einschätzungen fehlen bei den Fachkräften aus der stationären Jugendhilfe fast vollständig. Eine weitere Barriere stellt sich in beiden Berufsfeldern für Fachkräfte mit "geringerer" Ausbildungsqualifikation: Ein Teil der Fachschulabsolventen aus der stationären Jugendhilfe und der KinderpflegerInnen aus dem Bereich der Kindertageseinrichtungen klagt über finanzielle oder zeitliche Anerkennungsschwierigkeiten, die Hindernisse für die Teilnahme an Fortbildungsangeboten darstellten.

Schließlich ist in diesem Zusammenhang eine merkwürdige Unstimmigkeit unserer Befundlage zu beachten: *Während* ihrer Berufsausübung beteiligen sich Fachkräfte in der vollstationären Betreuung wesentlich seltener an Fortbildungsmaßnahmen im Vergleich zu jenen der Kindertageseinrichtungen. Für das *Ausscheiden* aus der jeweiligen Arbeitsposition spielen berufsbezogene Gründe indes bei letzteren eine vergleichsweise weniger bedeutsame Rolle, bei den MitarbeiterInnen der vollstationären Betreuung (auch bei den ausscheidenden weiblichen Fachkräften) hingegen eine ganz entscheidende. Ob hier ein Kausalzusammenhang besteht, kann nach der Befundlage kaum geklärt werden. Nicht ohne weiteres zurückzuweisen ist aber die Vermutung, daß in einem Arbeitsfeld, das den MitarbeiterInnen eine regelmäßige Weiterentwicklung ihrer fachlichen Kompetenzen nicht ausreichend bieten kann (etwa wegen der zeitlichen Arbeitsdichte), Entfaltungsbedürfnisse nicht abgedeckt werden, die die Bereitschaft zum Arbeitsfeld- oder Berufswechsel erhöhen. Möglichkeiten zur Beteiligung an Fortbildungsveranstaltungen können also durchaus auch einen - zumindest indirekten - Einfluß auf die Mitarbeiterfluktuation haben. Falls diese Annahme zutrifft, würde umgekehrt der geringere Anteil berufsbezogener Ausscheidegründe bei Fachkräften in Kindertageseinrichtungen auf günstigere berufsfeldinterne Voraussetzungen verweisen, durch deren Auswirkungen ein lediglich "optisches" Übergewicht familiärer Ausscheidegründe entsteht.

(2) *Bereich Elternarbeit:* In diesem wichtigen Aufgabenfeld (vgl. Buckert/Huber 1986) schätzen die Befragten aus dem vollstationären Gruppendienst im Vergleich zu den Fachkräften aus den beiden anderen pädagogischen Tätigkeitsfeldern die in den letzten Jahren erzielten Fortschritte sehr viel weniger positiv ein.

Subtilere Hinweise auf weitere *Teilschwächen im professionellen Berufsverständnis* können folgende Befunde geben:

(3) Ein auffälliger Schwerpunkt der kritischen Äußerungen über Beziehungen zu KollegInnen außerhalb der eigenen Gruppe bezieht sich auf "Rivalitätsdenken", "Eifersüchteleien" oder auf "Abkapselungstendenzen" (bei den anderen, versteht sich).

(4) Von einem beachtlich hohen Anteil der Fachkräfte (knapp 20%) wird der Befragungsteil nicht beantwortet, der sich auf Kinder und Jugendliche in der betreuten Gruppe bezieht, die die eigene pädagogische Arbeit "eher bereichern" respektive "überdurchschnittlich erschweren", häufig versehen mit den Hinweis, daß "jedes Kind anders sei", "ganz individuelle Besonderheiten aufweise". Diese Äußerungen verweisen auf wesentliche Grundfragen des beruflichen Selbstverständnisses.

Beachtenswert ist nicht zuletzt, daß sich die vorausgehend beschriebenen Befunde in wesentlichen Teilbereichen mit Ergebnissen einer weiteren, breit angelegten empirischen Studie - etwa über den Umfang und vor allem die Kontinuität der Erziehungs"planung" - übereinstimmen (vgl. Planungsgruppe Petra 1987).

3.3.2. Folgerungen für die Entwicklung von Maßnahmen

Bei einer Bewertung der vorausgehenden Befunde ist zunächst zu berücksichtigen, daß der betrachtete Problemzusammenhang auf Grundfragen des fachlich-professionellen Selbstverständnisses verweist; dies zeigt sich in Aussagen, in denen die individuelle Form der Beziehung zu den einzelnen Kindern und Jugendlichen besonders betont und mit dieser Begründung eine "Klassifizierung" von Kindern abgelehnt wird. Im Gegensatz dazu geht die hier vertretene Position davon aus, daß die Fähigkeit, das eigene berufliche Handeln begrifflich zu analysieren, fachlich zu begründen und dieses im sozial-kollegialen Austausch darzustellen, ein entscheidendes Grundmerkmal der fachlichen Professionalität darstellt: In allen sozial-beratenden oder erzieherischen Berufsfeldern sind "Klassifizierungen" beobachteter Merkmale oder Verhaltensmuster von Einzelpersonen (z.B. nach Symptomgruppen, Abweichungen von Entwicklungs- oder Sozial-"Normen") zwingende Voraussetzungen, um allgemeinere Erkenntnisse auf Einzelfälle anwenden zu können.

Zugleich wird in diesem Zusammenhang immer wieder diskutiert, ob diese teilweise rational-"kühle" Form der Sozialbeziehungen in sozial-pflegerischen Berufsfeldern eine notwendige Voraussetzung für die längerfristige Berufsausübung bildet:

"Professionalität und Intensität in Beziehungen dürfen kein Gegensatz sein ..."; gefordert wird eine "... Balance zwischen Beruflichkeit und Privatheit, zwischen bezahlter Arbeit und nicht bezahlbarem Sich-fordernlassen und Verausgaben in der Beziehung, einen besonderen Aufwand an Selbstreflexion, also eine spezifisch professionelle Qualifikation, die in der Praxis solche Reflexivität möglich macht."(Thiersch 1988, S. 5; vgl. auch Freigang 1986; Hirschfeld 1988).

Der verminderte Grad an uneingeschränkter emotionaler Zuwendung wird als eine wesentliche Schwäche "professioneller" Formen der Jugendhilfe gegenüber familienähnlicheren Erziehungsformen angesehen (Scheuber 1983). Nach der hier vorgetragenen Einschätzung wird lediglich in Zweifel gezogen, daß durch verbesserte Fähigkeiten und die höhere Bereitschaft zur kritischen Reflexion über das eigene pädagogische Handeln dieses Grundproblem zusätzlich verschärft und eine Anerkennung der individuellen Besonderheiten der einzelnen betreuten Kinder und Jugendlichen beeinträchtigt würden; diese Annahme erscheint weder in "natürlichen" Familien noch für "professionelle" Erziehungsformen gerechtfertigt.

Folgt man dieser - sicherlich nicht unumstrittenen - Auffassung, so ergeben sich vielschichtige Ansatzpunkte für Verbesserungsmöglichkeiten. Die folgenden Erwägungen beruhen dabei auf dem Grundgedanken, daß bestehende Schwächen der fachlichen Ausgestaltung des Tätigkeitsfeldes zwar bei den einzelnen MitarbeiterInnen festgestellt werden, die Ursachen dafür aber nur teilweise in persönlichen Motivationsdefiziten liegen. *Als Leitgedanke wird vielmehr angenommen, daß wesentliche Ursachen in den sozial-ökologischen Bedingungen des Alltagsumfeldes zu suchen sind, die großen Einfluß auf die Handlungen der MitarbeiterInnen haben.* Veränderungen in den hierfür bedeutsamen Gegebenheiten sind also die Voraussetzung für entsprechende Verbesserungen.

Die *praktischen Folgerungen*, die sich aus dieser scheinbar abstrakten Annahme ergeben, sind vielfältig und konsequenzenreich. Vor allem wirken sie sich auf die Beurteilung von bestehenden strukturellen Gegebenheiten in den Einrichtungen aus. Im folgenden sollen dazu - gestützt auf die Untersuchungsergebnisse - einige Beispiele gegeben werden.

In einem Teil der Jugendhilfeeinrichtungen werden wesentliche Aufgaben der Elternarbeit, die Wahrnehmung von offiziellen Kontakten zu Institutionen (vor allem Sozial- und Jugendämtern) oder die örtliche Repräsentanz der Einrichtung überwiegend durch *leitende MitarbeiterInnen* wahrgenommen. Zweifellos sichern diese organisatorischen Maßnahmen nicht allein die sachgemäße Ausfüllung dieser Aufgabenbereiche, sondern bieten spürbare und zumindest *kurzfristig* nützliche Entlastung für den einzelnen Mitarbeiter/die einzelne Mitarbeiterin im Gruppendienst.

Unter diesen Zielsetzungen - nicht zuletzt zur Entlastung von MitarbeiterInnen - werden zunehmend auch *individualisierte* Beratungs- oder Unterstützungsangebote bereitgestellt (vgl. Kommission Heimerziehung 1977; Müller-Schöll 1982; Blumenberg 1987; Hinte und Springer 1987; Späth 1988). Das gilt z.B. für die Erstellung von Hilfe- und Erziehungsplänen für das Jugendamt unter Federführung von Mitgliedern des einrichtungsinternen gruppenübergreifenden Dienstes (vgl. Appold u.a. 1986). Auch fachliche oder organisatorische Hilfestellungen im Rahmen von *Supervisions*angeboten werden häufig von leitenden MitarbeiterInnen geboten.

Kritisch zu prüfen ist aber, ob nicht durch diese Angebote die Entwicklung von entsprechenden Kompetenzen bei den *Gruppenfachkräften* zur Übernahme dieser Aufgaben beeinträchtigt wird.

Der vorliegende Untersuchungsrahmen bietet keine empirisch ausreichend abgestützten Hinweise, welche Rahmenbedingungen dabei zu ausgeprägt ungünstigen Nebenwirkungen führen können und vor allem, durch welche organisatorischen Maßnahmen diese vermieden werden können. Es lassen sich aber zwei plausible Vorhersagen formulieren: *Längerfristig* ungünstige Nebenwirkungen dürften besonders dann zu erwarten sein, wenn

* Funktionsauslagerungen administrativ auf Dauer festgelegt werden, also nicht mit Angeboten und Anreizen zur Qualifikationserweiterung für die Fachkräfte verbunden sind,
* durch laufende individualisierte Hilfestellungen erforderliche Veränderungen des sozial-organisatorischen Handlungskontextes vermieden oder sogar verhindert werden.

Die Grundgedanken des vorgetragenen Problemlösungsansatzes für Maßnahmeentwicklungen lassen sich in drei Hauptpunkten zusammenfassen:

1. Ein breiteres Spektrum von Ergebnissen sowohl der vorliegenden wie anderer Untersuchungen bezieht sich auf die *Sicherung und vor allem die Weiterentwicklung des beruflich-fachlichen Leistungsstandards* und der hierzu erforderlichen Qualifikationsvoraussetzungen bei MitarbeiterInnen

aus der vollstationären Betreuung. *Zentrales Ergebnis: Diese Voraussetzungen sind derzeit nicht uneingeschränkt gewährleistet.* Betroffen sind - insbesondere auch im Vergleich zu Fachkräften aus Kindertageseinrichtungen - der Beteiligungsumfang an Fortbildungsangeboten, die Elternarbeit und die Selbstsicherheit in der Darstellung des eigenen fachlichen Handelns gegenüber KollegInnen und Außenstehenden auf der Grundlage von fachlich-professionell begründeten Urteilen und Handlungsentscheidungen (vgl. auch Hinte/Springer 1987; Flosdorf 1988; Pestalozzi-Fröbel-Verband 1988; Mitransky 1990).

Die Übernahme von solchen "professionell" ausgerichteten Aufgaben *zusätzlich* zu dem bestehenden Arbeitsumfang ist unter den derzeit gegebenen Rahmenbedingungen ungünstig oder sogar kontraindiziert, weil dies eine weitere Überlastung der MitarbeiterInnen und die Tendenzen, aus dem Berufsfeld auszuscheiden, ebenfalls fördern kann. *Hierzu erscheinen besondere Anreize, die in ein umfassenderes Programm zur Weiterqualifizierung eingebettet sind, unabdingbar.* Umgekehrt besteht aber das Risiko, daß ungeeignete organisatorische Rahmenbedingungen in den Einrichtungen die Möglichkeiten zur fachlichen Weiterqualifizierung von MitarbeiterInnen und zur Ausbildung eines angemessenen beruflichen Selbstwertgefühls im Umgang mit KollegInnen und außenstehenden Institutionen nicht nur nicht fördern, sondern sogar eher behindern können. Hierzu gehören insbesondere Aufgabenfestlegungen, bei denen Fachkräfte mit derzeit "geringerer" Fachqualifikation von Aufgaben aus langfristig bedeutsamen Bereichen "entlastet" werden (beispielsweise im Bereich von Außenkontakten). Auch durch individualisierte Hilfsangebote (etwa bei der Erstellung von Erziehungsplänen; unangemessene Ausweitung von Supervisionsleistungen) kann eine Integration wesentlicher Berufsaufgaben in alltägliche Handlungsfelder beeinträchtigt werden.

2. Hieraus ergibt sich die Notwendigkeit, *verbesserte Rahmenbedingungen für Weiterqualifizierung und berufliche Aufstiegsperspektiven* mit den dazu erforderlichen Gestaltungsvoraussetzungen auf Einrichtungsebene zu verknüpfen. Damit sollen Schwachstellen schwerpunktmäßig in drei Bereichen vermindert werden:

- Der unzureichende Grad an systematischer Begründung für das berufliche Alltagshandeln,
- mangelnde Vertrautheit mit der Außendarstellung bei Begründung des eigenen fachlichen Handelns,
- das geringe Selbstwertgefühl in der Außendarstellung der Berufsrolle.

3. Diesen drei Problemkomponenten liegen eng miteinander verflochtene Ursachen zugrunde. Es wird angenommen, daß diese Bedingungen problematische Auswirkungen auf viele Bereiche, wie etwa auf die Zusammenarbeit mit sozialen Institutionen *außerhalb* des eigenen Betreuungsbereiches, aber auch auf die Elternarbeit und auf das Verhältnis zwischen den verschiedenen Betreuungsgruppen *einer* Institution haben. Hieraus würden sich gezielt Aufgabenschwerpunkte im Bereich der Organisationsentwicklung und für Maßnahmen zur Förderung des beruflichen Selbstwertgefühls von MitarbeiterInnen ableiten.

4. Spezifische Problemschwerpunkte bei Untergruppen innerhalb des Berufsfeldes der vollstationären Gruppenbetreuung

In jedem Berufsfeld finden sich Teilgruppen von MitarbeiterInnen mit unterschiedlichen Problemschwerpunkten, die bei der Planung von Verbesserungsmaßnahmen berücksichtigt werden müssen.

So zeigen sich vielschichtige Unterschiede in den Tätigkeitsvoraussetzungen und Problemschwerpunkten der Arbeitssituation bei Tätigkeit in *Innen-* gegenüber *Außenwohngruppen* und bei den in *verschiedenen Einrichtungen* der Jugendhilfe tätigen Fachkräften; diese Befunde verweisen auf die enge Verflechtung zwischen Arbeitsproblemen und organisatorischen Rahmenbedingungen, nicht zuletzt als Folge unterschiedlicher pädagogischer Betreuungskonzeptionen. Auf diese Befunde wird zunächst - in den Diskussionsabschnitten 4.1.1. und 4.1.2. - eingegangen.

Der zweite Teil der Ergebnisdiskussion orientiert sich vor allem an *berufsbiographisch* bedingten Problemen von MitarbeiterInnen innerhalb des Bereiches der vollstationären Gruppenbetreuung. Die Begründung dafür ergibt sich einerseits durch die empirische Befundlage, wobei sich deutlich unterschiedliche Problemschwerpunkte in einzelnen Phasen der Berufs"karriere" zeigen, andererseits aber auch aus pragmatischen Erwägungen: Maßnahmevorschläge können nämlich - zumindest teilweise - auf einzelne Umsetzungsinstitutionen bezogen werden. Insofern lassen sich auch besondere Probleme im Zusammenhang mit dem jeweiligen Ausbildungsgang bzw. Zugangsweg zum Berufsfeld direkt in die Diskussion einbeziehen.

Nicht zuletzt ergibt sich die Bedeutung von berufsbiographisch bedingten Problemen bereits bei der Berücksichtigung von berufsfeldübergreifenden Problemschwerpunkten. Diskutierte Maßnahmevorschläge sollten daher auch hinsichtlich ihrer Perspektiven für Verbesserungen in anderen pädagogischen und sozial-pflegerischen Berufsfeldern betrachtet werden.

Im Rahmen der durchgeführten Analysen wurde auch genauer untersucht, welche Unterschiede im Zusammenhang mit der *Ausbildung* der MitarbeiterInnen stehen; auch hierbei zeigten sich einige, quantitativ teilweise sogar beträchtliche Subgruppenunterschiede. Da bereits im laufenden Text an entsprechenden Stellen auf diese Ergebnisse verwiesen ist, wird auf die Beschreibung in einem eigenen Abschnitt verzichtet.

4.1. Arbeitsbedingungen im organisatorischen Kontext

4.1.1. Unterschiede bei Tätigkeit in Innen- und Außengruppen

Ein differenziertes Beispiel für den Grad der Vernetzung zwischen verschiedenartigen Funktionsbereichen und Merkmalsebenen, die hierzu berücksichtigt werden müssen, liefern die in der Studie gewonnenen Befunde über das "Funktionieren" von ausgelagerten Wohngruppen. Die Ergebnisse sollen nachfolgend im Zusammenhang dargestellt werden.

Ergebnisschwerpunkte

Außenwohngruppen unterscheiden sich nach den Untersuchungsergebnissen in einer Reihe bedeutsamer Merkmale von typischen "Heim"gruppen. Als Folge der kaum vorhandenen sozial-räumlichen Barrieren einer Institution zeigen sich zunächst bei den Kindern und Jugendlichen wie auch bei den sie betreuenden Fachkräften engere Verflechtungen zum sozialen und institutionellen Umfeld: Die MitarbeiterInnen der Außenwohngruppen beurteilen die Voraussetzungen für die pädagogisch-fachliche Arbeit günstiger, berichten dabei etwa über häufigere Besuche von externen Kindern in der Gruppe und über wesentlich häufigere Kontakte der Fachkräfte zu externen Institutionen (vor allem den Jugendämtern). Da es sich hierbei um weitgehend eigenverantwortliche, in den sozialen Alltagskontext der Berufsausübung eingebettete Kontakte handelt, kann man davon ausgehen, daß bei diesen MitarbeiterInnen der selbstsichere und dialogfähige Umgang mit Institutionen einen wichtigen Teil der eigenen Berufsrolle bildet und mit einer verbesserten Handlungskompetenz auf diesem Gebiet einhergeht. Hierdurch dürfte auch erklärbar sein, daß die in Außenwohngruppen tätigen Fachkräfte wesentlich häufiger eine zunehmende gesellschaftliche Anerkennung der geleisteten fachlichen Arbeit empfinden als die KollegInnen aus Innenwohngruppen und teilstationären Betreuungsformen.

Gleichzeitig berichten die MitarbeiterInnen aus ausgelagerten Wohngruppen aber häufiger über besonders belastende Einzelereignisse in Form von sozialen und gesellschaftlichen Konflikten, die durch Fehlverhalten von Kindern und Jugendlichen hervorgerufen werden. Das wäre nun interpretierbar als "Kehrseite" des fehlenden sozial-räumlichen Puffers der Institution "Heim". Zusätzlich ist zu beachten, daß sich die Zusammensetzung der in Außengruppen betreuten Kinder und Jugendlichen nach Gruppengröße, Verweildauer und Schulstatus systematisch von der jener Heimgruppen unterscheidet. Aber auch die in ausgelagerten Wohngruppen tätigen Fachkräfte unterscheiden sich in mehreren berufs- und soziodemographischen Merkmalen (z.B. höherer Anteil von Fachkräften mit Berufspraxis vor Tätigkeitsbeginn in einer Außenwohngruppe; höherer Anteil männlicher Fachkräfte; höherer Anteil von Sozialpädagogen und Jugend-/Heimerziehern).

Ferner fanden sich - intuitiv plausible - Hinweise darauf, daß in solchen kleineren und stärker auf Eigenregulation angewiesenen Gruppen die mit Neuaufnahmen von Kindern und Jugendlichen verbundenen Risiken von den BetreuerInnen intensiver erlebt werden: Eine Neuaufnahme, aber auch das bevorstehende Ausscheiden eines Gruppenmitglieds wird von den BetreuerInnen als überdurchschnittlich belastend erlebt und damit durch ein Beurteilungsmuster beschrieben, das sich deutlich von dem der BetreuerInnen der (zugleich meist größeren) Heimgruppen unterscheidet.

Daß die sozial-ökologische Gesamtkonstellation eine einfache Übertragung von Gesetzmäßigkeiten, wie sie bei Heimgruppen festzustellen sind, auf ausgelagerte Wohngruppen verbietet, wird anhand eines Einzelbefunds besonders deutlich: Während die durchschnittliche Fluktuationsquote von MitarbeiterInnen bei Innengruppen mit zunehmender Teamgröße abnimmt, zeigt sich für ausgelagerte Wohngruppen ein statistisch umgekehrter Zusammenhang.

In ausgelagerten Wohngruppen besteht - den besonderen Anforderungen des sozial-ökologischen Gesamtkontextes entsprechend - seltener eine "gleichrangige" Verteilung der teaminternen Dienstaufgaben (vgl. auch Kiehn 1988; Birtsch/Eberstaller/Halbleib 1980); dies findet indes in den Erhebungsdaten - etwa den Beurteilungen über die Aufgabenverteilung im Team - keinen Niederschlag (und zwar auch nicht, wie vermutet werden könnte, in Form einer höheren Varianz der Einschätzungen). Dagegen zeigt sich eine überdurchschnittlich hohe Unzufriedenheit über die Qualität der Beziehungen zur Einrichtungsleitung; hier äußern sich jüngere, in ausgelagerten Wohngruppen tätige MitarbeiterInnen - vor allem mit Fachschulabschluß - besonders ungünstig. Bei Innenwohngruppen finden sich kritische Äußerungen in dieser Richtung wesentlich seltener.

Folgerungen für die Entwicklung von Maßnahmen

Auch wenn die vorausgehende Ergebnisdarstellung etwas von der hauptsächlich verfolgten Absicht des Aufzeigens von möglichen Verbesserungsmaßnahmen für Problemschwerpunkte abweicht, erscheint doch eine wichtige Schlußfolgerung unabweisbar: Die Betreuung von jungen Menschen in ausgelagerten Wohngruppen erfordert eine konzeptionelle und organisatorische Gesamtlösung, die sich insgesamt von der einer Heimgruppe deutlich unterscheidet. Dabei bilden besondere Anforderungen an die Tätigkeit der MitarbeiterInnen lediglich eine von vielen wesentlichen Voraussetzungen, die bei der Konzeption Berücksichtigung finden müssen. Dies ist für Maßnahmeentwicklungen auch deshalb bedeutsam, weil nach dem Befragungsergebnis der Einrichtungsleitungen die Neueröffnung zusätzlicher Außenwohngruppen (oder die Umwidmung bisheriger Heimgruppen) den quantitativ wichtigsten Anteil an den derzeitigen Angebotsveränderungen bildet.

4.1.2. Unterschiede zwischen den Einrichtungen der Jugendhilfe

In diesem Abschnitt wird näher untersucht, wie sich die Berufszufriedenheit der vollstationär tätigen Fachkräfte in den verschiedenen Einrichtungen der Jugendhilfe unterscheidet.

Ergebnisschwerpunkte

Für die Analysen ergibt sich als formale Schwierigkeit, daß zur angemessenen Einschätzung von Organisationseinheiten eine hinreichende Zahl von Beurteilungen jeweils aus der gleichen Einrichtung verfügbar sein muß.

Bei den folgenden, auf Einrichtungsunterschiede bezogenen Analysen wurde eine Minimalzahl von 10 Fragebogen zugrundegelegt, die durch MitarbeiterInnen aus dem stationären Gruppendienst *einer* Einrichtung beantwortet sein mußten (die Analysen stützen sich dann auf lediglich 26 Einrichtungen, die dieses Kriterium erfüllen).

Bei diesem Verfahren bleiben demnach Kleineinrichtungen außer Betracht, die nach der Gesamt-Mitarbeiterzahl dieses Kriterium - selbst bei Beteiligung aller MitarbeiterInnen an der Befragung - nicht erfüllen können; insgesamt 50 MitarbeiterInnen aus 12 Kleineinrichtungen haben sich an der Befragung beteiligt.

(1) Stellt man zunächst diese Kleineinrichtungen den 26 ausgewählten größeren Einrichtungen gegenüber, so ergeben sich gesicherte Unterschiede bei drei Merkmalen, die übereinstimmend eine positivere Bewertung durch die MitarbeiterInnen der Kleineinrichtungen implizieren:

* Deutlich seltener wird über Probleme in der Zusammenarbeit mit der Leitung berichtet (14.6% gegenüber 38.3% der MitarbeiterInnen in größeren Einrichtungen halten hier Verbesserungen für dringlich);

* Weiterbildungs- und Aufstiegsmöglichkeiten werden als weniger problematisch (!) eingestuft (57% vs. 71.4%), und

* die Rahmenbedingungen des Berufsfeldes werden insgesamt als weniger veränderungsbedürftig eingestuft (59.2% vs. 74.7%).

(2) Die Unterschiede zwischen den 26 größeren Einrichtungen mit ausreichendem Fragebogen-Rücklauf sind für die meisten Einzelmerkmale nicht allein statistisch hoch gesichert, sondern auch quantitativ eindrucksvoll. Hervorzuheben sind zwei generelle Ergebnisse:

* Die Mittelwertsunterschiede bezüglich der Gesamtzufriedenheit der MitarbeiterInnen sind zwischen den Einrichtungen sehr viel geringer als die Bewertungsunterschiede von Einzelmerkmalen; mit Ausnahme von 5 Einrichtungen wird jeweils bei der gleichen Einrichtung mindestens ein Berufs- oder Tätigkeitsmerkmal weit überdurchschnittlich positiv und gleichzeitig mindestens ein weiteres Merkmal im Vergleich zum Gesamtdurchschnitt aller Einrichtungen signifikant ungünstiger beurteilt.

* Selbst in den am günstigsten beurteilten Einrichtungen liegt die Einschätzung vor allem der Vergütungsbedingungen, dann aber auch der gesellschaftlichen Anerkennung des Berufsfeldes und der Weiterbildungs- und Aufstiegsmöglichkeiten vergleichsweise niedrig, dagegen bestehen in einigen Einrichtungen offensichtlich zeitliche Arbeitsbedingungen, die von der überwiegenden Mehrzahl der MitarbeiterInnen als akzeptabel empfunden werden.

(3) Einer weiteren Teilanalyse wurden Unterschiede in der Gesamtzufriedenheit innerhalb und zwischen den Teams der gleichen Einrichtungen zugrunde gelegt und zusätzlich berücksichtigt, ob ein oder mehrere Mit-

glieder des gleichen Teams sich an der Befragung beteiligt hatten. Bei dieser "post-experimentellen" Analyse ergibt sich ein komplexer, dreifaktorieller Versuchsplan. Da das Vorgehen für methodisch weniger versierte LeserInnnen vermutlich nicht leicht nachvollziehbar ist, wird an dieser Stelle von einer ausführlicheren Beschreibung und Ergebnisdarstellung Abstand genommen, obwohl sich überraschend ergiebige Befunde zeigen. Drei Ergebnisse seien als Beispiele erwähnt:

(a) In den 6 Einrichtungen, in denen sowohl innerhalb wie auch zwischen den Betreuungsteams beträchtliche Unterschiede in der Berufszufriedenheit der MitarbeiterInnen bestehen, hat sich - weit überzufällig - jeweils nur ein einzelnes Teammitglied an der Befragung beteiligt (dieses Ergebnis wirft kritische methodische Fragen über Vorselektionseffekte auf, die sich auf die Rücklaufquote aus einzelnen Teams auswirken können).

(b) In der gleichen Teilgruppe der Einrichtungen wird ferner die Qualität der Kollegialitätsbeziehungen sehr unterschiedlich beurteilt, wenn "isolierte" oder mehrere Fragebogen aus dem gleichen Betreuungsteam ausgefüllt wurden; dabei wird aber die Qualität der Teambeziehungen vor allem in denjenigen Teams kritisiert, aus denen sich mehrere Teammitglieder an der Befragung beteiligt haben (in allen anderen Einrichtungs"typen" zeigt sich ein - intuitiv plausibler - umgekehrter Befund).

(c) Ein überdurchschnittlich hoher Grad der Gesamtzufriedenheit der MitarbeiterInnen zeigt sich in (insgesamt 8) Einrichtungen, bei denen weder innerhalb noch zwischen den Betreuungsteams größere Beurteilungsunterschiede der Berufssituation bestehen; das Ergebnis ist nicht als "Kunstprodukt" der Berechnungsmethode erklärbar.

Die Ergebnisse dieser Analyse können Hinweise auf das soziale Binnen"klima" in den verschiedenen Einrichtungen (Moos/Insel 1974) und deren Auswirkungen auf die Berufszufriedenheit der MitarbeiterInnen liefern; sie bieten damit einen aussichtsreichen Ansatzpunkt für Organisationsanalysen.

(4) Gleichzeitig unterscheiden sich - nach einem Ergebnis der Erhebungen auf Einrichtungsebene - die Tätigkeitsbedingungen der MitarbeiterInnen in einzelnen Einrichtungen der stationären Jugendhilfe in vielen strukturell-organisatorischen Grundmerkmalen sehr beträchtlich; dies gilt

* für Teamkenngrößen (Zahl und Qualifikation von GruppenbetreuerInnen, Alters-, Geschlechtszusammensetzung und Berufserfahrung; Funktionsdifferenzierung innerhalb von Teams), die Gruppengrößen und den Quotienten Kinder/Teamfachkräfte,
* für die Merkmalszusammensetzung der betreuten Kinder und Jugendlichen (Alters-, Geschlechtszusammensetzung, Schulstatus, Verweildauer) und

* für Dienstzeitregelungen (Umfang von Nacht- oder Wochenenddiensten; "geteilte" Dienste; Zeitanteile mit Doppel- oder Mehrfachbetreuung), ebenso wie für die Organisation des Beschaffungs- und Abrechnungswesens und die Bereitstellung zentraler Dienstleistungen oder die Bereitstellung personeller Ressourcen für hauswirtschaftliche Arbeiten auf Gruppenebene.

Folgerungen für die Entwicklung von Maßnahmen

Den in quantitativer Hinsicht beträchtlichen Unterschieden zwischen den Einrichtungen als Organisationseinheiten kommt bei der Diskussion von Verbesserungsmaßnahmen erhebliches Gewicht zu:

1. Deutlich wird zunächst vor allem, daß die Problemschwerpunkte aus Sicht der im Gruppendienst tätigen MitarbeiterInnen in den verschiedenen Einrichtungen völlig andersartig gelagert sein können.

Da gleichzeitig in den einzelnen Einrichtungen sehr unterschiedliche arbeitsorganisatorische Rahmenvoraussetzungen bestehen, ist davon auszugehen, daß in den einzelnen Einrichtungen der Jugendhilfe (und, darüber hinaus, auch innerhalb von Teams der gleichen Einrichtung) unterschiedliche Maßnahmen zur Verbesserung der Arbeitssituation und zur Erhöhung der Berufszufriedenheit für MitarbeiterInnen im Gruppendienst erforderlich sind.

2. Damit erfordern allgemeine Maßnahmevorschläge, beispielsweise Verbesserungen bei der Personalausstattung für den Gruppendienst, unterschiedliche Umsetzungsformen, die den jeweiligen Kontext der einzelnen Einrichtungen berücksichtigen.

Hieraus würde allerdings auch die skeptische Einschätzung folgen, daß eine Verbesserung allgemeiner Rahmenbedingungen wirksame Veränderungen (etwa höhere Arbeitszufriedenheit der MitarbeiterInnen) nicht gewährleisten, weil das Ergebnis wesentlich von deren Umsetzung vor Ort (und vor allem auch durch das dabei gewählte Verfahren) beeinflußt wird.

Diese skeptische Einschätzung, daß die mit der Veränderung von Rahmenbedingungen angestrebten Ziele - hier die Verminderung des Belastungsumfanges von MitarbeiterInnen - mit der Einleitung einer Maßnahme tatsächlich gar nicht erreicht werden, gründet sich auch auf Ergebnisse der meisten Evaluationsstudien (das sind Studien, die Erfolge von durchgeführten Maßnahmen und deren Voraussetzungen prüfen sollen) zu sozialen Neuerungen: Das ernüchternde Ergebnis veranlaßte Rossi (1978) zu der Formulierung des "eisernen Gesetzes", daß als Ergebnis sozialer Innovationsmaßnahmen eher das Nicht-Erreichen der formulierten Ziele zu erwarten sei als ein Erfolg (Wittmann 1985).

Ein zusätzliches, grundsätzliches Problem ergibt sich dadurch, daß Maßnahmen, die zur Verbesserung der beruflichen Situation von MitarbeiterInnen beitragen sollen, zunächst nur eines der Ziele betreffen, die bei der Planung organisatorischer Abläufe in den Einrichtungen berücksichtigt werden müssen. Bei allen Maßnahmen zur Belastungsverminderung müssen daher bei ihrer konkreten Umsetzung die Verflechtungen mit anderen gleichrangigen Organisationszielen berücksichtigt werden, wobei in erster Linie eine pädagogisch angemessene Betreuung der anvertrauten Kinder und Jugendlichen sichergestellt sein muß. Solche Maßnahmen bedürfen in besonderem Maße der "Einpassung" in die spezifischen organisatorischen Kontextbedingungen der einzelnen Einrichtungen.

3. Das wirkungsvollste, allerdings auch vergleichsweise zeit- und kostenintensive Verfahren, das gegenwärtig zur Verfügung steht, um die Leistungsfähigkeit einer Organisation und gleichzeitig die Entfaltungsmöglichkeiten und Arbeitszufriedenheit ihrer Mitglieder zu fördern, ist die Organisationsentwicklung (Jeserich 1989; Little 1985; Walsh 1989; Weinert 1984).

Diese Verfahrensgruppe wird im Bereich von Industrieunternehmen seit langem, im Institutionenfeld pädagogischer und sozial-pflegerischer Institutionen erst allmählich praktisch eingesetzt. Die Übertragung von Modellen aus anderen Institutionenfeldern - vor allem des "Profit"-Bereichs (z.B. Weinert 1984; Jeserich 1989) - auf den Bereich sozial-pflegerischer Institutionen erweist sich als ziemlich schwierig. Verfahrens-Neuentwicklungen und -erprobungen in breitem Rahmen erscheinen, entsprechend der Komplexität dieser Aufgabenstellung, weit angemessener.

Eine zusätzliche Schwierigkeit ergibt sich durch den Befund, daß zwar die Einschätzungen bei einzelnen Berufsfeldmerkmalen - etwa den zeitlichen Arbeitsbedingungen - zwischen den Einrichtungen sehr beträchtlich variieren, die Unterschiede in der beruflichen *Gesamtzufriedenheit* indes vergleichsweise gering sind: Ein naheliegender Verfahrensgrundsatz für die Bereitstellung von Konzepten zur Organisationsentwicklung ist das Prinzip des "Learning by the best", das beispielsweise im Institutionenfeld der Krankenpflege zur Verbesserung der Mitarbeitersituation erfolgreich anwendbar zu sein scheint (vgl. Güntert/Orendi/Agassi 1989). Nach den vorliegenden Ergebnissen ist die Übertragung dieses

Verfahrens deshalb schwierig, weil es offensichtlich kaum Jugendhilfe-Einrichtungen gibt, die - nach Einschätzung der eigenen Belegschaft - einen so hohen Umfang an "Mitarbeiterfreundlichkeit" verwirklichen konnten, daß davon Modellwirkungen auf andere Einrichtungen ausgehen könnten. Eine Ursache dafür könnte sein, daß der Grad der organisatorischen Differenzierung im Gebiet der Jugendhilfe höher ist als in anderen Institutionenfeldern.

4.2. Problemschwerpunkte bei berufsbiographisch beschriebenen Untergruppen

4.2.1. Phase des Tätigkeitsbeginns

Ergebnisschwerpunkte

Eine Reihe wichtiger Befunde spricht dafür, daß im Rahmen der Maßnahmeplanungen die besondere Situation von Fachkräften *zu Beginn ihrer Tätigkeit* in einer Gruppenposition stärker beachtet werden sollte (Mehringer 1976; Planungsgruppe PETRA 1988; Thorun 1988, Pestalozzi-Fröbel-Verband 1988; Mitransky 1990).

(1) Darauf verweisen zunächst Ergebnisse der Untersuchungen bei *ausgeschiedenen* Fachkräften: Immerhin 27% scheiden nach einer Tätigkeitsdauer von unter zwei Jahren aus der neu übernommenen Gruppenposition aus. Überdurchschnittlich häufig handelt es sich dabei um

o BerufsanfängerInnen, die über keinerlei berufliche Vorerfahrungen (innerhalb oder außerhalb des Arbeitsfeldes) verfügen und um

o männliche Fachkräfte.

Welche Ursachen führen zu diesem frühzeitigen Ausscheiden? Auch hier verweisen die durchgeführten Analysen auf beachtenswerte Geschlechtsunterschiede:

* Bei den *weiblichen* Fachkräften, die bereits innerhalb der ersten zwei Jahre nach Übernahme einer Teamposition wieder ausscheiden, spielen familienbezogene Ursachen (mit einem Anteil von 10.4%) eine noch geringere Rolle als bei MitarbeiterInnen, die nach längerer Tätigkeit aus ihrer Gruppenposition ausgeschieden sind. Ein deutlich erhöhter Anteil (26.4%) ist hingegen *als Folge von Konflikten* im Team oder mit der Einrichtungsleitung nach kurzer Zeit aus der Position ausgeschieden.

* Bei den *männlichen* Fachkräften sind es überdurchschnittlich häufig *aufstiegsbezogene* Gründe, die zu einem Ausscheiden innerhalb der ersten zwei Jahre nach Übernahme einer Teamposition geführt haben (diese Ursache für das Ausscheiden nach kurzer Tätigkeitsdauer fand sich bei vier von 30 männlichen, aber nur bei einer von 77 weiblichen Fachkräften). Der Anteil der konfliktbedingten (wie familienbezogenen) Gründe ist dagegen vergleichsweise gering. Die Ergebnisse decken sich mit dem Gesamtbefund, daß berufsbezogene Veränderungen beim Ausscheiden von männlichen Fachkräften insgesamt höhere Bedeutung haben. Dazu gehören das Aufsuchen eines anderen Tätigkeitsfeldes, Weiterqualifizierung oder Umschulung sowohl innerhalb wie außerhalb sozialpädagogischer Berufsfelder.

(2) Weitere Befunde legen nahe, daß *grundlegende Einstellungen zum Berufsfeld und zur speziellen Einrichtung bereits nach sehr kurzer Tätigkeitsdauer aufgebaut* werden, die später vermutlich nur schwer zu korrigieren sind:

* Ein umfangreicher Befragungsteil bezog sich darauf, ob "sich im Verlauf Ihrer Tätigkeit im Gruppendienst nach Ihrem Eindruck *Veränderungen* ergeben" haben. Hier zeigt sich ein recht verblüffendes Ergebnis: Bereits bei den MitarbeiterInnen, die erst seit *einem* Jahr ihren Beruf voll ausüben, ist der Anteil mit 14.0% sehr gering, die sich außerstande sehen, diese Fragen zu beantworten. Ein zeitlicher Bezugsrahmen, an dem Verbesserungen oder Verschlechterungen der Berufsgegebenheiten abgelesen werden, entwickelt sich also überwiegend bereits innerhalb des ersten Jahres der Berufsausübung (dabei ist allerdings nicht völlig auszuschließen, daß bei diesen Einschätzungen auf Erfahrungen aus der früheren Ausbildungsphase Bezug genommen wird). Zugleich legen die Befunde die Vermutung nahe, daß vor allem bei den berufs"jüngeren" MitarbeiterInnen eine insgesamt nur sehr begrenzte Zeitperspektive in der Beziehung zum eigenen Beruf wirksam wird.

* Der berufsfeldübergreifend feststellbare Einstellungs"bonus", wonach BerufsanfängerInnen zunächst besonders häufig glauben, eine gute Berufswahlentscheidung getroffen zu haben (Kindertageseinrichtungen: 85.7%; MitarbeiterInnen in Verbänden/Organisationen: 72.7%), findet sich in der vollstationären wie auch der teilstationären Gruppenbetreuung nur selten: Hier überwiegt bereits bei BerufsanfängerInnen im ersten und zweiten Berufsjahr der Anteil derer, die von der selbst getroffenen Berufswahl *abraten* (67% bzw. 75%). *Dies ist einer der quantitativ eindrucksvollsten Befunde zu den Unterschieden zwischen den Berufsfeldern.*

* Hiermit stimmt überein, daß fast 20% der BerufsanfängerInnen "derzeit" einen Tätigkeits- oder Berufswechsel in Erwägung ziehen. Mit einem Anteil von 70% innerhalb dieser Gruppe ist dabei der Anteil von MitarbeiterInnen, die ohne berufliche Vorerfahrungen in das Berufsfeld eingetreten sind, stark erhöht. Selbst von den MitarbeiterInnen, die mehr als fünf Jahre im Tätigkeitsfeld der vollstationären Betreuung "überlebt" haben, geben mehr als 10% an, erstmals an ein Ausscheiden bereits während der ersten beiden Berufsjahre gedacht zu haben. Auch hier liegen die Einschätzungen aus dem Bereich der Verbände und Organisationen und vor allem der Kindertageseinrichtungen wesentlich günstiger.

* Die von Befragten während der ersten beiden Jahre ihrer Berufsausübung abgegebenen Einschätzungen über die Berufs- und Tätigkeitsbedingungen stehen mit den Einschätzungen der dienstälteren KollegInnen innerhalb des *gleichen Teams* in engem Zusammenhang (es besteht eine statistisch hoch gesicherte Korrelation von r=.51). Gerade in dieser berufsbiographischen Phase, in der nur begrenzte persönliche Erfahrungen über Grundmerkmale des eigenen Berufsfeldes zur Verfügung stehen, werden Einstellungen in besonders hohem Maße durch soziale Einflußprozesse bestimmt. Hier bestätigt sich erneut ein lange bekanntes sozialpsychologisches Gesetz (Festinger 1954).

(3) Weiterhin zeigen einige Befunde zwar, daß mit dem Eintritt in den stationären Gruppendienst auch positiv getönte Veränderungen verbunden sind. Beispielsweise berichtet ein auffällig hoher Anteil der Fachkräfte in dieser Befragtengruppe über eine selbst erfahrene Verbesserung der persönlichen Belastbarkeit.

Dem stehen indes wesentliche *Belastungseinflüsse* entgegen. Zu nennen sind vor allem:

* Die Befragten in dieser Erstphase der vollstationären Gruppentätigkeit erleben sehr viel ausgeprägter als KollegInnen mit längerer Berufserfahrung und BerufsanfängerInnen in Kindertageseinrichtungen die *zeitlichen Rahmenbedingungen* infolge des Eintrittes in das Berufsleben als Verschlechterung.

* Zu Berufsbeginn "kämpfen" sie wesentlich häufiger mit alltäglichen Anforderungen ihrer Tätigkeit, die infolge noch nicht zureichend verfügbarer Bewältigungsstrategien zudem als belastender eingestuft werden, als dies bei längerfristig tätigen Fachkräften der Fall ist. Zudem werden Belastungsspitzen im Tages- und Wochenablauf von den BerufsanfängerInnen im stationären Betreuungsfeld wesentlich häufiger erlebt

als von jenen der Kindertageseinrichtungen. Hier zeigt sich also eine *berufsfeldspezifische "Schere"* zwischen den pädagogischen Bereichen.

* Nicht zuletzt besteht aufgrund konkreter inhaltlicher Äußerungen dieser Teilgruppe Anlaß, in einigen Fällen auf die Beachtung von Grundprinzipien der Menschenführung auf Leitungsebene gerade gegenüber diesen jüngeren MitarbeiterInnenn und auf deren besondere psychische Situation hinzuweisen: Implizite Leistungserwartungen, bei denen jüngere *und* berufsunerfahrenere MitarbeiterInnen am Leistungsstandard erfahrener Fachkräfte gemessen werden, müssen in der Regel als unrealistisch hoch eingestuft werden (entsprechende offene, meist dann abwertende Äußerungen in dieser Richtung werden von den Betroffenen als sehr belastend erlebt).

(4) Schließlich finden sich mehrere Hinweise, daß BerufsanfängerInnen mit der Qualität der von ihnen geleisteten (oder unter praxistypischen Voraussetzungen *leistbaren*) fachlichen Tätigkeit unzufrieden sind.

* Die fachliche Arbeit mit den betreuten Kindern und Jugendlichen, die Zusammenarbeit mit den Eltern und mit Institutionen außerhalb der Einrichtung werden zwar jeweils etwas ungünstiger beurteilt als durch die berufserfahreneren Fachkräfte; die Unterschiede sind indes statistisch nicht sicherbar.

Noch deutlicher - und jeweils auch statistisch gesichert - sind negativ erlebte "Veränderungen" bei der Einschätzung jedes dieser drei auf die fachliche Tätigkeit bezogenen Merkmale; eine "Verschlechterung" in der Zusammenarbeit mit anderen Institutionen ist allerdings nicht auf die geringe Tätigkeitsdauer bezogen, sondern wird speziell von den jungen Fachkräften (im Alter unter 25 Jahre) erlebt. Auch hier stellt sich wiederum die Frage, auf welche Vergleichsmaßstäbe sich diese Einschätzungen der berufs- oder lebens"jüngeren" Fachkräfte beziehen. Unabhängig davon erscheint aber die Vermutung plausibel, daß in diesen Befunden *enttäuschte Erwartungen* über die Qualität der Fachtätigkeit ihren Niederschlag finden, die sich nach den ersten Praxiserfahrungen als nicht einlösbar erwiesen haben.

Beachtenswert - gerade auch für Maßnahmeentwicklungen - ist dieses Befundmuster, weil der (Selbst-)Anspruch, durch die persönliche und fachliche Tätigkeit die Entwicklungs- und Lebensperspektiven der betreuten jungen Menschen fördern zu können, eine der wesentlichen Determinanten für die Berufszufriedenheit (und vermutlich - in der vorliegenden Untersuchung nicht erhoben - bereits für die Berufs-Wahlentscheidung) bildet.

Folgerungen für die Entwicklung von Maßnahmen

Die Untersuchungsergebnisse weisen darauf hin, daß nach den derzeitigen Gegebenheiten bei einem bedenklich hohen Anteil von BerufsanfängerInnen der Beginn der Berufsausübung entweder völlig mißlingt, was ein konfliktbeladenes Ausscheiden aus der Erstposition zur Folge hat, oder aber unter Bedingungen erfolgt, die sich vor allem längerfristig ungünstig für eine Bindung an das Berufsfeld auswirken müssen.

Läßt man an dieser Stelle Überlegungen außer Betracht, die sich auf denkbare Unterschiede in den Eignungsvoraussetzungen beziehen, so *betreffen Verbesserungsmöglichkeiten vor allem die Phasen der Heranführung an das Berufsfeld und der beruflichen Entscheidungsfindung, der Ausbildung sowie des Übergangs in die Praxistätigkeit.*

Zu bedenken ist dabei: Wesentliche Merkmale des vorliegenden Berufsfeldes sind im Arbeitsleben statistisch selten und daher in ihren Auswirkungen auf den beruflichen und persönlichen Alltag für Berufsneulinge schwierig zu beurteilen. Dies betrifft zum einen die zeitlichen Rahmenbedingungen in der vollstationären Betreuung und den geforderten hohen Grad an Selbständigkeit, zum anderen bereiten in Bezug auf die Gruppentätigkeit wohl weniger die geringe Vertrautheit mit großfamilienähnlichen Formen des Zusammenlebens Schwierigkeiten, als vielmehr die realistische Einschätzung, welche Auswirkungen sozialbiographische Belastungen von Kindern auf Alltagsabläufe in der Gruppe haben.

Ein für das Berufsfeld typisches, vielfach diskutiertes Problem (vgl. u.a. Freigang 1986; BMJFFG 1990) ergibt sich ferner dadurch, daß sehr häufig sichtbare Erfolge des erzieherischen Handelns lange auf sich warten lassen. In eine ähnliche Richtung weisen Aussagen berufserfahrener Fachkräfte, die in der Befragung als wesentliches positives Bewertungsmerkmal für ihre berufliche Entscheidung die Beobachtung anführen, daß bei vielen der von ihnen betreuten Kinder und Jugendlichen "nach längerer Zeit eben doch Erfolge sichtbar werden". Viele Ergebnisse psychologischer Untersuchungen (Bergius 1976; Mischel 1974) belegen übereinstimmend, daß die Aufrechterhaltung der Handlungs- und Leistungsmotivation besonders schwierig ist, wenn Erfolge erst mit beträchtlicher zeitlicher Verzögerung eintreten. Weil die Besonderheiten der pädagogischen Berufs*aufgabe* die *vorrangige* Bindungskomponente aller Fachkräfte an ihr Berufsfeld bildet, kann sich diese Voraussetzung besonders kritisch auswirken. Und zwar ganz besonders dann, wenn die Interpretation einer Gruppe von Ergebnissen zutrifft, wonach ein beträchtlicher Teil der neu in das Arbeitsgebiet der Gruppenbetreuung eintretenden jungen Fachkräfte *Enttäuschungen* über Umfang und Qualität der in der Berufspraxis möglichen fachlichen Leistungen erlebt.

Mehrere Gründe sprechen dafür, daß die besonderen Gegebenheiten im Berufsfeld der vollstationären Gruppenbetreuung durch die Umgestaltung der Ausbildungsgänge nur bedingt Verbesserungen erwarten lassen. Eine wesentliche Einschränkung muß jedoch gemacht werden: Ungünstige Einstellungen zum künftigen Tätigkeitsfeld in der stationären Gruppenbetreuung werden derzeit möglicherweise bereits *vor dem Ausbildungsabschluß* aufgebaut. Deshalb sollte die Gestaltung sämtlicher Kontaktphasen zum Praxisfeld von Beginn der Ausbildung an sorgfältig geplant und aufgearbeitet werden.

Schwerpunktmäßig sollten sich Verbesserungsmaßnahmen aber auf die Gestaltung der Erstphase der Berufsausübung beziehen.

(1) Zunächst betrifft dies Maßnahmen, die im Rahmen bereits bestehender Regelungen möglich wären:

Bei Ausbildungsgängen auf Fachschulniveau müssen Möglichkeiten zur Gestaltung des Berufsanerkennungspraktikums, soweit dies in der stationären Betreuung absolviert wird, in einer für die BerufsanfängerInnen bedürfnisgerechten und leistungsentsprechenden Form in vollem Umfang ausgeschöpft werden. Der "Teilzeit"-Charakter der Arbeitsbedingungen in diesem Zeitabschnitt ist nicht allein zwingend erforderlich, um noch bestehende fachliche Defizite abzubauen, sondern insbesondere auch zur Vermeidung psychischer und physischer Überlastungen während dieser Übergangsphase, die als ein besonders schwerwiegendes "kritisches Lebensereignis" einzustufen ist (Filipp 1981).

Ferner sollten Möglichkeiten zur praktischen Durchführung und Erweiterung von Angeboten zur Praxisanleitung für dieses (Ruoff 1990, in Druck) und andere sozial-pflegerische Berufsfelder (z.B. der Altenpflege; Landesarbeitsgemeinschaft der Öffentlichen und der Freien Wohlfahrtspflege in Baden-Württemberg 1989) geprüft werden.

(2) Nach den berufsbiographischen Analysen geht den Arbeitsfeldern in der stationären Jugendhilfe ein sehr beträchtlicher Anteil jüngerer MitarbeiterInnen zu, die vorher noch nicht berufstätig waren und denen zudem *während* des Ausbildungsverlaufes nur begrenzte Einblicke in die spe-

ziellen Arbeitsbedingungen und Anforderungen des vorliegenden Praxisfeldes möglich waren. Nicht zuletzt können diese ungünstigen Voraussetzungen die Ursache dafür sein, daß BerufsanfängerInnen mit unklaren oder überhöhten Erwartungen - und meist rasch folgenden Enttäuschungen - in das Praxisfeld eintreten. Problemangemessene Ansätze stehen hierfür noch nicht zu Verfügung.

Insbesondere fehlen Angebote zur Einführung in das spezielle Praxisfeld für neue MitarbeiterInnen *nach* Ausbildungsabschluß - wie z.B. Fachtrainee-Programme, die im industriellen Bereich verbreitet angeboten werden und sich dort bewährt haben (vgl. Ferring/Staufenbiel 1989; Staude 1978).

Es sollte daher dringend geprüft werden, welche Angebote zur Gestaltung der Übergangsphase in die Praxisfelder der Jugendhilfe *nach* Ausbildungsabschluß bereitgestellt werden müssen.

(3) Schließlich fehlen derzeit fast vollständig systematische Begleituntersuchungen über die Bewährung bereits eingesetzter Angebote für BerufsanfängerInnen ebenso wie für Neukonzeptionen. In wichtigen Teilbereichen - etwa über die Ursachen der gehäuft bei Berufsanfängerinnen auftretenden Konflikte, die zu frühzeitigen Kündigungen führen - fehlen genauere Erkenntnisse, die als Grundlagen für die Planung solcher Angebote wichtig wären.

4.2.2. Berufserfahrene Fachkräfte mit mittlerer Tätigkeitsdauer im Gruppendienst - Aufstieg, Ausstieg, Weiterbildung

Das Tätigkeitsfeld der vollstationären Gruppenbetreuung (wie auch der übrigen untersuchten pädagogischen Berufsfelder) bietet derzeit im wesentlichen lediglich die berufliche Dauertätigkeit auf einer Position mit weitgehend gleichbleibenden Anforderungen ohne geregelte Übergangs- oder Aufstiegsmöglichkeiten.

Eine Vielzahl von Befunden wie auch grundsätzlichere Erwägungen lassen diese Rahmenbedingungen als *einen der wichtigsten Schwachpunkte des Berufsfeldes insgesamt* erscheinen.

Ergebnisschwerpunkte

In Erinnerung zu rufen ist zunächst vor allem, daß derzeit die Tätigkeit im stationären Gruppendienst von einem verschwindend geringen Anteil der

Fachkräfte (0.49%) über die Gesamtdauer der beruflichen Lebensspanne hinweg ausgeübt wird, wobei der Anteil hier noch niedriger liegt als bei Fachkräften der Kindertageseinrichtungen (4.7%). Die Zielsetzung, die Berufsausübung im stationären Gruppendienst durch entsprechende Maßnahmen als *Lebensberuf* attraktiver zu machen, ist deshalb kaum als aussichtsreich anzusehen. Dazu tragen ganz unterschiedliche Ursachen bei.

(1) Zuerst ist zu berücksichtigen, daß der Zeitpunkt des Berufseintrittes fast ausschließlich im dritten Lebensjahrzehnt liegt; für die überwiegende Mehrzahl der Angehörigen des Berufsfeldes handelt es sich dabei um den erlernten Erstberuf. Das Eintrittsalter der männlichen Fachkräfte liegt dabei etwas über dem der weiblichen.

Als Lebensberuf würde dies eine nach Grundanforderungen und Tätigkeitsschwerpunkten weitgehend gleichförmige Berufsausübung für mehr als 30 Jahre verlangen.

(2) Die Tendenz zum Wechsel der Arbeitsposition nach einer Tätigkeitsdauer von 4 bis 8 Jahren in der jeweiligen Betreuungsgruppe ist besonders ausgeprägt, und zwar wesentlich stärker als bei einer kürzeren und bei einer noch längeren Tätigkeitsdauer; dieser Befund zeigt sich bei den ausgeschiedenen Fachkräften ebenso wie bei den derzeit tätigen MitarbeiterInnen. Damit stimmt überein, daß im Altersbereich zwischen 25 und 35 Jahren ein größerer Anteil der Fachkräfte aus Tätigkeitspositionen *ausgeschieden* als im Berufsfeld verblieben ist.

Besonders wesentlich ist dabei, daß die aus ihrer *Arbeitsposition* ausscheidenden MitarbeiterInnen in etwa 80% der Fälle zugleich aus dem *gesamten* Aufgabenbereich der stationären Gruppenbetreuung ausscheiden: Die horizontale Mobilität der MitarbeiterInnen - also der Wechsel in eine andere stationär betreute Gruppe der gleichen oder einer anderen Einrichtung - ist zahlenmäßig recht gering.

Der Suche nach Gründen, die gerade bei berufserfahrenen Fachkräften mit einer "mittleren" Berufsausübungsdauer zum Ausscheiden führen, kommt nach diesen Befunden besonderes Gewicht zu.

(3) Auch hier ist zunächst ein allgemeingültiger Sachverhalt in Erinnerung zu rufen, der sich auch bei den befragten MitarbeiterInnen der stationären Betreuung wiederfindet (s.o., Kap.1): Der Gesamtumfang der beruflichen Unzufriedenheit steigt zunächst mit der Dauer der Tätigkeitsausübung deutlich an; zunehmend wieder positivere Einschätzungen finden sich erst bei einer vergleichsweise langen Berufsverweildauer von mehr als 15 Jahren.

Diese ungünstigen Gesamteinschätzungen beziehen sich sowohl auf die wesentlichen *Belastungskenngrößen* als auch auf wichtige berufsbezogene Rahmenbedingungen:

* Die zeitlichen Arbeitsbedingungen, berufstypische Beanspruchungen und ihre Auswirkungen auf den Gesundheitsstatus und auf die gesamte Lebenssituation der MitarbeiterInnen werden in der vollstationären Gruppenbetreuung insgesamt nicht nur ungünstiger eingestuft als in den anderen untersuchten Berufsgruppen, sondern vor allem spielt eine Rolle, daß ein gewöhnungs- oder erfahrungsbedingter Rückgang des Belastungsumfangs *nicht* erlebt wird (günstigere Einschätzungen finden sich erst bei vergleichsweise langer Dauer der Berufsausübung von mehr als 10 Jahren); vielmehr wird bei einer Tätigkeitsdauer von 5 bis 9 Jahren der Rückgang der persönlichen Belastbarkeit besonders deutlich wahrgenommen.
* Gleichzeitig werden die *innerhalb* des Berufsfeldes gebotenen Anreize, längerfristig dabei zu bleiben (Vergütungsbedingungen, berufsfeldinterne Aufstiegsmöglichkeiten und die daran ablesbare gesellschaftliche Wertschätzung der beruflichen Tätigkeit) unter den derzeitigen Rahmenbedingungen als weitgehend unbefriedigend empfunden.

Damit im Zusammenhang zu sehen sind auch zwei wesentliche Zielrichtungen eines Tätigkeits- oder Berufswechsels: Veränderungen, die vorrangig zu einer Verminderung des berufsbedingten *Belastungsumfanges* führen (sollen) - etwa der Wechsel zur Gruppenbetreuung in Kindertageseinrichtungen - , und solche, die mit günstigeren gesellschaftlichen "Gratifikationen" (Vergütung, Ansehen, möglicherweise auch Umfang der positionsbegründeten beruflichen Einflußmöglichkeiten) verbunden sind. Sowohl die von den derzeit tätigen Fachkräften genannten Veränderungswünsche als auch die Veränderungsrichtung bei den ausgeschiedenen MitarbeiterInnen lassen erkennen, daß diese beiden Beweggründe bei den hier betrachteten berufserfahrenen Fachkräften - überwiegend im Altersbereich um 30 Jahre - etwa gleich häufig wirksam sind.

(4) Unzureichende Weiterbildungsmöglichkeiten und fehlende Aufstiegsperspektiven bilden dabei einen der insgesamt wichtigsten Problemschwerpunkte aus der Sicht der MitarbeiterInnen. Der Umfang der Kritik nimmt dabei mit zunehmendem Lebensalter der Fachkräfte bis in das 5. Lebensjahrzehnt ständig zu.

Dies besagt aber nicht, daß von allen Angehörigen des Berufsfeldes Aufstiegsmöglichkeiten als gleich bedeutsam eingestuft werden. Unter diesem Gesichtspunkt sind zwei weitere Ergebnisse von Bedeutung:

* MitarbeiterInnen mit *aktueller* Absicht zum Tätigkeits- oder Berufswechsel kritisieren *selektiv* das Fehlen von Weiterqualifizierungs- und Aufstiegsmöglichkeiten (während die Kritik an den Vergütungsbedingungen bei dieser Subgruppe kein zusätzliches Gewicht hat).

* Diejenigen Fachkräfte, von denen eine mit der Berufsausübung verbundene Aufstiegsperspektive stärker gewichtet wird, gehen dem Berufsfeld als Folge der dafür unzureichenden Voraussetzungen frühzeitiger verloren. Besonders häufig sind dies - nach den Analyseergebnissen zu den Ausscheidegründen von MitarbeiterInnen - die männlichen Fachkräfte; diese wechseln zugleich überproportional häufig bereits während der beiden ersten Jahre nach Übernahme einer Gruppenposition.

  Auch nach den Ergebnissen einer durchgeführten Faktorenanalyse, über die hier nicht näher berichtet wird, findet sich eine Untergruppe von MitarbeiterInnen, bei denen überdurchschnittlich viel Kritik an fehlenden Aufstiegsperspektiven mit erhöhten Konflikten zur Einrichtungsleitung einhergeht. Es handelt sich dabei vor allem um männliche Fachkräfte mit vorausgegangener Berufserfahrung und mit verbandspolitischem Engagement.

(5) Übereinstimmend zeigen die verschiedenen Fluktuationskenngrößen, daß FachschulabsolventInnen - vor allem der Ausbildungsgänge für Jugend- und HeimerzieherInnen - vergleichsweise länger im Tätigkeitsfeld verbleiben als Fachkräfte mit einem breiter qualifizierenden Ausbildungsgang. Bei Interpretation dieses Ergebnisses müssen aber Beurteilungsunterschiede zwischen Fachkräften mit unterschiedlichem Ausbildungsgang berücksichtigt werden:

* Kritik an den fehlenden Weiterqualifizierungs- und Aufstiegsmöglichkeiten stammt in besonders hohem Umfang von Fachkräften mit Jugend- und Heimerzieherabschluß.

* *Fachschul*absolventInnen der verschiedenen Ausbildungsgänge äußern sich insgesamt kritischer über ihre beruflichen Qualifikationsvoraussetzungen als MitarbeiterInnen mit breiteren Ausbildungsgängen. Eine wichtige Ursache hierfür ist die unzureichende Anerkennung der eigenen Qualifikationen von außen.

Die höhere Berufsverweildauer der MitarbeiterInnen mit Fachschulabschluß ist somit weitgehend *extrinsisch* durch verminderte Zugangsmöglichkeiten zu anderen Tätigkeitsfeldern zu erklären.

(6) Beachtenswert ist ferner, daß die Tätigkeit im Gruppendienst von vielen MitarbeiterInnen bisher nicht zufriedenstellend in ihre persönliche und berufliche Lebensperspektive eingeordnet werden kann.

Zwar sind viele der älteren Fachkräfte "Betroffene" der fehlenden Langzeitperspektive. Sie sind *bedroht* von einer nicht abschätzbaren Verminderung ihrer persönlichen Leistungsfähigkeit, ohne über ausreichende Entscheidungsfreiräume zu verfügen, sich dieser Bedrohung nicht aussetzen zu müssen. Als Konsequenz hieraus ergibt sich, daß bei dieser MitarbeiterInnengruppe *aufstiegsbezogene* Erwartungen vergleichsweise an Gewicht verlieren (s.u.).

Gewichtige Überlegungen sprechen aber dafür, daß das Problem Auswirkungen auf das *gesamte Berufsfeld* hat und nicht spezifisch für die berufserfahrenen oder die älteren im Berufsfeld verblieben Fachkräfte ist:

* Die berufserfahrenen Fachkräfte meist im Alter zwischen 30 und 40 Jahren sind besonders häufig aktiv um eine für sie persönlich akzeptable Lösung bemüht. Dabei sind sie weitgehend auf individuelle Strategien angewiesen, ohne auf ausreichende institutionelle Förderungsangebote zurückgreifen zu können.

* Bereits während der ersten Jahre der Berufstätigkeit führen die ungünstigen Erwartungen, mit denen eine längerfristige Tätigkeit im Gruppendienst in Beziehung gebracht wird, bei vielen Fachkräften dazu, daß nur eine begrenzte Tätigkeitsdauer im Berufsfeld angestrebt und ständig nach Veränderungsmöglichkeiten gesucht wird. Die Mehrzahl der frühzeitig ausscheidenden MitarbeiterInnen tut dies aus berufsbedingten Gründen; verloren gehen damit auch überproportional viele jüngere Fachkräfte mit höheren fachlichen wie aufstiegsbezogenen Erwartungen für ihre Zukunft.

* Schließlich ist (wenn auch in der vorliegenden Studie nicht explizit erfaßt) zu vermuten, daß bei Berufswahlentscheidungen dieses Berufsfeld mit seinen *motivational sehr wohl ansprechenden* fachlichen und persönlichen Aufgabenschwerpunkten durch die unattraktiven Rahmenbedingungen häufig außer Betracht bleibt.

(7) In eine ganz andere Richtung - gerade auch als Ansatzpunkt für Verbesserungsmaßnahmen - verweisen die Einschätzungen der befragten Fachkräfte zu ihren *fachlichen* Arbeitsvoraussetzungen: Ein erheblicher

Anteil (genau 50%) der im stationären Dienst tätigen MitarbeiterInnen übt in dieser Richtung deutliche Kritik.

Dieser Befund verdient deshalb besondere Beachtung, weil die positiv erlebte Qualität der pädagogisch-fachlichen Berufsaufgabe eine der für die MitarbeiterInnen in diesem Berufsfeld *wichtigsten* Komponenten der Arbeitsmotivation bildet. Bestehen in dieser Hinsicht unzulängliche Voraussetzungen, so steigt das Risiko, daß eine der wesentlichsten Bindungsmöglichkeiten an das Berufsfeld unterminiert wird.

Von welchen Bedingungen wird nun - aus der Sicht der Gruppendienstfachkräfte - die Beurteilung der *fachlichen* Arbeitsvoraussetzungen beeinflußt? Die nähere Analyse zeigt, daß die Einschätzungen vor allem auf *Personalkenngrößen im Team* (Teamgröße, Qualifikationszusammensetzung, Doppeldienst, personelle Entlastung bei "Hilfs"tätigkeiten) und auf *die Bereitstellung fachgerechter Angebote* (z.B. Fallbesprechungen, Praxisberatung, spezielle Förderungsangebote für Kinder, aber auch beispielsweise Zugänglichkeit von Fachliteratur) bezogen werden; weitere Nennungen betreffen viele andere, inhaltlich heterogene Bedingungen, die sich auf die fachliche Qualität der Arbeit unmittelbar oder indirekt auswirken können.

Zugleich zeigt sich, daß die einzelnen *Merkmalsbereiche* in unterschiedlichem Umfang Kritik auf sich ziehen: *Vergleichsweise* positiv werden dabei die bestehenden Gruppengrößen und die Residenzform (vor allem durch Fachkräfte der ausgelagterten Gruppen) und teilweise auch noch die fachlich wichtigen gruppenübergreifenden Angebote beurteilt. Dagegen werden die Auswirkungen zeitlich-administrativer Abläufe und der Gesamtkoordination einer Einrichtung, aber auch der sächlichen Ausstattung auf die fachliche Arbeit als *durchgängig negativ*, die personellen Ausstattungsmerkmale der Teams als *ganz überwiegend negativ* eingeschätzt.

Da die pädagogische Arbeit für die jungen Menschen hauptsächlich von den Teamfachkräften geleistet wird, sind Bemühungen um eine Qualitätsverbesserung der Betreuung im Regelfall *auch* mit einer Mehrbeanspruchung der Gruppendienst-MitarbeiterInnen verbunden. Kaum überraschend ist daher der Befund, daß ein hoher Anteil der konkreten Maßnahmevorschläge zur Verbesserung der fachlichen Qualität aus der Sicht der MitarbeiterInnen auf eine Erweiterung der Personalressourcen bezogen ist, obgleich hierbei zunächst eher zusätzliche Be- als Entlastungen für sie selbst entstehen. Dieses Ergebnis kann damit auch als zusätzlicher Hinweis gewertet werden, daß bei einem hohen Anteil der Fachkräfte die Auswirkung ihrer Arbeit auf die jungen Menschen ein zentrales Bewertungskriterium darstellt.

Folgerungen für die Entwicklung von Maßnahmen

(1) Maßnahmevorschläge zur Verbesserung der Berufssituation für praxiserfahrene MitarbeiterInnen müssen ein grundsätzliches Dilemma berücksichtigen:

Einerseits ist die überdurchschnittlich hohe Verlustrate gerade bei der Gruppe der praxiserfahrenen MitarbeiterInnen mit einer mittleren Berufsverweildauer, die die Besonderheiten, den Entwicklungsverlauf und das soziale Umfeld der in "ihrer" Gruppe betreuten jungen Menschen, ebenso aber auch die Organisationsabläufe in der Einrichtung und den wichtigen Komplementärinstitutionen sehr gut kennen und nicht zuletzt diese Erfahrungen auch an nachrückende KollegInnen weitervermitteln können, für die fachliche Qualität der Betreuung junger Menschen und die Leistungsfähigkeit des Institutionenfeldes ganz besonders schwerwiegend. Übergangs- oder Aufstiegserleichterungen gerade für diese Zielgruppe zu schaffen, erscheint daher für das Institutionenfeld zunächst widersinnig.

Andererseits sind die hohe Fluktuationsrate und die überdurchschnittlich ausgeprägte Berufsunzufriedenheit gerade eine Folge der derzeit bestehenden Rahmenbedingungen, unter denen die Perspektive bei Berufseintritt in die stationäre Gruppenbetreuung im wesentlichen aus einer beruflichen Dauertätigkeit auf einer Position mit weitgehend gleichbleibenden Anforderungen ohne geregelte Übergangs- oder Aufstiegsmöglichkeiten besteht.

Da diese Rahmenbedingung ein Grundproblem des Berufsfeldes darstellt, das auch in der Fachdiskussion immer wieder angesprochen wird (z.B. Hafeneger 1989; Thorun 1988; Schmerbach 1988; Empfehlungen der Arbeitsgemeinschaft Jugendhilfe 1990; Mitransky 1990), folgen zwei allgemeine Überlegungen dazu:

Diese Einengung der Berufsperspektive vernachlässigt zunächst das Risiko möglicher *psychischer Sättigungseffekte*, wobei bezweifelt werden muß, daß die problematischen, in vielen empirischen Untersuchungen als "burn-out"-Effekt beschriebenen Nebenwirkungen der längerzeitigen Ausübung von gleichartigen Berufstätigkeiten ein *spezifisches* Merkmal von sozial-pädagogisch-pflegerischen Tätigkeiten ist. Weiterhin werden aber auch die für frühe Berufsphasen typischen Grundmotive der persönlichen Weiterentwicklung und Bewährung an erweiterten sinngebenden

Aufgabenstellungen nicht genügend berücksichtigt (Maslow 1954; Herzberg 1958; Glatzer/Zapf 1984). Nach den Untersuchungsbefunden sind zudem in diesem Altersbereich wichtige "sekundäre" Motive, insbesondere die relative Sicherheit des Arbeitsplatzes, wenig verhaltenswirksam.

Als Konsequenz der strukturellen Rahmenbedingungen bleibt die Suche nach einer persönlich akzeptablen beruflichen Langzeitperspektive der individuellen Initiative überlassen. Diese Voraussetzung verstößt gegen eines der heute weithin akzeptierten *Grundprinzipien der Personalentwicklung*. Hiernach wird die Förderung persönlicher Qualifikationsvoraussetzungen und die Bereitstellung der dafür erforderlichen Rahmenbedingungen als wesentliche Aufgabe *auch* der Organisationen und nicht nur des Einzelnen angesehen, um auf Dauer die Leistungsfähigkeit der Organisationen zur Bewältigung ihrer Aufgaben sicherzustellen (Jeserich 1989; Kitzmann/Zimmer 1982; Almstedt/Munkwitz 1982; Merchel 1988; Brauns 1989; Hebborn-Brass/Hölzl 1989; Bub-Elbing/Elbing 1990; BMJFFG 1990).

Aus den vorliegenden Untersuchungsergebnissen läßt sich als eine der wohl kritischsten Auswirkungen der bestehenden Rahmenbedingungen entnehmen, daß bei der überwiegenden Mehrzahl der MitarbeiterInnen - und zwar unabhängig von der Dauer ihrer Berufstätigkeit oder von ihrem Alter - eine *längerfristige Bindung an das Berufsfeld nicht aufgebaut* wird.

Aus dieser Perspektive ist es eine vorrangige Aufgabe, für die erfahrenen Fachkräfte mit mehrjähriger Berufstätigkeit entsprechend ihrem berufsbiographischen "Entwicklungs"stand Maßnahmen zu entwickeln, die längerfristige berufliche *Gestaltungsmöglichkeiten* sichern oder überhaupt erst eröffnen.

Verbesserte Aufstiegs- und Übergangsmöglichkeiten können maßgeblich dazu beitragen, Bindungen an das Berufsfeld für *einen angemessenen Zeitraum* zu fördern und Unzufriedenheit abzubauen (sowie nicht zuletzt für qualifizierte Fachkräfte den Zugang zum Berufsfeld attraktiver zu machen).

(2) Um zu verhindern, daß derartige Angebote zu dem gänzlich unerwünschten Nebeneffekt führen, daß MitarbeiterInnen veranlaßt werden, *noch frühzeitiger* aus ihrer Tätigkeit im Gruppendienst auszuscheiden, bieten sich grundsätzlich zwei Ansatzpunkte:

a) Maßnahmen zur Verbesserung der "intrinsischen" Motivation für einen längeren Verbleib im Berufsfeld.

Dabei ist vor allem der beträchtliche Umfang kritischer Äußerungen über unzureichende *fachliche* Arbeitsvoraussetzungen und die dadurch entstehenden Beeinträchtigungen bei einer der für die MitarbeiterInnen in diesem Berufsfeld *wichtigsten* Komponenten der Arbeitsmotivation zu beachten. In Betracht kommen damit alle Maßnahmen, die zu einer Verbesserung von Rahmenbedingungen für die pädagogisch-fachliche Arbeit beitragen vor allem dann, wenn damit gleichzeitig eine Verminderung - oder zumindest nicht zusätzliche Erhöhung - des Belastungsumfangs der Fachkräfte verbunden ist (also insbesondere Maßnahmen im Bereich der Personalausstattung und -verteilung im Gruppendienst).

Zweitens sind - auch unter Berücksichtigung vieler entsprechender Vorschläge der befragten Fachkräfte - Möglichkeiten zur Sicherung und Verbesserung der fachlichen Qualität zu prüfen. Ansatzpunkte hierzu können sehr unterschiedlich sein und von der besseren Zugänglichkeit von Fachliteratur über verbesserte Fachberatung bis zu erweiterten Förderungsangeboten oder ablauforganisatorischen Verbesserungen etwa bei Neuaufnahmen von Kindern reichen. Im Einzelfall sind jeweils spezielle Voraussetzungen vor Ort zu prüfen; daher werden problemangemessene Maßnahmeumsetzungen vorwiegend auf *Einrichtungsebene* zu erfolgen haben. Nicht zuletzt kann gerade dazu auch ein verbesserter Erfahrungstransfer *zwischen* Einrichtungen und ein erweitertes Angebot zur *Organisationsentwicklung* beitragen.

b) Erweiterung "extrinsisch" motivierender Anreize zur Erhöhung der Verweildauer.

Als naheliegende Maßnahme sollte hierbei zunächst eine - an die Tätigkeitsdauer gekoppelte - Erweiterung der berufsfeld*internen* Aufstiegsangebote innerhalb des Gruppendienstes in Betracht gezogen werden. Berücksichtigt man ferner die in langjähriger Erfahrung bewährten Ansätze zur Sicherung des Personalstandes unter ebenfalls ungünstigen Rahmenbedingungen im staatlichen Sektor (Bundeswehrverwaltungsamt 1989), dann findet sich hier allgemein eine Koppelung von Leistungsangeboten (etwa bei dienstlicher Freistellung und Kostenübernahme für die Wahrnehmung von Weiterqualifizierungsangeboten) an die Dauer der Berufsausübung.

(3) Stellt man die Frage, welche Angebote zur Weiterqualifizierung für die im Berufsfeld tätigen Fachkräfte sinnvoll sind, so müssen zunächst die unterschiedlichen Qualifikations*voraussetzungen* der MitarbeiterInnen berücksichtigt werden. Für MitarbeiterInnen mit Fachschulabschluß ist dabei vorrangig eine Verbesserung ihrer Allgemeinqualifikation anzu-

streben, was etwa im Rahmen von Aufbaustudiengängen an Fachhochschulen (einschließlich einer Bereitstellung von Angeboten zum Erwerb der dafür erforderlichen Zugangsvoraussetzungen) denkbar wäre. Bei Fachkräften, die über solche Qualifikationsvoraussetzungen bereits verfügen, ist zu bedenken, daß eine mehrjährige Tätigkeit in einem speziellen Aufgabenfeld ohne vorweisbare Zusatzqualifikationen nicht ohne weiteres gute Aussichten für einen Stellenwechsel bietet, vor allem, wenn damit ein Aufstieg verbunden sein soll.

Zu berücksichtigen ist weiterhin, daß Weiterbildungsangebote von den einzelnen MitarbeiterInnen nur dann genutzt werden können, wenn entsprechende Lernvoraussetzungen vorhanden sind. Auch in den Befunden der durchgeführten Studie zeigt sich, daß hierfür unter den Anforderungen der vollstationären Betreuung ungünstige Bedingungen bestehen (z.B. seltene und unregelmäßige Teilnahme an Fortbildungsangeboten zur Sicherung des *bestehenden* fachlichen Qualifikationsniveaus). Unter Berücksichtigung der speziellen Rahmenbedingungen müssen die Voraussetzungen für die Umsetzung von Maßnahmen auf Einrichtungsebene geschaffen werden. Um die dabei oft schwer lösbaren Konflikte mit den Praxisanforderungen zu überwinden, sollten entsprechende Angebote als Teile von Organisationsentwicklungsmaßnahmen bereitgestellt werden.

Verfahrensbezogen bietet sich hierbei - wie insgesamt bei der Entwicklung von "Bausteinen" zur Organisationsentwicklung - die "learning-by-the-best"-Methode (Güntert/ Orendi/ Weyermann 1989) an. Gemeint ist damit die Analyse der Bedingungen in Einrichtungen, die entsprechende Teilziele derzeit bereits erfolgreich(er) gelöst haben. Insgesamt muß bezweifelt werden, ob eine lediglich formale Bereitstellung oder Erweiterung von Angeboten zur persönlichen Weiterqualifizierung der MitarbeiterInnen ohne die Sicherstellung der dazu nötigen organisatorischen Gegebenheiten ausreicht.

Eine Erweiterung der dazu erforderlichen Gestaltungsspielräume auf Einrichtungsebene kann vor allem auch bei geeigneter Umsetzung von Modellen der *Arbeitszeitflexibilisierung* erwartet werden (Kommission Heimerziehung 1977; BMJFFG 1990; Cless 1990; Internationale Gesellschaft für Heimerziehung 1990).

(4) Schließlich sollte berücksichtigt werden, daß erreichte persönliche Qualifikationsverbesserungen nur dann genutzt werden können, wenn wenigstens eine ansatzweise ausreichende Anzahl von Positionen - sowohl innerhalb wie außerhalb der einzelnen Einrichtungen - zur Verfü-

gung steht. Eine kurzfristige Lösung dieses Problems darf nicht erwartet werden. Folgende *begrenztere Lösungsbeiträge* kommen in Betracht:

a) Will man in seinen Bemühungen glaubwürdig bleiben, ist bei der Besetzung von Stellen, mit denen ein beruflicher Aufstieg gegenüber der Tätigkeit im Gruppendienst verbunden ist, eine *angemessene Berücksichtigung von Praxiserfahrungen* der BewerberInnen erforderlich. Dies könnte sich auch günstig auf die Berufszufriedenheit der MitarbeiterInnen auswirken.

b) Rahmenbedingungen, die die Bewerbungschancen von MitarbeiterInnen günstig beeinflussen können, beruhen auf einem *ausreichenden Grad der Vernetzung der Einrichtungen mit ihrem institutionellen Umfeld.* Hier können sowohl die Einrichtungen der Jugendhilfe (z.B. Übernahme von Planungs- und Beratungsaufgaben für die regionale Koordination von Maßnahmen der Jugendhilfe), als auch die übergeordneten Verbände und Institutionen auf Landesebene einen Beitrag leisten. Anzustreben wäre vor allem eine personelle und institutionelle "Vermaschung" bei konzeptionellen Neuentwicklungen wie beispielsweise bei der Einführung von lebensfeldnahen stadtteilzentrierten Maßnahmen. Auch hier muß aber berücksichtigt werden, daß die Förderung *potentiell* qualifizierter MitarbeiterInnen immer auch ausreichende Zugangsmöglichkeiten zu anspruchsvolleren Aufgabenfeldern erfordert. Wichtig ist also auch hier, daß geeignete organisatorische Durchführungsvoraussetzungen auf Einrichtungsebene geschaffen werden.

c) Nach Einschätzung der MitarbeiterInnen wären *engere Verflechtungen zwischen Ausbildungs-/Fortbildungs- und Praxiseinrichtungen* dringend wünschenswert. Auch mit dieser Maßnahme könnten bei höherer Durchlässigkeit Positionserweiterungen erreicht werden, die zahlenmäßig allerdings begrenzt wären.

4.2.3. Ältere MitarbeiterInnen

Bei Bewertung der Untersuchungsbefunde, die sich auf die Situation älterer Fachkräfte in der stationären Gruppenbetreuung beziehen, sind zunächst die begrenzten Stichprobenumfänge zu beachten, die sich fast zwangsläufig als Folge der in den jüngeren Altersbereich verschobenen Verteilungen der Mitarbeiterzusammensetzung in jedem der untersuchten pädagogischen Arbeitsfelder ergeben. Zurückhaltung bei der Interpretation ist noch aus einem weiteren methodischen Grund geboten: Der geringe Anteil der Fachkräfte, die bis zu einem Alter von mehr als 40 Jahren in einem der pädagogischen Berufsfelder "überleben", ist zurückzuführen auf extrem starke Vorselektionseinflüsse; Vergleiche mit jüngeren Altersgruppen sind möglicherweise bereits aus diesem Grund fragwürdig.

Wenn ferner im folgenden von "älteren" MitarbeiterInnen gesprochen wird, so wird dieser Begriff ausschließlich im *statistischen* Sinn verwendet, ohne daß mit ihm zunächst irgendeine zusätzliche Bedeutung verbunden wird; darauf wurde bereits im einführenden Teil hingewiesen.

Ergebnisschwerpunkte

(1) Die Analysen weisen zwar darauf hin, daß die Ausscheidequote aus dem Berufsfeld bei Gruppendienstfachkräften ab 35 Jahren im Vergleich zu den jüngeren KollegInnen geringer ist. Infolge der hohen durchschnittlichen Ausscheidequote vor allem bei den jüngeren Altersgruppen (sie beträgt im Gruppendienst 14,5% pro Tätigkeitsjahr) folgt daraus aber keineswegs, daß in den nächsten Jahren mit einem *nennenswerten* Anstieg des Anteils älterer MitarbeiterInnen im Gesamtberufsfeld zu rechnen wäre. Bedingt durch die unterschiedlichen Ausscheidequoten von jüngeren und älteren Fachkräften zeichnet sich insgesamt allerdings die Tendenz zur Ausbildung einer zweigipfligen Altersverteilung mit einer relativen Verminderung des MitarbeiterInnenanteils im vierten Lebensjahrzehnt ab. Es könnte sich damit eine ähnliche Verteilungsform in der Alterszusammensetzung wie bei Altenpflegeberufen herausbilden, die dort allerdings sehr viel ausgeprägter ist (Sauter, Kempe, Cloß 1985). Auch bei Fachkräften der Kindertageseinrichtungen liegt in der Untersuchungsstichprobe derzeit bereits eine zweigipflige Altersverteilung vor.

(2) MitarbeiterInnen, die in der *Mitte* des vierten Lebensjahrzehnts stehen und damit überwiegend 10 bis 14 Jahre lang in der vollstationären Gruppenbetreuung tätig waren, befinden sich zu einem überdurchschnittlich hohen Anteil in einem Ablöseprozeß von ihrem bisherigen Tätigkeitsfeld. Für diese Gruppe der MitarbeiterInnen zeigt sich nach den Befunden:

- Überdurchschnittlich hohe Ausscheidequoten und -absichten aus dem sozial-pflegerischen Berufsspektrum insgesamt;
- Bei weiblichen Fachkräften findet sich in diesem Altersbereich überdurchschnittlich häufig ein familienorientierter "Rückzug" aus der Berufstätigkeit;
- eine ausgeprägte Gesamtunzufriedenheit vor allem mit den beruflichen Rahmenbedingungen;

- ein deutlicher werdender Rückgang der persönlichen Belastbarkeit mit negativen gesundheitlichen Auswirkungen;
- eine erhöhte Beteiligung an Fortbildungsangeboten.

Im Vergleich hierzu ergibt sich für *langfristig tätige* Fachkräfte, die im Altersbereich ab vierzig Jahren "noch" im Gruppendienst verblieben (also überwiegend mehr als 15 Jahre), ein in den wichtigsten Einzelmerkmalen abweichendes Gesamtmuster; in diesem höheren Altersbereich bestehen bei der überwiegenden Mehrzahl der Angehörigen des Berufsfeldes *qualitativ andere Voraussetzungen und Erwartungen* hinsichtlich einer weiteren Berufsausübung.

* Als wichtige Abweichung gegenüber den berufs"jüngeren" KollegInnen zeigt sich, daß Wünsche nach mehr Mobilität deutlich zurückgehen; vor allem wird die Möglichkeit eines beruflichen Neuanfangs durch Weiterqualifizierung oder Umschulung nur noch selten in Betracht gezogen. Entsprechend lassen mobilitätsförderliche Ansprüche und Aktivitäten (auch die Beteiligung an Fortbildungsangeboten) nach. Die Mobilität von MitarbeiterInnen in diesem höheren Altersbereich beschränkt sich stärker auf (überwiegend horizontale) Positionswechsel innerhalb der gleichen Einrichtung; immerhin 40% der Ausscheidegründe aus einer Gruppenposition gehen hierauf zurück. Zugleich steht bei den Erwartungen, die mit einem möglichen Wechsel der Berufstätigkeit verbunden sind, das Ziel, eine zeitlich weniger belastende Tätigkeit ausüben zu können, deutlich im Vordergrund.

* Entsprechend dieser veränderten Grundeinstellung zur persönlichen Berufssituation ergeben sich bei der Beurteilung der ausgeübten Tätigkeit andere Kritikschwerpunkte als bei jüngeren Altersgruppen:

- Insgesamt wird weniger Unzufriedenheit geäußert; am wenigsten wirkt sich das jedoch auf die Einschätzung der finanziellen Vergütungsbedingungen und den Mangel an Weiterbildungs- und Aufstiegsmöglichkeiten aus, wobei letzteres noch stärker als von den berufs"jüngeren" KollegInnen beklagt wird.

- Diese beiden Problemschwerpunkte werden von den älteren Fachkräften in einen engen inhaltlichen Zusammenhang gebracht. Wesentlich häufiger werden hier mit finanziellen Verbesserungen verbundene Aufstiegsmöglichkeiten unter Beibehaltung der derzeitigen Position gefordert, während bei jüngeren Befragten Wünsche nach einer finanziellen Kostenübernahme für Weiterqualifizierungsmaßnahmen und Verbesse-rungen der *dann* angestrebten beruflichen Position im Vordergrund stehen.

* Andererseits ist festzuhalten, daß sich kaum Anzeichen finden, die auf eine *aktuell* abnehmende psychische und körperliche Belastbarkeit der derzeit im Berufsfeld tätigen älteren MitarbeiterInnen hinweisen könnten:

Die Einschätzungen der *persönlichen* Belastbarkeit und der gesundheitlichen Voraussetzungen verändern sich nicht wesentlich gegenüber der nächstjüngeren Altersgruppe, bleiben damit aber ungünstiger als der Gesamtdurchschnitt. Zunehmend häufiger wird von den Befragten dieser höheren Altersgruppen allerdings über Zeitphasen im zurückliegenden Jahr berichtet, die als besonders belastend empfunden wurden. Auch die Meinung, daß die betreuten Kinder und Jugendlichen zunehmend schwerere Störungen aufweisen, wird überdurchschnittlich häufig geäußert.

* Eine Beeinträchtigung von Teambeziehungen, die möglicherweise durch verminderte Leistungsfähigkeit oder aber durch den zunehmenden Altersabstand gegenüber nachrückenden KollegInnen hervorgerufen werden könnte, zeigt sich nicht. Die Qualität der Kollegialbeziehungen wird sogar günstiger eingeschätzt als in der vorausgehenden Altersgruppe.

(3) Beachtenswert sind ferner zwei demographische Besonderheiten dieser älteren MitarbeiterInnen:

- Im Altersbereich über 40 Jahren liegt der Anteil der Männer mit 42.9% deutlich über dem Berufsfeld-Gesamtdurchschnitt (30.4%).
- Unter den MitarbeiterInnen, die seit mehr als 15 Jahren eine Tätigkeit im Gruppendienst ausüben, findet sich ein beträchtlich erhöhter Anteil von Fachkräften, deren berufsbiographischer Zugangsweg über eine Zweitausbildung als "Quereinstieg" erfolgte (51.7% gegenüber 30.1% in der Gesamtmitarbeiterschaft; vgl. entsprechende Befunde bei Schoch 1989).

Folgerungen für die Entwicklung von Maßnahmen

Vor dem Hintergrund dieser Befunde stellt sich zunächst die Frage, ob für die - zahlenmäßig begrenzte - Gruppe von MitarbeiterInnen, die bis in Altersbereiche oberhalb von 40 Jahren im Arbeitsfeld des stationären Gruppendienstes "überleben", eine Verbesserung ihrer Berufssituation *dringlich* erscheint.

Um den *Stellenwert von Maßnahmeentwicklungen* hier angemessen beurteilen zu können, müssen zunächst die Rahmenvoraussetzungen im Berufsfeld insgesamt bedacht werden:

(1) Die lebenslange Ausübung eines Erstberufs unter weitgehend gleichbleibenden Tätigkeitsanforderungen scheint generell mit Schwierigkeiten verbunden zu sein. Angesichts der besonderen Anforderungen und Belastungen, die das Aufgabenfeld der vollstationären Gruppenbetreuung für die MitarbeiterInnen mit sich bringt, ist diese Möglichkeit hier als besonders problematisch einzuschätzen.

Auch im Vergleich zu den anderen beiden untersuchten pädagogischen Berufsfeldern finden diese erhöhten Beanspruchungen in einem breiten Spektrum von Befunden ihren Niederschlag:

- auf subjektiver Ebene zum Beispiel in Form überdurchschnittlicher Kritik an den zeitlichen Arbeitsbedingungen und den damit verbundenen ungünstigen Auswirkungen auf das Privatleben,
- in spezifischen psychosomatischen (oder somatopsychischen) Beschwerdemustern,
- auf subjektiver wie objektiver Ebene der Datenerhebung in erhöhten Kennwerten hinsichtlich eines Tätigkeitswechsels,
- in einer insgesamt geringeren Bindung der MitarbeiterInnen an das Berufsfeld und ausgeprägteren Zweifeln, ob die getroffene Entscheidung für die gewählte Berufsform unter Abwägung aller damit verbundenen Vor- und Nachteile sinnvoll war.

Damit darf aber nicht verallgemeinernd ausgesagt werden, daß das Ausmaß der mit dieser Form der Berufsausübung verbundenen Belastungen und nachteiligen Auswirkungen auf die private Lebensführung *prinzipiell* eine langfristige Berufsausübung ausschließt. Dies würde eine krasse Fehlbeurteilung der meisten MitarbeiterInnen bedeuten, die auch nach langdauernder Tätigkeit weiterhin erfolgreich und leistungsfähig ihren Beruf ausüben.

(2) Das gesamte Berufsfeld steht heute vor Schwierigkeiten bei der Mitarbeitergewinnung. Während sich beträchtliche Probleme ergeben durch die hohe Anzahl von Fachkräften, die nach kurzer Tätigkeitsdauer das Berufsfeld wieder verlassen, handelt es sich bei dem hier betrachteten, zahlenmäßig begrenzten Personenkreis gerade umgekehrt um eine Gruppe von MitarbeiterInnen, die sich in einem weit überdurchschnittlichen Umfang in den Dienst ihrer Tätigkeit gestellt hat.

Aufgrund der vorliegenden oder anderer Untersuchungen kann nur unzureichend abgeschätzt werden, welche Bedeutung weltanschauliche Bindungen für MitarbeiterInnen in den Arbeitsfeldern der Jugendhilfe und allgemeiner im Gesamtbereich der sozial-caritativen Berufsfelder haben, etwa bei Berufswahlentscheidungen oder bei Bewältigung besonderer Beanspruchungen im Berufsalltag. Zu vermuten ist aber, daß religiöse Bindungen - und zwar keineswegs nur bei dem zahlenmäßig nur noch geringen Anteil von Ordenskräften - dazu beitragen, sich für einen überdurchschnittlich langen Zeitraum dem Berufsauftrag verpflichtet zu fühlen. Zugleich ist die Frage zu stellen, ob aus demselben Grund nicht auch auf Einrichtungs- wie Verbandsebene eine besondere Verpflichtung besteht, gerade für diese MitarbeiterInnen nach Möglichkeiten zu suchen, die im höheren Alter eine Berufstätigkeit mit einem noch zumutbaren Belastungsumfang ermöglichen.

(3) In eine besonders schwierige, fast unlösbare Situation geraten ältere, nicht mehr für den vollstationären Gruppendienst voll einsetzbare Fachkräfte vor allem dann, wenn sie durch eine speziell auf die Tätigkeit in der Heimerziehung hin ausgelegte Ausbildung zum Berufsfeld gelangt sind, die zudem oft mit einer Berufsausübung in einer Mitgliedseinrichtung des gleichen Verbandes verbunden ist. In den Untersuchungsbefunden zeigt sich, daß Fachkräfte mit diesem Ausbildungsgang überdurchschnittlich lang im Gruppendienst verbleiben.

> Auch wenn *künftig* Regelungen gefunden werden, um Fachkräften mit diesem Ausbildungsgang - etwa durch Weiterqualifizierungsangebote - den Zugang zu weiteren beruflichen Tätigkeitsfeldern zu erleichtern, würden solche Angebote für den Kreis der *derzeit* bereits älteren MitarbeiterInnen nur in seltenen Fällen eine wirksame Verbesserung darstellen. Dies muß bei der Planung von Maßnahmen berücksichtigt werden. Angemessene Parallelmaßnahmen erscheinen als Übergangsregelungen zwingend erforderlich.

(4) Ein deutlich erhöhtes Risiko für eine "Sackgassen"-Perspektive besteht bei MitarbeiterInnen, die über *Seitenzugangswege* an das Berufsfeld herangeführt wurden.

Diese MitarbeiterInnen, die das hier betrachtete Berufsfeld erst *nach dem Abschluß einer Erstausbildung* und teilweise dort einschlägiger Berufserfahrung wählen, sollten aus mehreren Gründen eine sehr wichtige Zielgruppe für *Strategien der künftigen Personalgewinnung* bilden, und zwar:

- Im Hinblick auf eine Erweiterung des Potentials für die Mitarbeitergewinnung,
- wegen der teilweise günstigeren Eignungsvoraussetzungen für die Tätigkeit im Gruppendienst bereits zum Eintrittszeitpunkt in das Berufsfeld (so ist etwa die sehr geringe Altersdifferenz zwischen jüngeren, direkt über Schule und Ausbildung in das Berufsfeld eintretenden Fachkräften zu den älteren in der Gruppe betreuten Jugendli-

chen problematisch, ebenso für die Elternarbeit die häufig nachteilige Voraussetzung, daß die Fachkräfte deutlich jünger sind als die leiblichen Eltern der betreuten Kinder),

- weil bei ihnen eine überdurchschnittlich hohe Verweildauer im Beruf erwartet werden darf,
- weil ein überdurchschnittlich hoher Anteil *männlicher* Fachkräfte (hier besteht ein besonderer Personalengpaß) über den Seitenzugang zum Berufsfeld stößt.

MitarbeiterInnen, die über einen Seitenzugang zum Berufsfeld kommen, befinden sich aber nach 10- bis 15-jähriger Tätigkeitsdauer mit besonders hoher Wahrscheinlichkeit in einem Altersbereich und einer Gesamtlebenssituation, die die persönlichen Möglichkeiten für eine nochmalige berufliche Umorientierung erheblich erschweren.

Eine grundsätzliche Regelung gerade auch für die Phase des höheren Berufsalters erscheint daher erforderlich um diese wichtige Zugangsform zum Berufsfeld zu erhalten und möglicherweise zu erweitern.

(5) Beachtenswert sind nicht zuletzt auch die zu positiven "Neben"wirkungen, die als Folge verbesserter Angebote für dienst- und lebensältere MitarbeiterInnen zu erwarten sind: Gerade auch bei den Fachkräften aller *jüngeren* Altersgruppen, also die ganz überwiegende Mehrheit der Mitglieder des Berufsfeldes, ist mit günstigen Wirkungen - vor allem auf Einstellungen zum Beruf und auf die Bereitschaft, positive Bindungen zum Arbeitsfeld aufzubauen - zu rechnen.

(6) Im Hinblick auf die Abschätzung des zukünftigen Anteils älterer MitarbeiterInnen und somit auch in Bezug auf die vorhersehbaren Mehrkosten bleibt festzuhalten, daß Prognosen in Richtung auf eine künftige Erhöhung des Altersdurchschnitts oder eine Verminderung des Personal-Ersetzungsbedarfs, die aus der *derzeitigen* Alterszusammensetzung der MitarbeiterInnen im Berufsfeld abgeleitet werden, völlig unbegründet sind, weil die Fluktuationsquote unberücksichtigt bleibt. Der Anteil von Fachkräften, deren Ausscheiden durch Übergang in den Altersruhestand bedingt ist, wird nach den durchgeführten Analysen auf mittlere Sicht zahlenmäßig nahezu bedeutungslos bleiben. Auf diesen Sachverhalt hinzuweisen erscheint wichtig, weil sich - auch in neueren Veröffentlichungen (z.B. Windisch u.a. 1989, S. 49) - völlig irreführende Fehleinschätzungen finden.

Ferner bestehen *keinerlei Hinweise* dafür, daß die Einführung von Verbesserungen für ältere MitarbeiterInnen zu starken Umschichtungen in der Alterszusammensetzung der Fachkräfte führen könnte.

In keinem Fall ist mit solchen unerwünschten Nebenwirkungen zu rechnen, wenn die vorausgehend als besonders dringlich eingestuften Verbesserungen der Weiterqualifizierungsmöglichkeiten in früheren Altersphasen durchgeführt werden.

(7) Im Verlauf der vorliegenden Untersuchungen wurde festgestellt, daß in verschiedenen Einrichtungen versucht wird, für einzelne, langjährig tätige Fachkräfte eine altersentsprechende individuelle Lösung zu finden, die es ihnen ermöglicht, nicht mehr in der vollstationären Gruppenbetreuung, sondern an anderer Stelle innerhalb der Einrichtung zu arbeiten (daher ist der vorausgehend erwähnte, außerordentlich seltene Übergang von MitarbeiterInnen aus dem vollstationären Gruppendienst in den Altersruhestand auch auf das Ergebnis solcher aktiver Bemühungen um menschlich tragbare individuelle Lösungen zurückzuführen).

Dies führt allerdings zu einer weiteren Erwägung, die die grundsätzliche Lösung der beruflichen Altersproblematik im Gruppendienst wichtig und sogar dringend erscheinen läßt: Der im Gesamtberufsfeld mit einem Anteil von 29% im gesamten Altersbereich über 35 Jahren und von lediglich 8.5% oberhalb von 45 Jahren *sehr geringe Anteil älterer MitarbeiterInnen* darf nicht über erhebliche Unterschiede der Alterszusammensetzung zwischen den Einrichtungen hinwegtäuschen. In einigen kleineren und vereinzelt selbst in größeren Einrichtungen mit über 20 MitarbeiterInnen im vollstationären Bereich ist mehr als die Hälfte der dort tätigen Fachkräfte älter als 35 Jahre, vereinzelt sogar älter als 40 Jahre. Für diese Einrichtungen dürfte es unter den bestehenden Rahmengegebenheiten außerordentlich schwer werden, für die größere Anzahl Betroffener in absehbarer Zukunft altersentsprechende individuelle Lösungen zu finden, wie dies derzeit in Einzelfällen überwiegend erfolgreich gelingt.

Zusammenfassend ergibt sich damit eine wichtige Schlußfolgerung: Obwohl man bei der überwiegenden Mehrzahl der im Berufsfeld tätigen Fachkräfte nicht erwarten kann, daß sie bis in höhere Altersabschnitte in diesem Berufsfeld bleiben, sprechen wesentliche grundsätzliche Überlegungen für die Dringlichkeit von *spezifischen* Maßnahmen für ältere MitarbeiterInnen im Gruppendienst.

Für sie kommen mehrere Maßnahmen in Betracht.

Nach den vorliegenden Befunden sollte berücksichtigt werden, daß Maßnahmen, die eine *berufliche Umorientierung* - etwa in Richtung auf ein der Altersstufe besser entsprechendes Berufsfeld - erleichtern würden, wenig hilfreich sind, wenn dazu eine weitere Ausbildung erforderlich ist.

Auch durch Weiterbildungsmaßnahmen erreichbare *Aufstiegsmöglichkeiten* werden oft nicht als zielführend empfunden.

Verbesserte Perspektiven würden sich demnach - auch den Erwartungen der Fachkräfte in diesem Altersbereich entsprechend - vor allem durch drei Maßnahmen ergeben:

(a) Eine dem Bewährungsaufstieg entsprechende Verbesserung der besoldungsmäßigen Eingruppierung, wenn eine Bereitschaft zur weiteren Tätigkeitsausübung im Gruppendienst vorhanden ist.

(b) Erleichterung von Übergangsmöglichkeiten in ausbildungsentsprechende Tätigkeitsfelder mit günstigeren zeitlichen und geringeren physischen Belastungen. Die Befunde sprechen dabei weniger dafür, daß in erheblichem Umfang Leistungs- oder Gesundheitsbeeinträchtigungen eingetreten sind, als vielmehr, daß diese in der Zukunft befürchtet werden. Daher sollte

(c) das *Angebot einer vorgezogenen Ruhestandsregelung* für MitarbeiterInnen in Betracht gezogen werden, die dann einen sehr hohen Anteil ihrer Berufs- und Lebensspanne unter den zeitlich und persönlich außerordentlich belastenden Bedingungen der Gruppenbetreuung verbracht haben. Von solchen Regelungen sind große psychische Entlastungswirkungen zu erwarten (vgl. die Stellungnahme der IGfH 1989; Köth 1990; Brombach/Schäuble 1984; für den Kindergartenbereich vgl. v. Derschau 1988; Untersuchungsergebnisse in "Kindergarten heute" 1990).

Gemessen an diesen Überlegungen muß die Berufsperspektive der älteren MitarbeiterInnen im vollstationären Gruppendienst unter den derzeitigen Rahmengegebenheiten als völlig unbefriedigend eingeschätzt werden.

5. Schwerpunktziele für die Entwicklung von Maßnahmen im Überblick

In den vorausgehenden vier Kapiteln wurde versucht, die Vielzahl der gewonnenen Befunde nach Problemschwerpunkten zusammenzufassen und Ansatzpunkte für die Entwicklung von Maßnahmen abzuleiten. In diesem letzten Abschnitt sollen die Hauptergebnisse kurz dargestellt werden, wobei die besonders vordringlich erscheinenden Maßnahmen nach *Schwerpunktbereichen* geordnet sind. Dabei werden zunächst die untersuchten vier Berufsfelder insgesamt betrachtet und vor allem auf Maßnahmebedarf verwiesen, der sich *übereinstimmend* für die drei pädagogischen Berufsfelder zeigt (5.2). Die weitere Diskussion befaßt sich mit Maßnahmeschwerpunkten im Bereich der vollstationären Betreuung (5.3). Im Eingangsabschnitt (5.1) sind allgemeinere Leitüberlegungen vorangestellt, die nach Einschätzung der Autoren die Tragfähigkeit und Umsetzbarkeit von Einzelmaßnahmen wesentlich bestimmen.

5.1. Rahmenüberlegungen

Dem Arbeitsauftrag entsprechend, bezieht sich der Schwerpunkt der durchgeführten Untersuchungen und der gewonnenen Befunde auf das Untersystem "Personal" innerhalb des Institutionenfeldes, dem als gesellschaftliche Aufgabe die Durchführung von stationären Maßnahmen der Jugendhilfe übertragen ist. Diesem Projektziel entsprechend sind auch die vorgeschlagenen Maßnahmen überwiegend den Bereichen Personalgewinnung, -förderung und -entwicklung zuzuordnen.

Die Erweiterung des Erhebungsrahmens, zunächst über den Personenkreis älterer MitarbeiterInnen innerhalb der stationären Gruppenbetreuung hinaus auf alle dort tätigen Fachkräfte, dann auf drei weitere Berufsfelder innerhalb und außerhalb von pädagogischen Arbeitstätigkeiten sowie schließlich die Einbeziehung subjektiver und eher objektivierbarer Berufsfeldkenngrößen erfolgte dabei zunächst aus methodischen Gründen.

Die Diskussion vorgelegter Maßnahmevorschläge erfordert jedoch auch eine Erweiterung der *inhaltlichen* Betrachtungsweise, wobei die Bewertung nicht auf Kriterien der "Mitarbeiterfreundlichkeit" eingeschränkt werden darf. Dies sei im folgenden kurz begründet:

Die Ausweitung der Perspektive ergibt sich zwingend aus einer Grundannahme der "strategischen" Organisations- oder Berufsfeldentwicklungskonzepte (z.B. Little 1985; Walsh 1989; Jeserich 1989): Lösungsansätze für Teilbereiche einer Organisation oder eines Institutionenfeldes - hier der personellen Ressourcen - werden nur dann zu sinnvollen Ergebnissen führen, wenn die Gesamtziele und -aufgaben der Institution berücksichtigt wurden.

Damit ist aber keine Abwertung von Zielsetzungen, die im Rahmen von Bemühungen zur "Humanisierung des Arbeitslebens" qualitative Verbesserungen für die Tätigkeitsbedingungen von MitarbeiterInnen erreichen sollen, verbunden, wohl aber eine Erweiterung der Zielperspektive erforderlich. Dies gilt auch für unterschiedliche Ansatzpunkte zur Organisationsentwicklung: Daß dort mitarbeiterzentrierte Zielsetzungen (wie die Sensibilisierung für Beziehungsprobleme, kooperative Führungsformen oder Mitbestimmung; vgl. Landenberger/Trost 1988) einen zentralen Stellenwert einnehmen, ist unbestritten; eine Beschränkung auf diesen Zielrahmen wäre indes nicht sachangemessen (vgl. z.B. Jeserich 1989, S. 53ff.).

Bezogen auf die Einrichtungen der stationären Jugendhilfe (ebenso wie die anderen Institutionenfelder) bedeutet dieser Grundsatz, daß *Maßnahmen zur Förderung der Personalentwicklung* immer im Zusammenhang

a) einerseits mit dem gesellschaftlichen Auftrag, den diese Einrichtungen zu leisten haben und den hieraus abgeleiteten Anforderungen,

b) andererseits mit den bestehenden organisatorischen, aber auch ökonomischen Rahmenbedingungen der Einrichtungen, sowie

c) mit den organisationsexternen Randbedingungen

analysiert werden müssen.

Aus dieser scheinbar sehr abstrakten und unverbindlichen Grundannahme ergeben sich vielfältige, *höchst konkrete Konsequenzen* sowohl für die Interpretation der Ergebnisse über die Situation der Mitarbeiter in den Einrichtungen als auch für die Ableitung von Maßnahmevorschlägen. Folgende Überlegungen sind dabei wichtig:

a) *Probleme auf Mitarbeiterebene* haben immer auch Auswirkungen auf andere Zielbereiche innerhalb der Gesamtinstitution. Damit sind vor allem berufliche Unzufriedenheit, Fluktuationsumfang oder besondere Problemlagen bei älteren MitarbeiterInnen angesprochen, die sich zum Beispiel auf die Qualität der Betreuung von Kindern und Jugendlichen - also die zentrale Aufgabenstellung - auswirken. Die Bedeutung bestehender Probleme im Personalbereich und der Stellenwert von mitarbeiterbezogenen Verbesserungsmaßnahmen läßt sich erst dann angemessen bewerten, wenn Auswirkungen auf andere zentrale Funktionsbereiche einer Institution berücksichtigt werden.

b) Eine der wohl wichtigsten und in der Praxis am häufigsten anzutreffenden *Schwachstellen*, die sich aus der Entwicklung von Maßnahmen für jeweils separate Zielbereiche ergeben, besteht in deren ungünstigen Nebenwirkungen für die Gewährleistung anderer wichtiger Ziele: Viele Probleme haben ihre "hausgemachte" Ursache durch strukturelle Festlegungen in anderen Funktions- oder Zielbereichen.

Typische Zielkonflikte werden sich im vorliegenden Problemfeld vor allem zwischen der Sicherung von fachlichen Leistungsstandards in der Betreuung der Kinder und Jugendlichen und den "Bedürfnissen" der MitarbeiterInnen ergeben. In den allermeisten Fällen werden dabei Betreuungsstandards und ökonomisch-personelle Ressourcen als "vorgegeben" angesehen (nach Einschätzung von Leitungsfachkräften einer Einrichtung ebenso wie - sehr häufig - auch aus Sicht der MitarbeiterInnen); belastende Auswirkungen - etwa auf die Arbeitszeiten - sind dann kaum veränderbare "Konsequenzen".

Irritierend ist dabei aber etwa die Feststellung, die sich in den durchgeführten Erhebungen deutlich abzeichnet, daß alle zeitlichen Kenngrößen in der vollstationären Betreuung (ebenso wie die Zufriedenheit der MitarbeiterInnen mit den zeitlichen Arbeitsbedingungen) eine beträchtliche Streuung zwischen den Einrichtungen aufweist. Vor diesem Hintergrund erscheint die Frage zumindest prüfungsbedürftig, ob bestimmte pädagogisch-fachlich begründete *Betreuungskonzeptionen* mit unterschiedlichem Belastungsumfang der MitarbeiterInnen einhergehen - wie auch umgekehrt, in welchem Umfang Kriterien der Mitarbeiterfreundlichkeit bei Festlegung pädagogischer Konzeptionen derzeit berücksichtigt werden und - aus fachlichen Gründen - berücksichtigt werden *dürfen*. Dies ist nur ein Beispiel für viele Fragen, die durch die erhobenen Befunde aufgeworfen werden.

Wird indes der Betrachtungsausschnitt dadurch von vornherein beschränkt, daß bestimmte institutionelle Ziele und Aufgaben als vorgegeben behandelt werden, ist mit Fehloptimierungen zu rechnen, die zu vermeiden eines der wichtigsten Verfahrensziele institutionenbezogener Maßnahmeentwicklung ist.

Zwangsläufig erfordert jede Problemanalyse einen Begrenzungsrahmen. Dies gilt gerade auch für die durchgeführten empirischen Untersuchungen. Unabdingbar ist dann aber wenigstens der Versuch, bei abgeleiteten Maßnahme-Vorschlägen *Verflechtungen mit wichtigen Zielbereichen* außerhalb des betrachteten empirischen Untersuchungsrahmens zumindest auf konzeptueller Ebene zu berücksichtigen.

c) Die Forderung, daß Maßnahme-Vorschläge der Mehrdimensionalität von Zielebenen Rechnung tragen sollten, führt allerdings auch zu eher *nachteiligen Konsequenzen.* Hierzu zählt neben der erforderlichen Analysebreite und -tiefe und dem hierdurch bedingten Mehraufwand vor allem auch die große Anzahl von wechselseitig aufeinander bezogenen Einflußgrößen, die bei der Einführung von Verbesserungsmaßnahmen berücksichtigt werden müssen und den Gesamt"ertrag" einer Maßnahme oder eines Maßnahmebündels bestimmen. Diese Einschränkung muß bei der Bewertung der vorgetragenen Verbesserungsvorschläge kritisch bedacht werden.

Die *praktischen* Konsequenzen, die sich aus dieser Schwierigkeit ziehen lassen, sind vor allem *verfahrensbezogener* Art: Wirksamkeit und praktische Durchführbarkeit von Maßnahmevorschlägen sollten zunächst im Rahmen überschaubarer Erprobungen abgeschätzt werden.

Noch weiterreichende Konsequenzen haben vor allem die Verfahren der Organisationsentwicklung gezogen: Hier wird der *Prozeßcharakter ("Schritt für Schritt") als Verfahrensgrundsatz* bei Systementwicklungen zwingend vorgesehen; die Festlegung von starren "Endzielen", an denen jeweils erreichte Zwischenergebnisse gemessen werden, verliert an Bedeutung gegenüber der *Analyse von Zwischenergebnissen*, die zu einer Feinsteuerung von weiteren Prozeßschritten und gegebenenfalls zu Zielkorrekturen dient.

5.2. Schwerpunkte für Verbesserungsmaßnahmen in den verschiedenen Berufsfeldern

Untersucht man, welche der vielfältigen Einzelbefunde Hinweise auf einen besonders dringenden Handlungsbedarf zur Einleitung von Verbesserungsmaßnahmen anzeigen, so sollte zunächst berücksichtigt werden, daß *jedes der einzelnen Berufsfelder* spezifische Problemschwerpunkte aufweist:

(1) Bei den befragten MitarbeiterInnen mit Tätigkeitsfeldern in *Verbänden und Organisationen* ist vor allem eine *resignative Grundstimmung* festzustellen, die sich in dieser Ausprägung in keinem der drei pädagogischen Arbeitsfelder findet: Eine insgesamt recht hohe Berufszufriedenheit wird dort von einem beträchtlichen Anteil der Befragten mit der Einschätzung verbunden, daß sich die beruflichen Rahmenbedingungen und das Betriebsklima - vor allem die abteilungsübergreifende Zusammenarbeit in der Organisation - zunehmend verschlechtern. Dieses Ur-

teilsmuster birgt erhebliche Risiken nicht zuletzt für die Arbeitsmotivation von MitarbeiterInnen und sollte als Hinweis auf bestehenden Handlungsbedarf - beginnend zunächst bei einer genaueren Erforschung der Gründe für die demotivierenden Einschätzungen ernst genommen werden.

(2) Mehrere zentrale Ergebnisse verweisen auf gemeinsame Problemschwerpunkte in den drei untersuchten pädagogischen Berufsfeldern; vor allem besteht ein hoher Gesamtumfang an beruflicher Unzufriedenheit, der sich besonders ausgeprägt bezieht

* auf bestehende Vergütungsbedingungen,
* auf fehlende oder unzureichende Weiterqualifizierungs- und Aufstiegsmöglichkeiten sowie, damit in Zusammenhang stehend,
* auf unzulängliche gesellschaftliche Anerkennung der erbrachten beruflichen Leistungen.

Die im nächsten Abschnitt beschriebenen, auf die Verbesserung der Situation im vollstationären Gruppendienst bezogenen Maßnahmevorschläge, die diese Problemschwerpunkte (vor allem unter 5.3.2, 5.3.4 und 5.3.7) aufgreifen, sind daher für *jedes* der drei pädagogischen Berufsfelder einschlägig.

(3) Die Verwirklichung fachlicher Leistungsansprüche im Berufsalltag bildet - zusammen mit dem vergleichsweise hohen Grad der Autonomie bei der Gestaltung der Arbeit - *das entscheidende* Merkmal, das Fachkräfte in den untersuchten pädagogischen Berufsfeldern an ihren Beruf bindet (und vermutlich - obgleich in der vorliegenden Studie nicht empirisch untersucht - eine vorrangige Determinante bereits der Berufswahlentscheidung bildet). Arbeitsbedingungen, die eine Entfaltung dieser meist hohen pädagogisch-fachlichen Leistungsbereitschaft ermöglichen, tragen damit ganz wesentlich zu einer persönlichen Bindung an das Berufsfeld bei. Sekundäre Motive - wie etwa Sicherheitsorientierungen - haben hingegen *allgemein* geringe Bedeutung für die überwiegend jüngeren MitarbeiterInnen, die in den pädagogischen Arbeitsfeldern tätig sind.

Grundsätzlich belegen die Ergebnisse dabei einen meist hohen Grad der Zufriedenheit mit der *Berufsaufgabe*: Drei Viertel der MitarbeiterInnen in allen drei pädagogischen Berufsfeldern beschreiben ihre Tätigkeit als sinnerfüllt, abwechslungsreich und offen für persönliche Gestaltungsmöglichkeiten. Diese Ergebnisse bilden zugleich sehr günstige Voraussetzungen für Maßnahmen der Öffentlichkeitsarbeit und der Personalgewinnung.

Bereits unter den gegenwärtigen Rahmenbedingungen wird aber von einem bedenklich hohen Anteil der MitarbeiterInnen die Möglichkeit für eine den persönlichen Qualitätsansprüchen genügende fachliche Arbeit als unzureichend eingestuft. Besonders verbreitet - noch wesentlich häufiger als in den stationären Betreuungsformen - ist hier die Unzufriedenheit im Bereich der Kindertageseinrichtungen, wobei zwei Drittel der befragten Fachkräfte die Voraussetzungen für die fachlich-pädagogische Arbeit mit den Kindern kritisieren und 60.7% die bestehenden räumlichen Gegebenheiten und die Ausstattung der Einrichtungen. Im Fall einer Veränderung beruflicher Rahmenbedingungen, die zu einer zusätzlichen *Qualitätsbeeinträchtigung* der fachlichen Arbeit führen, müssen unmittelbare negative Rückwirkungen erwartet werden, die bei einem hohen Anteil der Fachkräfte die Bindung an das Berufsfeld beeinträchtigen und die Fluktuationsbereitschaft zusätzlich erhöhen.

(4) Als weiteres Ergebnis der Untersuchung sollte berücksichtigt werden, daß derzeit etwa 40% der ausgeschiedenen Fachkräfte nicht den sozialpädagogisch-pflegerischen Berufsfeldern insgesamt verloren gehen, wohl allerdings ganz mehrheitlich den Tätigkeitsfeldern in der Gruppenbetreuung. Deshalb sollte über eine Erleichterung von horizontalen Übergangsmöglichkeiten zwischen sozialen und pädagogischen Dienstleistungsfeldern insgesamt nachgedacht werden; vor allem gilt dies für den Wechsel vom Bereich der Jugend- in den der Altenpflege. Ein entscheidender Beitrag zur MitarbeiterInnen-Gewinnung, etwa für die Altenpflege-Berufe, ist dadurch allerdings nicht zu erwarten.

(5) Schließlich verweist ein ganzes Bündel von Befunden auf insgesamt günstigere Voraussetzungen und längerfristige Berufsperspektiven bei Fachkräften, die über *Seitenzugangswege* in die pädagogischen Berufsfelder gelangen. Sie unterscheiden sich deutlich von Fachkräften ohne berufliche Vorerfahrungen durch ein um 4 Jahre höheres Eintrittsalter und den stark erhöhten Anteil an der Gruppe der älteren MitarbeiterInnen. Ein weiterer wesentlicher Unterschied liegt in der deutlich längeren Gesamtverweildauer im Tätigkeitsbereich.

Diese Zugangsmöglichkeit sollte durch die Entwicklung geeigneter Maßnahmen - wie z.B. Erleichterung der Eingangsvoraussetzungen und angemessenen (vor allem berufsbegleitenden) Ausbildungsangeboten - weiter ausgebaut werden, wobei der Berücksichtigung von längerfristigen Zukunftsperspektiven bei diesen - bereits zum Zeitpunkt des Eintritts in das Berufsfeld etwas älteren - Fachkräften große Bedeutung zukommt.

(6) Ausgeprägtere Berufsfeldunterschiede (auch zwischen den pädagogischen Berufsfeldern) zeigen sich insgesamt bei den Mobilitätskenngrößen (Fluktuationsumfang und vor allem -richtung) und bei den Belastungseinflüssen. Eine gemeinsame Belastungsursache findet sich allerdings in *jedem* der drei pädagogischen Arbeitsfelder: Ein sehr beträchtlicher Anteil der Fachkräfte sieht in der deutlichen Zunahme psycho-sozialer Störungen bei den betreuten jungen Menschen eine wesentliche Ursache für die erhöhte Beanspruchung bei der pädagogischen Berufsausübung; zugleich löst diese Entwicklung verbreitet Befürchtungen über eine daraus entstehende persönliche Überlastung aus. Besonders häufig findet sich diese Einschätzung bei *dienstälteren MitarbeiterInnen* in jedem der pädagogischen Berufsfelder (und insgesamt am häufigsten bei den Fachkräften der Kindertageseinrichtungen).

Wie diese Einschätzungen zustande kommen, kann indes unterschiedlich erklärt werden; in Anbetracht der engen Beziehung zwischen der wahrgenommenen Zunahme von Störungsbildern bei den betreuten Kindern und Jugendlichen und dem Umfang und den Formen der Belastung im Berufsalltag kann nur dringend empfohlen werden, im Rahmen weiterer Forschungsbemühungen eine nähere Abklärung herbeizuführen.

5.3. Zielschwerpunkte für Verbesserungsmaßnahmen im vollstationären Gruppendienst

5.3.1. Fluktuationsverminderung

Ein zentrales Problem bildet nach den Befunden der vorliegenden Studie der Umfang der Mitarbeiterfluktuation bei Fachkräften, die vollstationäre Betreuungsaufgaben wahrnehmen:

* Der Fluktuationsumfang ist - mit 20% je Teamposition und Jahr - wesentlich höher als die Ausscheidequote in den anderen untersuchten Berufsfeldern.

* Nach übereinstimmender Facheinschätzung ist der Aufbau emotionaler Beziehungen zu den Bezugspersonen für Kinder und Jugendliche in vollstationärer Betreuung besonders bedeutsam. Bedingt durch die Höhe der Mitarbeiterfluktuation ist derzeit die dafür not-

wendige Stabilität der Teamzusammensetzungen in mindestens einem Drittel der Gruppen nicht mehr gewährleistet.

* Das Ausscheiden von KollegInnen aus der Betreuergruppe, zeitweise Unterbesetzungen, Belastungen durch Einstellungsgespräche und Prozesse der Teamfindung werden nahezu von jedem(r) Dritten der BefragungsteilnehmerInnen unter den Ereignissen genannt, die im zurückliegenden Jahr als besonders belastend in Erinnerung blieben.

* Aus Sicht der Gesamteinrichtungen stellt sich das Fluktuationsproblem vor dem Hintergrund zunehmender Schwierigkeiten bei der Ersetzung ausgeschiedener Fachkräfte. In 75% der befragten Einrichtungen ergeben sich dadurch inzwischen teilweise beträchtliche Probleme bis hin zur Gruppenschließung.

* Nicht zuletzt birgt die hohe Ausscheidequote auch Risiken für die fachliche Leistungs- und Entwicklungsfähigkeit der Einrichtungen und des gesamten Institutionenfeldes, weil die Einführung von innovativen pädagogischen Konzepten überwiegend nur unter Mitwirkung berufserfahrener Gruppenkräfte durchgeführt werden kann.

Im Hinblick auf *die Entwicklung von Maßnahmen* wird eine Tätigkeit im Gruppendienst über die gesamte berufliche Lebensspanne weder als realistisches noch als fachlich erstrebenswertes Ziel angesehen. Es sollte vielmehr vorrangig angezielt werden, den Anteil von MitarbeiterInnen, die bereits nach kurzer Berufsausübungsdauer aus ihrem Aufgabenfeld ausscheiden (78.5% nach weniger als 6 Jahren, bezogen auf Teampositionen), zu senken.

5.3.2. Verbesserung von Vergütungsbedingungen

Aus Sicht der MitarbeiterInnen bilden die als unzureichend empfundenen Vergütungsbedingungen einen Schwerpunkt der Kritik. Dabei zeigen sich jedoch *keine* Unterschiede zwischen den Fachkräften der verschiedenen hier untersuchten sozial-pädagogischen Berufs- und Tätigkeitsfelder (vollstationäre/teilstationäre Einrichtungen, Kindertagesstätten).

Insgesamt erscheint eine Verbesserung der Vergütungsbedingungen für die Fachkräfte unumgänglich, um die derzeitige Arbeitsunzufriedenheit zu vermindern und die Voraussetzungen für die MitarbeiterInnengewinnung zu verbessern. Zur Abschätzung der hiermit erzielbaren Ergebnisse sind folgende Überlegungen wesentlich:

In der vorliegenden Untersuchung bestätigt sich - wie vielfach (z.B. Neuberger/Allerbeck 1978; Glatzer/Zapf 1984; Rühl 1984) festgestellt -, daß der Höhe des Einkommens sowohl funktionale Bedeutung für die Sicherung "elementarer" Lebensziele wie auch eher "symbolische" Bedeutung als Indikator des persönlichen Lebenserfolges und der erreichten gesellschaftlichen Anerkennung zukommt. Bei geringerem Einkommen überwiegen dabei elementare Sicherungsziele. Das gilt nach den Untersuchungsergebnissen besonders für verheiratete Mitglieder des Berufsfeldes mit Kindern, die zudem infolge ihrer Arbeitszeitbedingungen häufig Alleinverdiener sind. Sie äußern besonders häufig Kritik an den als unzureichend empfundenen Zulagemodalitäten.

Bei einem sehr hohen Anteil der MitarbeiterInnen ist die Kritik an den Vergütungsbedingungen eingebettet in ein allgemeineres Einstellungsmuster. Danach bildet die, überwiegend im Vergleich zu anderen Berufsgruppen, als unzureichend empfundene Vergütungshöhe einen von mehreren Indikatoren für die insgesamt *geringe gesellschaftliche Anerkennung* der im Berufsfeld erbrachten Leistungen. Dies läßt die Annahme zu, daß Besoldungsverbesserungen zumindest teilweise auch durch andere Verbesserungsmaßnahmen (etwa günstigere Aufstiegsmöglichkeiten) *ersetzt* werden könnten.

Schließlich führen die Befunde zu der Einschätzung, daß *durch vergütungsbezogene Maßnahmen weitere schwerwiegende Probleme der Arbeitssituation bei MitarbeiterInnen in der vollstationären Gruppentätigkeit nicht zureichend zu lösen sind.* Dies gilt vor allem für die *ungünstigen zeitlichen Arbeitsbedingungen* mit ihren Auswirkungen auf die Gesamtlebenssituation. Der Fluktuationsumfang und die Schwierigkeiten bei der Mitarbeitergewinnung werden demzufolge auf diesem Weg nur begrenzt zu beeinflussen sein. Bei der Planung finanzieller Verbesserungsmaßnahmen sollte daher auch auf Zusammenhänge mit weiteren strukturellen Schwachstellen des Berufsfeldes geachtet werden, um auf diesem Weg beispielsweise die berufliche Langfristperspektive für MitarbeiterInnen in der Gruppenbetreuung attraktiver zu gestalten.

5.3.3. Phase des Tätigkeitsbeginns

Die vorliegenden Ergebnisse weisen darauf hin, daß derzeit bei einem bedenklich hohen Anteil von BerufsanfängerInnen der *Einstieg in die Berufsausübung entweder völlig mißlingt oder zum Aufbau negativer Grundeinstellungen gegenüber dem Berufsfeld führt.* Bei 27% der ausgeschiedenen Fachkräfte erfolgt das Ausscheiden aus der neu übernommenen Gruppenposition nach weniger als zwei Jahren. Als Gründe finden sich gehäuft Konflikte im Team oder mit der Leitung. Der Anteil der befragten BerufsanfängerInnen, die im Fall eines Tätigkeitswechsels aus dem Gesamtbereich der sozialpflegerischen Berufe auszuscheiden beabsichtigen, liegt mit 43.3% weit über dem Gesamtdurchschnitt.

Als besondere Problemschwerpunkte werden innerhalb der Gruppe der BerufsanfängerInnen die als sehr negativ empfundenen zeitlichen Arbeitsbedingungen, die fachlichen Defizite und die als besonders belastend erlebten Arbeitsphasen im Tages- oder Wochenrhythmus genannt.

Verbesserungsmaßnahmen im Ausbildungsbereich sollten vor allem für solche Ausbildungsgänge angestrebt werden, die nahezu keine fachliche Vorbereitung auf die spezifischen Anforderungen in der stationären Jugendhilfe bieten. Insgesamt aussichtsreicher und wirksamer erscheinen aber *Verbesserungen in der Gestaltung der Erstphase der Berufsausübung*. Die für dieses und andere sozialpflegerische Berufsfelder (z.B. der Altenpflege; Landesarbeitsgemeinschaft der Öffentlichen und der Freien Wohlfahrtspflege in Baden-Württemberg 1989) vorgelegten Konzeptionen zur Praxisanleitung müssen dabei über den Ausbildungsabschluß hinaus fortgeführt werden. Angesichts des derzeitigen Mangels an systematischen Evaluationsstudien sollte weiter überprüft werden, unter welchen Voraussetzungen die vielfältigen Funktionen dieser Angebote angemessen erreicht werden können.

5.3.4. Verbesserung der beruflichen Gesamtperspektive

Die derzeitigen strukturellen Rahmenbedingungen sehen im wesentlichen lediglich die *berufliche Dauertätigkeit im Gruppendienst auf einer Position mit weitgehend gleichbleibenden Anforderungen ohne geregelte Übergangs- oder Aufstiegsmöglichkeiten* vor. Dies erscheint als eine der bedeutendsten Schwachstellen der derzeitigen Berufsfeldgestaltung.

Daß diese - in der Fachdiskussion immer wieder angesprochene (z.B. Hafeneger 1989; Thorun 1988; Schmerbach 1988; Empfehlungen der Arbeitsgemeinschaft Jugendhilfe 1990; Mitransky 1990) - Rahmenbedingung ein Grundproblem darstellt, ergibt sich zunächst aus allgemeinen Überlegungen:

Der Zeitpunkt des Berufseintritts liegt fast ausschließlich im dritten Lebensjahrzehnt; für 70% der Angehörigen des Berufsfeldes handelt es sich um den Erstberuf. Als Lebensberuf würde dies eine mehr als 30jährige, hinsichtlich der Grundanforderungen und der Inhaltsschwerpunkte weitgehend gleichförmige Tätigkeit verlangen.

Eine derartige Erwartung vernachlässigt sowohl das Risiko eintretender psychischer Sättigungs- oder "Burn-out"- Effekte als auch die für frühe berufsbiographische Lebensphasen typischen Grundmotive der persönlichen Weiterentwicklung und Bewährung an erweiterten sinngebenden Aufgabenstellungen (Maslow 1954; Herzberg u.a. 1959; Glatzer/Zapf 1984). In diesem Altersbereich werden außerdem wichtige "sekundäre" Motivkomponenten, insbesondere die relative Sicherheit des Arbeitsplatzes, wenig verhaltenswirksam.

Als Konsequenz der gegebenen strukturellen Rahmenbedingungen wird die Suche nach einer persönlich akzeptablen beruflichen Langfristperspektive der individuellen Entscheidung zugewiesen. Diese Voraussetzung verstößt gegen eines der heute weithin akzeptierten Grundprinzipien der Personalentwicklung. Danach wird die Förderung und Erhaltung der individuellen Qualifikationsvoraussetzungen und die Bereitstellung der dafür erforderlichen Rahmenbedingungen als wesentliche Aufgabe *auch* der Organisationen (und nicht allein der einzelnen Person) angesehen, um auf Dauer die Leistungsvoraussetzungen der Organisationen zur Bewältigung ihrer Aufgaben sicherzustellen (Jeserich 1989; Kitzmann/Zimmer 1982; Almstedt/Munkwitz 1982; Merchel 1988; Brauns 1989; Hebborn-Brass/Hölzl 1989; Bub-Elbing/Elbing 1990; BMJFFG 1990).

Diese kritischen Einschätzungen werden durch viele Befunde der Untersuchung bestätigt. Besonders zu erwähnen sind folgende Ergebnisse:

* Bei ausgeschiedenen MitarbeiterInnen stehen berufsbezogene Veränderungsgründe (auch bei den weiblichen Fachkräften) im Vordergrund, wobei aufstiegs- oder entlastungsbegründete Veränderungen *innerhalb* der sozialpädagogisch-pflegerischen Berufsfelder überwiegen.
* Schlechte Vergütungsbedingungen und fehlende Aufstiegsperspektiven bilden die am kritischsten bewerteten Merkmale des Berufsfeldes. Befragte mit aktueller Absicht zum Ausscheiden kritisieren jedoch *selektiv* die unzureichenden Aufstiegsmöglichkeiten.
* Auf diesen Problembereich bezogene kritische Einschätzungen finden sich - mit unterschiedlicher "Tönung" - bei den Befragten in allen beruflichen Phasen:

Viele der *älteren* Fachkräfte erleben sich als "Betroffene" der fehlenden Langzeitperspektive. Sie fühlen sich bedroht von einer bereits erkennbaren oder erwarteten Verminderung ihrer persönlichen Leistungsfähigkeit, ohne über ausreichende persönliche Freiräume zu verfügen, um sich dem nicht aussetzen zu müssen.

Die berufserfahrenen Fachkräfte im Alter zwischen 30 und 40 Jahren sind besonders häufig aktiv um eine für sie persönlich akzeptable Zukunftslösung bemüht. Aber bereits von Berufsbeginn an haben viele die Absicht, nur eine begrenzte Zeit im Berufsfeld tätig zu sein. Schließlich ist zu vermuten (da im Rahmen der vorliegenden Studie empirisch nicht erfaßt), daß bei Berufswahlentscheidungen das Berufsfeld mit seinen motivational sehr wohl ansprechenden fachlichen und persönlichen Aufgabenschwerpunkten durch die unattraktive längerfristige Berufsperspektive bereits im Vorfeld häufig außer Betracht bleibt. Die ungeklärte berufliche Langzeitperspektive bildet damit nicht nur ein Problem für eine spezielle MitarbeiterInnengruppe (etwa nach längerer Berufsausübungsdauer), sondern sie trägt zu einer ungünstigen Grundeinstellung bei einem großen Teil der im Berufsfeld tätigen Fachkräfte bei.

Von geeignet gestalteten Maßnahmen, die einer Verbesserung der beruflichen Langfristperspektive der MitarbeiterInnen dienen sollen, kann zwar *auch* ein direkter Beitrag zur Verminderung der Fluktuationsquote - vor allem nach kürzerer und mittlerer Verweildauer - erwartet werden; als *vorrangiges* Ergebnis darf indes eine von Beginn an verbesserte Bindung der MitarbeiterInnen an das Berufs- und Institutionenfeld erwartet werden. Auch ist mit einer wesentlichen Verminderung der beruflichen Unzufriedenheit und Erhöhung der Berufsfeldattraktivität für qualifizierungsbereite und -fähige InteressentInnen zu rechnen.

Diskussionswürdig sind mehrere Maßnahmevarianten für die unterschiedlichen, im stationären Bereich tätigen Gruppen von Fachkräften:

(a) Allgemeinbildende Weiterqualifizierungsangebote für den Fachhochschulzugang (Zielgruppe: MitarbeiterInnen im Gruppendienst mit Fachschulabschluß),

(b) Aus- oder Fortbildungsangebote auf Fachschulniveau mit Zugangsqualifikationen zu weiteren sozial-pflegerischen Berufsfeldern (etwa zur Altenpflege),

(c) Anerkennung von Zusatzqualifikationen als Grundlage für berufliche Aufstiegschancen *auch* innerhalb des Gruppendienstes (Zielgruppe: MitarbeiterInnen sowohl mit Fachschul- als auch Fachhochschulabschluß).

Als Gestaltungselemente für den Qualifikationserwerb sind besonders zu bedenken (a) ein weitestmöglich berufsbegleitendes Angebot an Aus- bzw. Weiterbildungsgängen und (b) die gestaffelte Kostenübernahme in Abhängigkeit von der Tätigkeitsdauer im Gruppendienst.

Besondere Bedeutung kann diesem Maßnahmebereich auch deshalb zukommen, weil die Übertragbarkeit auf weitere Berufsfelder - etwa der Alten- und Behindertenhilfe - denkbar erscheint.

5.3.5. Ältere MitarbeiterInnen

Nach den Befunden der vorliegenden Studie unterscheiden sich die im Gruppendienst verbliebenen MitarbeiterInnen im Altersbereich über etwa 40 Jahren (prozentual eine geringe Anzahl) in ihren Problemeinschätzungen der Berufssituation deutlich von den anderen Altersgruppen. Als zielführende Maßnahmen stehen hier im Vordergrund

(a) eine Verbesserung der besoldungsmäßigen Eingruppierung, die dem Bewährungsaufstieg entspricht, wenn eine Bereitschaft zur weiteren Tätigkeitsausübung im Gruppendienst besteht.

(b) die Erleichterung von Übergangsmöglichkeiten in ausbildungs- und vergütungsentsprechende Tätigkeitsfelder mit günstigeren zeitlichen Bedingungen und geringeren physischen Belastungen. Die Befunde sprechen dabei weniger dafür, daß in erheblichem Umfang Leistungs- oder Gesundheitsbeeinträchtigungen eingetreten sind, als vielmehr, daß diese in der Zukunft *befürchtet* werden.

Unbedingt in die Überlegungen einbezogen werden sollten auch die psychischen Entlastungswirkungen durch das Angebot einer vorgezogenen Ruhestandsregelung für MitarbeiterInnen, die einen sehr hohen Anteil ihrer Berufs- und Lebensspanne unter den zeitlich und persönlich außerordentlich belastenden Bedingungen der Gruppenbetreuung verbracht haben (vgl. die Stellungnahme der IGfH 1990; Köth 1990; Brombach/ Schäuble 1984).

Gemessen an diesen Vorschlägen muß die Berufssituation und -perspektive der älteren MitarbeiterInnen im vollstationären Gruppendienst unter den derzeitigen Rahmengegebenheiten als unbefriedigend bezeichnet werden. Die Dringlichkeit einer Lösung ergibt sich zusätzlich aus folgenden Erwägungen:

* Das Berufsfeld steht heute insgesamt vor Schwierigkeiten bei der Personalgewinnung. Während sich beträchtliche Probleme ergeben durch die hohe Anzahl von Fachkräften, die nach kurzer Zeit ihrer Tätigkeit das Berufsfeld wieder verlassen, handelt es sich bei dem hier betrachteten, zahlenmäßig begrenzten Personenkreis gerade umgekehrt um eine Gruppe von MitarbeiterInnen, die sich in einem weit überdurchschnittlichen Umfang - z.T. auch aufgrund ihrer weltanschaulichen Überzeugungen - in den Dienst ihres Berufsfeldes gestellt hat.

* In eine besonders schwierige, fast ausweglose Situation geraten ältere, nicht mehr für den vollstationären Gruppendienst voll einsetzbare Fachkräfte vor allem dann, wenn sie den Zugang zum Berufsfeld durch eine speziell auf die Berufsausübung in der Heimerziehung hin ausgelegte Ausbildung gefunden haben, zumal diese oft mit einer Berufsausübung in einer Mitgliedseinrichtung des gleichen Verbandes verbunden ist.

* Ein erhöhtes Risiko für eine "Sackgassen"-Perspektive besteht bei MitarbeiterInnen, die über Seitenzugangswege ins Berufsfeld kamen (als Folge sowohl des höheren Einstiegsalters als auch der durchschnittlich höheren Verweildauer). Eine grundsätzliche Regelung kann hier wesentlich zur Erhöhung der Attraktivität dieses wichtigen Zugangsweges zum Berufsfeld beitragen.

* Schließlich ist nochmals darauf hinzuweisen, daß verbesserte Angebote für ältere MitarbeiterInnen, was Bezahlung und Belastungsverminderung betrifft, eine positive Wirkung auf *jüngere* Fachkräfte und deren Einstellungen zum Berufsfeld erwarten lassen.

Falls die vorausgehend als besonders dringlich eingestuften, in früheren Berufsphasen wirksamen Verbesserungen der Weiterqualifizierungsmöglichkeiten realisiert werden, ist nicht zu erwarten, daß Maßnahmen zugunsten älterer MitarbeiterInnen beträchtlichere Umschichtungen der Alterszusammensetzung der Fachkräfte auslösen.

5.3.6. Belastungsverminderung

Im Vergleich zu den anderen untersuchten Berufsfeldern ergeben sich bei Tätigkeit in der vollstationären Gruppenbetreuung deutlich ungünstigere Kennwerte in Bezug auf

* den subjektiv wahrgenommenen *Belastungsumfang insgesamt*,
* berufsfeldspezifischen Beanspruchungs*formen*, bezogen vor allem

  a) auf die pädagogische Tätigkeit und die Entwicklungs- und Verhaltensstörungen der betreuten Kinder,

  b) auf vielfältige institutionelle und arbeitsorganisatorische Belastungsbedingungen, z.B. Konflikte mit der Herkunftsfamilie oder mit Ausbildungseinrichtungen, sowie vor allem die zeitlichen Arbeitsbedingungen;
* berufsfeldspezifische Belastungs*auswirkungen* auf den Gesundheitsstatus und den privaten Lebensbereich.

Vor diesem Problemhintergrund erscheint die Entwicklung von Maßnahmen mit dem Ziel einer Belastungsverminderung dringlich. Dabei kommen verschiedene Ansatzpunkte in Betracht:

1. *Belastungsverminderung durch strukturelle Veränderungen der Arbeitsbedingungen.* Als Ansatzpunkt ist hier naheliegenderweise die *Festlegung des Personalschlüssels* (Zahl der betreuten Kinder und Jugendlichen : Zahl der BetreuerInnen) in Betracht zu ziehen, wobei eine Veränderung sowohl auf den Zähler als auch auf den Nenner des Quotienten oder auch auf beide bezogen werden kann.

Insgesamt liefern die durchgeführten Analysen zur Team- und zur Gruppen*größe* komplizierte und eher ambivalente Ergebnisse. Lediglich auf das Beispiel der Mitarbeiterfluktuation bezogen, zeigt sich in größeren Teams zwar eine geringere individuelle Fluktuationsrate, gleichzeitig aber auch eine signifikant verminderte Stabilität der Teamzusammensetzungen. So hängt nicht die Gruppengröße, sondern die Fluktuationshäufigkeit der Kinder mit der Fluktuationsbereitschaft der Mitarbeiter und Mitarbeiterinnen zusammen. Berücksichtigt man zusätzlich die unvermeidbaren pädagogischen Nachteile für die Betreuungssituation, die mit einer Erweiterung der Teams verbunden sind, scheint die Suche nach weiteren Lösungsansätzen dringend empfehlenswert. Zu prüfen wäre vor allem, ob im Rahmen von Modellen der *Flexibilisierung von Dienstzeiten* Umsetzungsformen gefunden werden können, die unter Vermeidung pädagogisch-fachlicher Nachteile eine für die MitarbeiterInnen angemessenere Gestaltung der zeitlichen Arbeitsbedingungen zulassen würden. Die hierzu erforderlichen Veränderungen der Rahmenbedingungen sollten angesichts der Dringlichkeit dieser Fragen baldmöglichst bereitgestellt werden.

2. *Weiterentwicklung von Betreuungsformen.* Viele Ansatzpunkte, die zu einer Belastungsverminderung beitragen könnten, erlauben nach dem Stand ihrer wissenschaftlich-konzeptionellen Ausformulierung derzeit noch keine Umsetzung. Durch Untersuchungsbefunde gestützte Beispiele dafür wären etwa:

- Räumlich-funktionale Störeinflüsse auf Alltagssituationen. Dazu zählen z.B. die Hausaufgabenbetreuung oder die Einnahme gemeinsamer Mahlzeiten, die möglicherweise zum berufsspezifisch hohen Verbreitungsgrad von Verdauungs- und Eßstörungen bei MitarbeiterInnen beitragen;
- differenziertere Bedingungsanalysen zu Zusammenhängen zwischen spezifischen Entwicklungsstörungen der Kinder und Jugendlichen und den von den Betreuungspersonen als überdurchschnittlich hoch erlebten Belastungssituationen im Alltag; hieraus könnten sich auch wichtige Ansatzpunkte für eine weitere Angebotsdifferenzierung der Betreuungsformen ergeben;
- genauere Analysen über die Voraussetzungen für das Entstehen von entlastenden Selbstregulationsprozessen innerhalb der Gruppen (dies ist z.B. eine für die Eltern wichtige Entlastungsvoraussetzung in kinderreichen Familien).

Die Möglichkeiten für problemangemessene Neu- und Weiterentwicklungen der Betreuungsformen *auch* im Interesse der MitarbeiterInnen erscheinen gegenwärtig nicht einmal ansatzweise ausgeschöpft.

3. *Veränderung organisatorischer Rahmenbedingungen auf Einrichtungs- und Gruppenebene.* Ein weiterer wichtiger Ansatz der Maßnahmeentwicklung liegt in einer kritischen Analyse solcher arbeits- und belastungsintensiver Alltagsanforderungen in der Gruppenbetreuung, die zwar pädagogisch begründbar, aber nicht zwingend geboten erscheinen (vgl. Planungsgruppe PETRA 1987). Spielräume für organisatorische Lösungsmöglichkeiten sollten möglich sein, weil hier die Durchführungspraxis (zum Beispiel bei zentralen Angeboten für Essen, Reinigung, Einkauf, Abrechnungs-Belegwesen, aber auch der Personaldichte bei Nachtbereitschaften) zwischen den Einrichtungen der Jugendhilfe, teilweise auch zwischen Gruppen, sehr unterschiedlich ist. Deshalb müssen gerade bei

der Umsetzung von Verbesserungsmaßnahmen zur Belastungsverminderung von MitarbeiterInnen organisatorische Kontextbedingungen besonders berücksichtigt und dazu ausreichende Angebote der Organisationsentwicklung bereitgestellt werden.

5.3.7. Verbesserung der beruflichen Selbstsicherheit

Aus Sicht der Fachkräfte bildet die gesellschaftliche Minderbewertung ihres Berufsfeldes eine der wichtigsten Schwachstellen.

Schwerwiegende, in der Fachliteratur vielfach diskutierte Gründe (wie z.B. die pädagogische Arbeit schwerpunktmäßig mit Randgruppen; kurzfristig nur begrenzt erreichbare und vor allem schwierig objektivierbare Erfolge u.a.) tragen dazu bei und bilden nur schwer überwindbare Barrieren. Die Untersuchung erbrachte allerdings eine Reihe von Befunden, die Indikatoren für ein unzureichendes beruflich-soziales Selbstwertgefühl der Fachkräfte darstellen. Dazu gehören z.B:

- Tendenzen zur Vermeidung des Fachdialoges über die angewandten pädagogischen Maßnahmen;
- verbreitete Zurückhaltung gegenüber verstärkter Elternarbeit;
- Kritik an "ungleicher Vergütung bei gleicher Leistung" als Folge unterschiedlicher Ausbildungsqualifikationen.

Psychologisch gesehen kann dies alles - nach außen verlagert - zu der Wahrnehmung einer mangelnden gesellschaftlichen Leistungsanerkennung beitragen.

Eine wesentliche Zielsetzung muß darin bestehen, erkennbare berufsfeld*interne* Ursachen für diese unzureichende fachliche Selbstsicherheit der MitarbeiterInnen zu beseitigen. Dazu gehören etwa fortdauernde Diskussionen über ausreichend qualifizierende Ausbildungsgänge der Fachkräfte, unklare Festlegungen über den fachlichen Leistungsbeitrag von MitarbeiterInnen ohne vergleichbare Fachausbildung (einschließlich ehrenamtlicher Tätigkeiten) und Unsicherheiten über spezifische Fachkompetenzen des Berufsfeldes. Ungünstige Rückwirkungen ergeben sich hierbei zweifellos auch durch die im Vergleich zu Fachkräften in Kindertageseinrichtungen sehr geringe Beteiligung an Fortbildungsangeboten.

5.3.8. Zusammenfassung

Insgesamt erscheinen wesentliche Forderungen der MitarbeiterInnen in der vollstationären Gruppenbetreuung zur Verbesserung ihrer Berufssituation *gerechtfertigt* und die Einleitung von Maßnahmen *dringlich, teilweise sogar überfällig.*

Um die Berufssituation der Fachkräfte in der vollstationären Gruppenbetreuung wirksam zu verbessern und zugleich die zukünftigen Entwicklungsvoraussetzungen des Institutionenfeldes der Jugendhilfe zu sichern, erscheint - unter Zugrundelegung der vorausgehend beschriebenen Zielschwerpunkte - die Durchführung aufeinander abgestimmter Maßnahmen auf unterschiedlichen Ebenen erforderlich.

Besondere Bedeutung kommt dabei folgenden Faktoren zu:

- Der Veränderung wichtiger *Rahmenbedingungen* für das Berufsfeld (das betrifft vor allem das Tarifrecht, die Arbeitszeitordnung und Personalausstattung mit ihren vielfältigen Auswirkungen auf den Belastungsumfang der MitarbeiterInnen, die Ausbildungsgänge und Weiterbildungsangebote mit dem Ziel einer Verbesserung der beruflichen Langfristperspektive),
- der Bereitstellung qualifizierter Programmangebote zur *Personalentwicklung* und -förderung, vor allem auch für BerufsanfängerInnen,
- der *Organisationsentwicklung*, um die sehr unterschiedlichen strukturellen Gegebenheiten in den Einzeleinrichtungen zu berücksichtigen
- der *konzeptuell-fachlichen Weiterentwicklung* pädagogisch sinnvoller und mitarbeiterfreundlicher Betreuungsangebote sowie
- der fachinternen und -externen *Öffentlichkeitsarbeit.*

E. Literaturverzeichnis

Adler, R.: Altenheim - Institution in der Krise. Unveröffentl. Zulass.arb. Konstanz 1990.

AFET Rundbrief: Bericht aus den AFET-Ausschüssen: Ist der erwartete Erziehungsnotstand in den Heimen zu verhindern? AFET Rundbrief 3, 1990, S. 61ff

Almstedt, Matthias/ **Munkwitz**, Barbara: Ortsbestimmung der Heimerziehung: Geschichte, Bestandsaufnahme, Entwicklungstendenzen. Beltz. Weinheim, Basel 1982.

Ambos, Ingrid/ **Gertner**, Swantje/ **Schiersmann**, Christiane: Zur Situation von Berufsrückkehrerinnen. Eine Übersicht über neuere Forschungsergebnisse und Möglichkeiten der Förderung der beruflichen Wiedereingliederung. In: Frauenforschung, Informationsdienst des Forschungsinstituts Frau und Gesellschaft 7, 1989, S. 5-26.

Appold, H. u.a.: Zusammenwirken von Heim und Jugendamt bei der Erziehungsplanung. Ergebnisse aus 4 gemeinsamen Fortbildungsveranstaltungen für Heimleiter und Sozialarbeiter der Jugendämter im Regierungsbezirk Weser-Ems 1984/85. In: AFET Rundbrief 1986.

Arbeitsgemeinschaft für Jugendhilfe: Fort- und Weiterbildungsmaßnahmen im Bereich sozialpädagogischer Berufe nach dem Arbeitsförderungsgesetz. In: AGJ 1, 1990, S. 26-29.

Baur, R. u.a.: Entwicklung der Freien Wohlfahrtspflege bis zum Jahr 2000 (Prognos- Studie). Köln/Basel 1986.

Bergius, R.: Sozialpsychologie. Hamburg: Horrmann 1976.

Birtsch, Vera/ **Eberstaller**, Michael/ **Halbleib**, Egon: Außenwohngruppen - Heimerziehung außerhalb des Heims. Herausgeber: Institut für Sozialarbeit und Sozialpädagogik: Materialien Band 11. Frankfurt. 1980.

Birtsch, Vera: Das Heim als Verbund dezentralisierter und differenzierter Betreuungsangebote. In: Sozialpädagogik 31, 1989, S. 2-12.

Bittler, Anton/ **Späth**, Karl: Tagesgruppen in der Heimerziehung. In: Jugendwohl 71, 1990, S. 69-73.

Blandow, Jürgen/ **Faltermeier**, Josef/ **Widemann**, Peter: Fremdplazierung und präventive Jugendhilfe. Darstellungen und Analysen neuer Versuche. Eigenverlag des Deutschen Vereins für öffentliche und private Fürsorge 1978.

Blandow, Jürgen/ **Faltermeier**, Josef: Erziehungshilfen in der Bundesrepublik Deutschland. Stand und Entwicklung. Eigenverlag des Deutschen Vereins für öffentliche und private Fürsorge. Frankfurt 1989.

Blandow, Jürgen: Heime - lohnende Lebensorte? In: Blätter der Wohlfahrtspflege 9, 1985, S. 186ff.

Blandow-Wechsung, Steffi: Heimerziehung und Devianz: eine Untersuchung pragmatischer Devianztheorie und Sympathie von Erziehern in ihren Auswirkungen auf Heimkinder. Minerva. München 1978.

Blumenberg, Franz-Jürgen: Strukturen und Angebote von Aus- und Fortbildung, Beratung und Supervision. In: Materialien zur Heimerziehung 2, 1987.

Börsch, Bettina/ **Conen**, Marie-Luise (Hrsg.): Arbeit mit Familien von Heimkindern. Modernes Lernen. Dortmund 1987.

Brauns, Hans-Jochen: Personalentwicklung in sozialen Organisationen. Gewinnung und Weiterbildung von Mitarbeitern als Aufgabe der Organisationsentwicklung. In: Blätter der Wohlfahrtspflege 3, 1989, S. 75-77.

Breul, Theodor: Mit 55 noch Erzieher im Heim? Ergebnisse einer Umfrage. In: Jugendwohl 1979, S. 393-395.

Brombach, Rüdiger/ **Schäuble**, Waltraud: Zur psychischen Situation von Heimerziehern unter besonderer Berücksichtigung ihres Alters. Schriftenreihe des Bundesministers für Jugend, Familie und Gesundheit, Band 144. Kohlhammer. Stuttgart 1984.

Brombach, Rüdiger: Psychohygienische Aspekte der Arbeitszeitregelung im Heim. In: Materialien zur Heimerziehung 3, 1990, S. 6-8.

Bronsberg, Barbro/ **Vestlund**, Nina: Ausgebrannt. Die egoistische Aufopferung. Heyne. 1986.

Brosch, Peter: Fürsorgeerziehung. Heimterror und Gegenwehr. Frankfurt/a.M. 1971.

Bruggemann, A./ **Groskurth**, P./ **Ulrich**, E.: Arbeitszufriedenheit. Bern: Huber 1975.

Bub-Elbing, Claudia/ **Elbing**, Ulrich: Gruppenleiter-Fortbildung als Instrument der Heimentwicklung. In: Jugendwohl 71, 1990, S. 126-132.

Buchka, Maximilian/ **Hackenberg**, Jörg: Das Burn-out-Syndrom bei Mitarbeitern in der Behindertenhilfe. Ursachen - Formen - Hilfen. Modernes Lernen. Dortmund 1988.

Buckert, Friedhelm/ **Huber**, August: Eltern als Partner in der Heimerziehung. In: Blätter der Wohlfahrtspflege 9, 1986, S. 210-211.

Bülow, Albrecht v.: Heimerziehung in der Bundesrepublik Deutschland: zum Wandel der Konzepte stationärer Erziehung. Profil. München 1987.

Bundesanstalt für Arbeit (Hrsg.): Handbuch zur Humanisierung der Arbeit. Bremerhaven 1985.

Bundesarbeitsgemeinschaft der Landesjugendämter und überörtlichen Erziehungsbehörden: Stellungnahme zur Entwicklung des Erzieherberufs bis zum Jahr 2000 (unveröffentl.). Köln 1990.

Bundesminister für Jugend, Familie, Frauen und Gesundheit (BMJFFG) (Hrsg.): Achter Jugendbericht. Bericht über Bestrebungen und Leistungen der Jugendhilfe. Bonn 1990

Bundeswehrverwaltungsamt: Berufsförderung für Soldaten auf Zeit und BO 41. Bonn 1989.

Bürger, Ulrich: Heimerziehung und soziale Teilnahmechancen. Centaurus. Pfaffenweiler 1990

Burisch, M.: Das Burnout-Syndrom. Heidelberg: Springer 1989.

Burke, R.J./ **Greenglass**, E.: The client's role in psychological burnout in teachers and administrators. In: Ps.Reports 64, 1989, 1299-1306.

Burke, R.J./ **Weir**, T.: Coping with the stress of managerial occupations. In: Cooper C.L./ Payne R. (Eds.): Current concerns in occupational stress. New York: Wiley 1980.

Carroll, J.S./ **Payne**, J.W. (Eds.): Cognition and social behavior. Hillsdale: Erlbaum 1977.

Cless, G.: Vorfindliche Arbeitszeit-Landschaft. In: Diakonisches Werk Württemberg (Hrsg.): Symposion zu Fragen der Personalentwicklung in den 90er Jahren. Stuttgart 1990.

Colberg-Schrader, H.: Kitas - ein geeignetes Umfeld für Kinder? In: Kinderzeit 4, 1990, 31-34.

Colla-Müller, Herbert: Zum Wandel der Konzepte in der Erziehung in Heimen im Verlauf der letzten 20 Jahre. Versuch einer Bilanz. In: Materialien zur Heimerziehung 4/5, 1987, S. 17-20.

Conen, Marie-Luise: Anforderungen an Elternarbeit in der Heimerziehung. In: Soziale Arbeit 7, 1990, S. 246-251.

Craik, K.H.: Environmental Psychology. Ann.Rev.Ps.24,1973.

Davis, D.R./ **Sparrow**, P.R.: Age and work behavior. In: U. Charness (Ed.): Aging and human personality. New York: Wiley 1985, S. 293-332.

Degner, Friedrich: Heimerziehung zwischen pädagogischem Anliegen und Tarifrecht. In AFET Rundbrief 1984, S. 26-27.

Derschau, Dietrich v.: Ein Leben lang Erzieherin? Veränderung der Altersentwicklung einer Berufsgruppe und notwendige Konsequenzen. In: Sozialpädagogische Blätter 39, 1988, S. 162-167.

Derschau, Dietrich v.: Erzieherin - ein Mangelberuf? In: Theorie und Praxis der sozialen Arbeit 1, 1990, S. 23-26.

Diakonisches Werk Württemberg (Hrsg.): Symposion zu Fragen der Personalentwicklung in den 90er Jahren. Stuttgart 1990.

Diekmann, A./ **Mitter**, P.: Methoden zur Analyse von Zeitverläufen. Stuttgart: Teubner 1984.

Elder, G.: Age differentiation and the life course. Ann.Rev.Sociol.1, 1975, 165-190.

Enzmann, D./ **Kleiber**, D.: Helfer-Leiden. Heidelberg: Asanger 1989.

Ferring,K./ **Staufenbiel**, J.E.: Traineeprogramme. In: H.Strutz (Hrsg.): Handbuch Personalmarketing. Frankfurt: Gabler 1989, 158-167

Festinger, L.: A theory of social comparison processes. In: Hum.Rel. 7, 1954, S. 117-140.

Filipp, S.-H.: Ein allgemeines Modell für die Analyse kritischer Lebensereignisse. In: Filipp, S.-H.(Hrsg.): Kritische Lebensereignisse. München: Urban 1981, S. 3-52.

Fishbein, M./ **Ajzen**, I.: Belief, intention, and behavior. Reading: Addison 1975.

Fleischer, H.: Schichtarbeit im Erziehungsdienst. Hamburg: Behörde für Schule, Jugend und Berufsbildung 1990.

Flitner, Andreas: Brennpunkte gegenwärtiger Pädagogik. Studien zur Schul- und Sozialerziehung. Piper. München 1969.

Flosdorf, Peter (Hrsg.): Theorie und Praxis stationärer Erziehungshilfe. Band 1: Konzepte in Heimen der Jugendhilfe. Band 2: Die Gestaltung des Lebensfeldes Heim. Lambertus. Freiburg 1988.

Flosdorf, Peter/ **Mahlke**, W.: Die Gestaltung des Lebensfeldes. In P. Flosdorf 1988.

Folkard, S./ **Monk**, T.H./ **Lobban**, M.C.: Short and long term adjustment of circadian rhythms in "permanent" night nurses. Ergonom. 21, 1978

Frank, Werner: Linien der Personalentwicklung im Sozialbereich in den 90er Jahren. In: Diakonisches Werk Württemberg 1990, S. 17 - 26.

Freigang, Werner: Verlegen und Abschieben: Zur Erziehungspraxis im Heim. Juventa. Weinheim, München 1986.

Glatzer, W./ **Zapf**, W. (Hrsg.): Lebensqualität in der Bundesrepublik. Frankfurt: Campus 1984.

Gräßlin, Hans-Martin: Elternarbeit im Heim. In: Unsere Jugend 30, 1978, S. 177-178.

Gräßlin, Hans-Martin: Störungen im Heimalltag aus der Sicht von Kindern und Erziehern. In: Materialien zur Heimerziehung 1981, S. 4-9.

Güntert, Bernhard/ **Orendi**, Beninna/ **Weyermann**, Urs: Die Arbeitssituation des Pflegepersonals - Strategien zur Verbesserung. Bern: Huber 1989.

Günther, R./ **Stapf**, K.-H.: Subjektive Daten: Ihre Zuverlässigkeit, Gültigkeit und Bedeutung für Planungsentscheidungen. 1987.

Hafeneger, Benno: "Älterwerden" in der Jugendarbeit. In: Neue Praxis 3, 1989, S. 234-241. (a)

Hafeneger, Benno: Älterwerden in der Jugendarbeit. II. Eine empirische Skizze. In: Sozialmagazin 1, 1989, S. 29-34. (b)

Hagedorn, Bern-Olaf: Erwachsenwerden im Kinderhaus. Zur Pädagogik im Kinderhaus. Bericht über eine Untersuchung. In: Materialien zur Heimerziehung 1985, S. 10-16.

Hahn, Martin: Zum Ausbrennen (Burn-out-Syndrom) im Zusammenleben mit schwerbehinderten Menschen. In: VHN 54, 1985, 2, S. 142-159.

Hebborn-Brass, Ursula/ **Hölzl**, Heinrich: Qualifikation und Berufschancen: Zur Personalentwicklung im Bereich pädagogischer Gruppenarbeit. In: AFET Rundbrief 3, Oktober 1989, S. 74-77.

Heider, F.: The psychology of interpersonal relations. New York: Wiley 1958 (dt.: Psychologie der interpersonalen Beziehungen. Stuttgart: Klett 1977).

Heimlich, Roswitha: Familienhintergrund bei Heimunterbringung. In: Unsere Jugend 42, 1990, S. 328-329.

Hekele, Kurt: Abgrenzungen. Mobile Betreuung - Betreutes Wohnen - Nachbetreuung. In: AFET Rundbrief 1987, S. 30-35.

Herzberg, F./ **Mausner**, B./ **Snyderman**, B.: The motivation of man. New York: Wiley 1959.

Herzberg, F.: The motivation to work. New York 1958.

Hinte, Wolfgang/ **Springer**, Werner: Personale Kompetenzen und professionelles Handeln. Versuch eines ganzheitlichen Ansatzes in der Aus- und Fortbildung. In: Neue Praxis 6, 1987, S. 545-555.

Hirschfeld, Erich: Die inneren Ressourcen der Heimerziehung qualitativ und ganzheitlich nutzen. 10 Thesen zur Heimerziehung. In: Unsere Jugend 1988, S. 145-153.

Holt, R.R.: Occupational stress. In: L.Goldberger/ S.Breznitz (Eds.): Handbook of stress. New York: Free 1982, 419-44.

Holtz, Karl-Ludwig: Stress, Angst und Burn-Out im Lehrerurteil. In: Haeberlin, Urs/ Amrein, Christine: Forschung und Lehre für die sonderpädagogische Praxis. Wie schlagen wir in der Ausbildung die Brücke? Haupt. Bern, Stuttgart 1987.

Hurrelmann, Klaus: Familienstreß, Schulstreß, Freizeitstreß: Gesundheitsförderung für Kinder und Jugendliche. Beltz. Weinheim, Basel 1990.

Inglehart, R.: Wertwandel in den westlichen Gesellschaften. In: Klages, H./ Kmieciak, P. (Hrsg.): Wertwandel und gesellschaftlicher Wandel. Frankfurt: Campus 1979.

Internationale Gesellschaft für Heimerziehung (IGfH): Heimerzieher ist kein Beruf wie jeder andere! Stellungnahme zur Arbeitszeitregelung in Einrichtungen der stationären Jugendhilfe. In: Materialien zur Heimerziehung 2, 1990, S. 1-3.

Internationale Gesellschaft für Heimerziehung (IGfH): Themenheft: Arbeitszeitregelungen in Einrichtungen der stationären Jugendhilfe. In: Materialien zur Heimerziehung 2, 1990.

Jeserich, W.: Top-Aufgabe. Die Entwicklung von Organisationen und menschlichen Ressourcen. Hdb. d. Weiterbildg. in Praxis Wirtsch. Verw. Bd.8. München:Hanser 1989.

Junge, Hubertus (Hrsg.): Heimerziehung im Jugendhilfeverbund. Konzepte und Konsequenzen. Lambertus. Freiburg 1989.

Kelley, H.H.: The processes of causal attribution. In: Am.Psychologist 28, 1973, S. 107-128.

Kempe, P./ **Closs**, Ch.: Die Situation der Altenpflegekräfte in der stationären Altenhilfe. Das Altenheim 23, 1984, 96-100.

Kiehn, Erich: Autonome Lebensgruppen im Heim der Jugendhilfe verbessern die lebenspraktischen Erfahrungen der Heimbewohner. In: Jugendwohl 1983, S. 84ff.

Kiehn, Erich: Heimerziehung im Verbund anderer Maßnahmen der Erziehungshilfe. In: Flosdorf, Peter (Hrsg.): Theorie und Praxis stationärer Erziehungshilfe. Band 1: Konzepte in Heimen der Jugendhilfe. Lambertus. Freiburg 1988.

Kiehn, Erich: Zur Problematik älter werdender Heimerzieher und ihrer psychischen Belastung. In: Jugendwohl 1986.

Kindergarten heute: Der vergessene Beruf. Auswertung einer Umfrage aus Heft 2/1990 zur Situation der Fachkräfte in Tageseinrichtungen für Kinder 1990. In: Kindergarten heute 4, 1990, S. 3-22.

Kitzmann, A./ **Zimmer**, D.: Grundlagen der Personalentwicklung. Weil der Stadt: Lexica 1982.

Knauth, O./ **Rutenfranz**, J.: Arbeitszeitgestaltung. Enz.Ps. (Arbeitspsychologie) 1987, S. 130-84.

Kobasa, S.: Stressful life events, personality, and health: an inquiry in hardiness. JPsP 37, 1979, S. 1-11.

Kolip, P./ **Lösel**, F.: Psychisch unverwundbar? Blätter der Wohlfahrtspflege 138, 1991, S.80-82.

Kommission Heimerziehung: Zwischenbericht: Heimerziehung und Alternativen. IGfH. Frankfurt 1977.

Köth, Alfred: Zur Problematik der Arbeitszeitregelung in der Heimerziehung. Ergebnisse einer Umfrage der IGfH. In: Materialien zur Heimerziehung 3, 1990, S. 3-5.

Labouvie-Vief, G.: Personality and socialization in later life. In: Laqmb, M.E. (Ed.): Social and personality development. New York 1978.

Lademann, Bodo Gerhard: Aktuelle Probleme der Erzieherausbildung in Hamburg. In: Sozialpädagogische Blätter 39, 1988, S. 148-153.

Landenberger, Georg/ **Trost**, Rainer: Lebenserfahrungen im Erziehungsheim. Identität und Kultur im institutionellen Alltag. Brandes und Apsel. 1988.

Landesarbeitsgemeinschaft der Öffentlichen und der Freien Wohlfahrtspflege in Baden-Württemberg: Neuordnung der Altenpflegeausbildung "Praxisanleitung der Schüler". Karlsruhe 1989.

Landeswohlfahrtsverband Württemberg-Hohenzollern: Aspekte zur Indikation von Heimerziehung III: Eine Fachtagung des LWV Württemberg-Hohenzollern - Landesjugendamt vom 10. bis 12. Oktober 1984 im Kloster Heiligkreuztal bei Riedlingen. (Papier).

Landeswohlfahrtsverband Württemberg-Hohenzollern: Jährliche Mitteilungen von Kinderheimen und Heimen für Entwicklungsgestörte. Stuttgart 1989.

Laucken, U.: Naive Verhaltenstheorie. Stuttgart: Klett 1974.

Lazarus, R.S./ **Launier**, R.: Stress-related transactions between person and environment. In: Pervin, L./Lewis, M. (Eds.): Perspectives in interactional psychology. New York 1978, S. 287-327.

Ledig, Michael: Auswirkungen gewandelter Familienstrukturen auf heutige Kindheit - neue Perspektiven für öffentliche Erziehung. In: Harms, G./Preissing, Ch. (Hrsg.): Kinderalltag. Berlin: FIPP 1988.

Lehr, U.: Der ältere Mitarbeiter im Betrieb. Ps.d.20.Jhd., Bd. 13. Zürich: Kindler 1981, S. 910-29.

Lienert, G.A.: Testaufbau und Testanalyse. Weinheim: Beltz 1969.

Little, A.D.(Hrsg.): Management im Zeitalter der strategischen Führung. Wiesbaden: Betriebswirtsch.Verl. 1985.

Locke, E.H.: The nature and causes of job satisfaction. In: Dunnette, M. (Ed.): Handbook of industrial and organizational psychology. Chicago: Rand 1976.

Maar, K.: Lebensverlaufsanalyse an einer Gruppe alternder Menschen. Unveröffentl. Dipl.arb. Tübingen 1980.

Maelicke, Bernd: Neues Denken in der Erziehungshilfe. In: Nachrichtendienst des Vereins f. öffentl. und priv. Fürsorge 70, 1990 S. 80-83.

Mahlke,W./ **Wisgalla**, E./ **Reinhart**, P./ **Hansen**, R./ **Fuchs**, B.: Der gestaltete Raum im Heim und in der Familie als Lebenshilfe für Kinder, Jugendliche und Erwachsene. Nürnberg (unveröff. Abschlußbericht): Diakonisches Werk Bayern 1990/91.

Maslow, A.: Motivation and personality. New York: Wiley 1954.

McNemar, Q.: Opinion-attitude methodology. Ps.Bull. 43,1946, 289-374.

Mehringer, Andreas: Das Berufsbild des Heimerziehers in der Entwicklung. Heimerziehung ist mehr als nur ein Job. In: Mehringer, Andreas: Heimkinder. E. Reinhardt. München, Basel (3. erw. Auflage) 1982.

Mehringer, Andreas: Heimkinder: Gesammelte Aufsätze zur Geschichte und zur Gegenwart der Heimerziehung. E. Reinhardt. München, Basel. 2. Auflage 1976, 3. erw. Auflage 1982.

Merchel, Joachim/ **Boomgaarden**, Theo: "Innovation von unten oder von oben?" Wege und Ziele der Heimdifferenzierung und -veränderung. In: Materialien zur Heimerziehung 1/2 1988.

Mischel, W.: Processes in delay of gratification. In: L. Berkowitz (Ed.): Advances in experimental social psychology. Vol.7. New York: Academic 1974.

Mitransky, Uwe: Belastung von Erziehern. Qualitative und quantitative arbeitspsychologische Untersuchung der psychischen und physischen Belastung von Heimerziehern. Peter Lang. Frankfurt a.M. 1990.

Mobley, W.H./ **Griffith**, R.W./ **Hand**, H.H./ **Meglino**, B.M.: Review and conceptual analysis of the employee turnover process. Ps.Bull.86, 1979, S. 493-522.

Moch, Matthias: Familienergänzende Erziehungshilfe im Lebensfeld: Eine Untersuchung an einem Modellprojekt. Brandes. Frankfurt/a.M. 1990.

Moos, R.H./ **Insel**, P.M. (Eds.): Issues in social ecology. Palo Alto: National 1974.

Moos, R.H.: Evaluating educational environments. San Francisco: Jossey-Bass 1979.

Müller, Karl-Heinz: Elternarbeit des Erziehers im Heim. Wie sieht sie aus? In: Unsere Jugend 42, 1990, S. 189-193.

Müller-Kohlenberg, Hildegard/ **Münstermann**, Klaus/ **Schulz**, Günter: Die Lernfähigkeit einer Institution, geleistete und ausstehende Reformen in der Heimerziehung. Strukturelle, ökonomische und pädagogische Aspekte der Entwicklung seit 1968. Frankfurt: IGfH 1981.

Müller-Schöll, Albrecht: Handlungsfeld: Heimerziehung. Volker Katzmann. Tübingen 1982.

Müller-Schöll, Albrecht: Überfordert - Ausgebrannt? Klagen führen nicht weiter. In: Sozialpädagogik 31, 1989, S. 260-263

Münstermann, Klaus: Thesen zur Zukunftsperspektive und zur Differenzierung der Heimerziehung. Eine Aufforderung zur Diskussion. In: Sozialpädagogik 28, 1986, S. 106-109.

Neuberger, O./ **Allerbeck**, M.: Messung und Analyse von Arbeitszufriedenheit. Erfahrungen mit dem Arbeitsbeschreibungsbogen (ABB). Stuttgart: Huber 1978.

Neuberger, O.: Messung der Arbeitszufriedenheit. Stuttgart: Kohlhammer 1974.

Neugarten, B.L./ **Moore**, J.W./ **Lowe**, J.C.: Altersnormen, Alterszwänge und Erwachsenensozialisation. (Orig.: 1965). In: M.Kohli (Hrsg.): Soziologie des Lebenslaufs. Darmstadt: Luchterhand 1978.

Neumann, Johannes (Hrsg.): Arbeit im Behindertenheim. Situationsanalyse und Strategien zu ihrer Humanisierung. Campus. Frankfurt/a.M. 1988.

Niederberger, Josef Martin/ **Niederberger-Bühler**, Doris: Formenvielfalt in der Fremderziehung. Zwischen Anlehnung und Konstruktion. Enke. Stuttgart 1988.

Niemeyer, Christian: Milieunähe: Die kopernikanische Wende in der Heimerziehung? Bericht von der Jahrestagung der Internationalen Gesellschaft für

Heimerziehung in Berlin im Oktober 1983. In: Unsere Jugend 1, 1984, S. 13-17.

Oppl, Hubert: Die Zukunft ist auch nicht mehr das, was sie einmal war - Künftige Anforderungen an soziale Berufe. In: AGJ 1, 1990, S. 42-47.

Ostermann, Jürgen: Berufliche Belastungen von Heimerziehern durch Verhaltensauffälligkeiten bei Kindern und Jugendlichen - Bericht über eine Befragung. In: Zeitschrift für Heilpädagogik 35, 12, 1984, S. 877-880.

Ostermann, Jürgen: Berufszufriedenheit und Arbeitsbelastungen von Heimerziehern. In: Neue Praxis 5, 1985, S. 439-446.

Pasquay, N./ **Windisch**, M./ **Bubenhain**, D.: Zum Bedarf an Sozialarbeitern/Sozialpädagogen. In: Soziale Arbeit 1988, S. 407-414.

Pestalozzi-Fröbel-Verband (Hg.): Identität und Professionalität im Erzieherberuf: Ansprüche an die Fortbildung. Profil. München 1988.

Peters, Friedhelm (Hg.): Jenseits von Familie und Anstalt. Entwicklungsperspektiven in der Heimerziehung. Böllert, KT-Verlag. Bielefeld 1988.

Pfaffenberger, Hans: Entwicklungs- und Veränderungsprozesse von Wissenschaft, Ausbildung und Arbeitsmarkt der Sozialpädagogik/Sozialarbeit. In: Neue Praxis 6, 1985, S. 487-503.

Planungsgruppe PETRA: Analyse von Leistungsfeldern der Heimerziehung. Ein empirischer Beitrag zum Problem der Indikation. Peter Lang. Frankfurt/M. 1987.

Planungsgruppe PETRA: Was leistet Heimerziehung? Ergebnisse einer empirischen Untersuchung. Frankfurt: IGfH 1988.

Podgornik, Rolf: Arbeitszeitrecht, Dienstplangestaltung und die pädagogische Aufgabenstellung in der Heimerziehung. Anforderungen an den Erzieherberuf aus der Sicht der Kinder und Jugendlichen. In: Materialien zur Heimerziehung 1985, S. 19-21.

Podgornik, Rolf: Heimerziehung - Notwendigkeit, Anspruch und Entwicklung. Die neuen Kinder und die alten Erzieher - Wie sieht die gemeinsame Zukunft aus? In: Unsere Jugend 9, 1985, S. 342-350.

Podgornik, Rolf: Heimstrukturen heute. Konsequenz: Veränderung der Arbeitsbedingungen für Mitarbeiter in Heimen. In: Materialien zur Heimerziehung 3, 1990, S. 8-9.

Podgornik, Rolf: Neue Stellungnahme zur Arbeitszeitregelung in Heimen - Ablösung des Findorfer Programms. In: Unsere Jugend 42, 1990, S. 115-119.

Porter, L.W./ **Steers**, R.M.: Organizational, work, and personal factors. Ps.Bull. 80, 1973, S. 151-76.

Proshansky, H.M./ **Ittelson**, W.H./ **Rivlin**, L.G. (Eds.): Environmental Psychology. New York:Holt 1970.

Rienits, H.: Neue Armut - auch in Kitas. ÖTV Berlin (Hrsg.): Für Kinder und Tagesstätten. Berlin 1986.

Roberson, L.: Assessing personal work goals in the organizational setting. OBHP 44, 1989, S. 345-67.

Rossi, P.H.: Issues in the evaluation of human services delivery. Eval.Quart.2, 1978, S. 573-99.

Roth, Jürgen: Heimkinder. Ein Untersuchungsbericht über Säuglings- und Kinderheime in der Bundesrepublik. Kiepenheuer und Witsch. 1973.

Rühl, G.: Forschungsergebnisse zur handlungsorientierten Organisationsgestaltung. 2 Bände (HdA- Forschungsbericht). Karlsruhe 1984.

Ruoff, Bernd A.: Wo bleibt die Ausbildung im Berufspraktikum? IGfH Jugendhilfe Informationen 2/1990.

Ruoff, Bernd A.: Arbeitsfeldorientierung in der Fachschulausbildung. Ev. Jugendhilfe (in Druck).

Sauter, M./ **Kempe**, P./ **Closs**, Ch.: Männer in einem "typischen Frauenberuf". Alten- und Krankenpfleger in der Altenhilfe. In: Das Altenheim 24, 1985, S. 53-7.

Sawyer, J.E.: Measuring attitudes across levels: when are scale scores truly cmoparable? OBHP 42, 1988, S. 324-42.

Scheuber, Walter: Heimerziehung und Heimerziehungserfolg. Eine Längsschnittuntersuchung und Kasuistik zur Darstellung der Entwicklung von Heimkindern. Dissertation, Universität Tübingen 1983.

Schmerbach, Gerhard: Die junge Generation der 90er Jahre in den Einrichtungen sozialer Arbeit. Die Tücken der Statistik. In: Blätter der Wohlfahrtspflege 6, 1988, S. 141-146.

Schmid, Rudolf: Entwicklung der Rahmenbedingungen sozialer Arbeit. In: AGJ 1, 1990, S. 39-42.

Schoch, Jürg: Heimerziehung als Durchgangsberuf? Eine theoretische und empirische Studie zur Personalfluktuation in der Heimerziehung. Juventa. Weinheim, München 1989.

Schoch, Jürg: Warum wollen sie ins Heim? Warum arbeiten sie im Heim? Berufswahl- und Berufsmotive von ausgebildeten Heimerziehern. In: Soziale Arbeit 5, 1989, S. 175-181.

Schönpflug, W.: Beanspruchung und Belastung bei der Arbeit. Konzepte und Theorien. Enzyk.d.Ps. (Arbeitspsychologie) 1987, S. 130-84.

Schrapper, Christian/ **Sengling**, Dieter (Hrsg.): Die Idee der Bildbarkeit. Juventa. Weinheim, München 1988.

Schrapper, Christian: Voraussetzungen, Verlauf und Wirkungen der "Heimkampagnen" 1969/70 - Behauptungen und Versuche. In: AFET Rundbrief 4, 1989, S. 103-110.

Schrey, Friedhelm: Wir sind selbst ein Teil des Angebots. Heimerziehung ohne Schichtdienst - Das Positive und die Probleme. In: Unsere Jugend 6, 1985, S. 421-424.

Sheehy, G.: In der Mitte des Lebens - Die Bewältigung vorhersehbarer Krisen. München 1976.

Shipley, P.: Technological change, working hours and individual well-being. In: K.D.Duncan/ M.M.Gruneberg/ D.Wallis (Eds.): Changes in working life. New York: Wiley 1980.

Silberman, A.: Systematische Inhaltsanalyse. In: R.König (Hrsg.): Handbuch der empirischen Sozialforschung. Bd.4. Stuttgart: Enke 1973.

Simmen, René: Heimerziehung im Aufbruch: Alternativen zu Bürokratie und Spezialisierung im Heim. Haupt. Bern, Stuttgart 1988.

Späth, Karl: Ist qualifizierte Heimerziehung ohne Supervision möglich? In: Materialien zur Heimerziehung 3, 1988, S. 1-2.

Specht, Walter (Hg.): Die gefährliche Straße. Jugendkonflikte und Stadtteilarbeit. KT-Verlag. Bielefeld 1987.

Staude, J.: Betriebliche Traineeprogramme und ihre Kontrolle. Köln: Hanstein 1978

Steinbrecher, Wilhelm: Erziehungshilfen und Heimunterbringungen nach 1945. Ergebnisse einer Erhebung und Entwicklung nach der Bundesstatistik. In AFET Mitglieder-Rundbrief 1987, S. 86-101.

Stroebe, W.: Grundlagen der Sozialpsychologie. Bd.I. Stuttgart: Klett 1980.

Thiersch, Hans: Jugendhilfe und Heimerziehung im Wandel. 10 Jahre Kommissionsbericht. In: Materialien zur Heimerziehung 1/2, 1988, S. 1-9.

Thomae, H./ **Lehr**, U.: Berufliche Leistungsfähigkeit im mittleren und höheren Erwachsenenalter. Göttingen: Schwartz 1973.

Thorun, Walter: Ansprüche an die Fortbildung - Fortbildungsangebote. In: Sozialpädagogische Blätter 39, 1988, S. 17-20.

Thorun, Walter: Recht auf Fortbildung - Pflicht zur Fortbildung. In: Pestalozzi-Fröbel-Verband (Hg.): Identität und Professionalität im Erzieherberuf: Ansprüche an die Fortbildung. Profil. München 1988.

Überla, K.: Faktorenanalyse. Eine systematische Einführung. Berlin:Springer 1971.

Van Eye, A.: Längs- und Querschnittforschung. In: W.J.Oswald u.a. (Hrsg.): Gerontologie. Stuttgart: Kohlhammer 1984.

Walsh, I.: Das strategische Personalmanagement. In: W.Lücke/ J.-W. Dietz (Hrsg.): Innovation und Controlling. Wiesbaden: Betriebswirtsch.Verl. 1989.

Weinert, A.: Lehrbuch der Organisationspsychologie. München 1984.

Welter, J./ **Bauer-Denzel**, A.: Arbeitssituation und Arbeitszufriedenheit. Eine theoretische und empirische Untersuchung an gruppenpädagogischen MitarbeiterInnen in Heimen der Erziehungshilfe. Unveröffentl. Dipl.Arb. Freiburg 1990.

Windisch, M./ **Pasquay**, N./ **Bubenhain**, D.: Beschäftigungssituation und -perspektiven von Sozialarbeitern/Sozialpädagogen. In: Neue Praxis 1/89, S. 38-54.

Winkler, Michael: Eine pädagogische Betrachtung der Heimerziehung. In: Peters, Friedhelm (Hg.): Jenseits von Familie und Anstalt. Entwicklungsperspektiven in der Heimerziehung. Böllert, KT-Verlag. Bielefeld 1988.

Wittman, W.: Evaluationsforschung. Berlin: Springer 1985.

Wolffersdorff-Ehlert, Christian v./ **Sprau-Kuhlen**, Vera/ **Kersten**, Joachim: Geschlossene Unterbringung in Heimen - Ein Streitfall der Jugendhilfe (II). In: Neue Praxis 2, 1989, S. 130-146.

Anhang

(1) Faktorenanalysen zur Berufszufriedenheit und zu Belastungsgrößen

1. Allgemeine Unzufriedenheit
2. Positiv/negativ getönte Veränderung der Arbeitsbedingungen
3. Belastungskenngrößen

(2) Quantitative Kenngrößen zur Beurteilung der Arbeitssituation in den vier Berufsfeldern

1. Eingeschätzte Dringlichkeit von Veränderungen der Einzelmerkmale des Tätigkeitsfeldes aus Sicht der Fachkräfte, die in vier verschiedenen Berufsfeldern tätig sind.
2. Einschätzung von Veränderungen der Gegebenheiten des Tätigkeitsfeldes im Verlauf der Berufsausübung: Vergleich zwischen den Berufsfeldern.

(3) Erhebungsinstrument

"Fragebogen zur Berufsfeldanalyse (FBFA), Form H", Erhebungsinstrument für Fachkräfte in stationären Einrichtungen der Jugendhilfe.

Die nicht wiedergegebenen Erhebungsinstrumente für Fachkräfte in Kindertageseinrichtungen (FBFA, Form E) und in Verbänden und Organisationen (FBFA, Form V) sind ähnlich aufgebaut.

(1) Faktorenanalysen zur Berufszufriedenheit und zu Belastungsgrößen

Die Ergebnisse zur Beurteilung der Arbeitssituation in den einzelnen Berufsfeldern werden in der Textdarstellung zusammengefaßt unter den drei Dimensionen "Berufszufriedenheit", "erlebte Veränderung der Arbeitsbedingungen" und "Persönliche Belastung".

Dabei ist aber klärungsbedürftig, ob innerhalb der einzelnen Dimensionen - etwa zur Beschreibung des Belastungsumfanges - psychologisch ähnliche (oder aber ganz heterogene) Einzelaspekte des Arbeitsfeldes zusammengefaßt sind. Zu einer gewissen Klärung dieser Frage tragen die durchgeführten Faktorenanalysen bei.

Mit diesem - in der sozialwissenschaftlichen Forschung häufig eingesetzten - mathematischen Verfahren (z.B. Überla 1971) wird versucht zu klären,

* wieviele verschiedene Dimensionen zur Datenbeschreibung unterschieden werden müssen, und
* welche inhaltliche Zusammensetzung die einzelnen Dimensionen aufweisen.

Zum Verständnis des Verfahrens und der damit gewonnenen Resultate sei folgender Hinweis gegeben: Die gewonnenen Dimensionen beruhen auf der Analyse von Korrelationsbeziehungen zwischen den beurteilten Merkmalen; die Ergebnisse beziehen sich also auf Einschätzungsunterschiede zwischen den Beurteilern und nicht auf Durchschnittsbeurteilungen; die gleiche (Faktoren-) Dimension kann sich also aus Merkmalen mit ganz unterschiedlichem Mittelwert zusammensetzen.

Untersuchungen zur Arbeitszufriedenheit, die zu anderen Berufsfeldern durchgeführt wurden (z.B. Neuberger/Allerbeck 1978; Haußmann/Strauß 1986), erlauben zumindest zwei Vorhersagen: Die meisten Untersuchungen haben gezeigt, daß die Beurteilung des persönlichen Arbeitsfeldes in mehrere (ca. 6 bis 10) unterscheidbare Teilbereiche (z.B. Qualität der Kollegialbeziehungen; Belastung durch zeitliche Arbeitsbedingungen) zerfällt. Gleichzeitig werden aber die Einschätzungen zu Einzelbereichen des Arbeitsfeldes von einer eher positiven bis hin zu einer sehr kritischen Grundeinstellung der einzelnen Befragten übertönt.

Einige der quantitativen Befunde werden im folgenden wiedergegeben und kurz kommentiert. Insgesamt ist nach den Ergebnissen die Zusammenfassung der Einzeleinschätzungen zu den drei Beschreibungsdimensionen methodisch vertretbar.

Die Faktorenanalysen wurden nach der Hauptachsenmethode durchgeführt; neben der Zahl der Eigenwerte größer als 1 (ein Kriterium zur Abschätzung der Zahl der Dimensionen, die "eigentlich" zur Beschreibung erforderlichen sind), werden für den ersten Faktor Varianzstärke und Ladungen der Items aufgeführt.

1. Allgemeine Unzufriedenheit

	Station. Betreuung	Teilstat. Betreuung	Kinder-tageseinr.	Verbände/ Organis.
Faktorenzahl (Eigenwert > 1)	4	6	5	5
Anteil der durch 1.Fakt. erklärten Varianz	29.6%	22.9%	26.5%	25.7
Berücksichtigte Einzelfragen:	Ladung 1. Faktor			
1a Berufsfeld insgesamt	.68515	.49872	.76246	--
1b Persönliches Tätigkeitsfeld	.75979	.62317	.65409	.76652
2 Raum/Austattung	.46991	.49605	.22669	.40907
3 Beziehungen im Team	.54936	.30309	.41070	.61070
4 Beziehungen zu KollegInnen	.48648	.36930	.53844	.26852
5 Beziehungen zu Fachdienst	.59676	.44818	.60639	--
6 Beziehungen zur Leitung	.56927	.67118	.33123	.60444
7 Zusammenarbeit mit Eltern	.46839	.18629	.51929	--
8 Zus.arbeit m. and. Instit.	.53640	.51360	.54435	.47535
9 Berufliche Qualifikation	.44107	.64706	.56122	.40185
10 Zeitliche Arbeitsbedingungen	.55659	.11180	.41175	.41736
11 Fachliche Arbeitsmöglichkeiten	.66348	.52442	.45330	.56778
12 Aufgabenverteilung im Team	.42894	.43190	.47059	.41490
13 Vergütung	.57410	.52542	.52255	.41065
14 Gesellschaftliche Bedingungen	.45082	.44875	.56393	.49804
15 Weiterbildung/Aufstieg	.54114	.59836	.59903	.54653
16 Standort der Einrichtung	.29447	.32654	.28288	--

Interpretationshinweis: Zur angemessenen Beschreibung der Daten wären in den einzelnen Berufsfeldern vier bis sechs Dimensionen erforderlich. Der erste Faktor ist aber recht varianzstark; fast alle beurteilten Einzelmerkmale (bis auf 16 "Standort") weisen beträchtliche Ladungen auf, der damit den Grad der allgemeinen Berufs(un)zufriedenheit beschreibt. Das etwas abweichende Befundmuster in der zweiten Befragtengruppe könnte durch die Zusammenfassung heterogener Arbeitsformen (Tagesgruppe; Betreutes Jugendwohnen) bedingt sein.

2. Positiv/negativ getönte Veränderung der Arbeitsbedingungen

	Station. Betreuung	Teilstat. Betreuung	Kinder-tageseinr.	Verbände/ Organis.
Faktorenzahl (Eigenwert > 1)	6	6	7	5
Anteil der durch 1.Fakt. erklärten Varianz	16.8%	18.1%	15.4%	23.0
Berücksichtigte Einzelfragen:		Ladung 1. Faktor		
a Tätigkeitsbeding.insges.	.63213	.63016	.60853	.48940
b Raum/ Austattung	.48837	.45075	.42280	.17401
c Beziehungen im Team	.24646	.18200	.12594	.71344
d Beziehungen zu KollegInnen	.28743	.23627	.07699	.59609
e Beziehungen zu Fachdienst	.45113	.52042	.16094	--
f Beziehungen zur Leitung	.49925	.43787	.25612	.71656
g Zusammenarbeit mit Eltern	.31850	.26972	.36963	--
h Zusammenarbeit mit anderen Institutionen	.35077	.42658	.12460	.41739
i Berufliche Qualifikation	.41492	.31375	.48354	.42155
j Zeitliche Arbeitsbedingungen	.40809	.51789	.45926	.30144
k Fachliche Arbeits-voraussetzungen	.61773	.64634	.53305	.49141
l Aufgabenverteilung im Team	.32007	.09744	.19736	.57765
m Vergütungs-bedingungen	.41350	.23025	.50593	.34369
n Gesellschaftliche Bedingungen	.31555	.37423	.58465	.31969
p Weiterbildung/ Aufstieg	.33338	.53741	.35457	.31758
q Standort der Einrichtung	.28021	.30563	.22587	--

Interpretationshinweis: Die höhere Faktorenzahl mit einem Eigenwert größer als 1, vergleichsweise geringe Varianzstärke des 1.Faktors und dort teilweise recht geringe Ladungen lassen es methodisch eben noch zulässig erscheinen, von einer erlebten - eher positiven oder negativen - Veränderung der Arbeitsbedingungen zu sprechen. Vor allem die Beurteilung der sozialen Beziehungen erfolgt bei den pädagogischen Fachkräften fast unabhängig von erlebten Veränderungen der übrigen Arbeitsbedingungen. Vor allem in den pädagogischen Berufen sind die Gesamteinschätzungen über Veränderungen stark von der Verbesserung oder Verschlechterung der fachlichen Arbeitsvoraussetzungen für die Betreuung der Kinder beeinflußt.

3. Belastungskenngrößen

	Station. Betreuung	Teilstat. Betreuung	Kinder-tageseinr.	Verbände/ Organis.
Faktorenzahl (Eigenwert > 1)	3	5	4	4
Anteil der durch 1.Fakt. erklärten Varianz	18.7%	22.1%	24.1	21.8
Berücksichtigte Einzelfragen:		Ladung 1. Faktor		
Abnahme d.persön. Belastbarkeit	.41274	.41446	.50650	--
Zunehmend. Störungen betreuter Kinder	.50118	.56493	.25812	--
Kinder in Gruppe, die päd.Arbeit bereichern	-.14244	.08090	.31650	--
Kinder in Gruppe, die päd.Arbeit belasten	.45941	.59865	.47023	--
Zahl der ausgesch.Kinder im zurückl.Jahr	.22380	-.28446		--
Regelmäß.Belastungen im Tagesverlauf	.40312	.56442	.62048	-.03107
im Wochen-ablauf	.37519	.30234	.54782	.12913
im Jahres-verlauf	.52863	.41810	.41001	.52116
Besonders belastende Zeit-punkte i.letzten Jahr	.56926	.48890	.56947	.58472
Belastungsumfang zum Zeit-punkt der Befragung	.42530	.53560	.29257	.51110
Gesundheitliche Beeinträcht. durch die Arbeit	.55757	.74845	.59228	.69326
Arbeit beeinflußt priv.Lebenssit. positiv	-.03098	-.14793	-.02868	-.33183
Arbeit beeinflußt priv.Lebenssit. negativ	.43299	.34147	.55948	.69105

Interpretationshinweis: Bei Interpretation des ersten Faktors dürfen drei Items wegen sehr geringer Ladung nicht berücksichtigt werden: Neben der - ohnehin nur im stationären Bereich erhobenen - Zahl der im letzten Jahr aus der Gruppe ausgeschiedenen Kinder sind dies die beiden einzigen positiven Items (Zahl der betreuten Kinder, die die pädagogische Arbeit bereichern oder erleichtern / positive Auswirkungen der Arbeit auf die private Lebenssituation). In diesem Befundmuster drückt sich aus, daß positive Auswirkungen der Arbeit Belastungswirkungen - im Erleben der MitarbeiterInnen - nicht direkt zu kompensieren vermögen. Dies wirkt sich auch unmittelbar vermindernd auf die Varianzstärke des ersten Faktors aus. Der Faktor erscheint - mit dieser Einschränkung - durch die Befunde gut gesichert. Er beschreibt den Negativbereich des Bewertungskontimuums (von fehlendem bis zu sehr ausgeprägtem Erleben des arbeitsbedingten Belastungsumfanges).

(2) Quantitative Kenngrößen zur Beurteilung der Arbeitssituation in den vier Berufsfeldern

1. Eingeschätzte Dringlichkeit von Veränderungen der Einzelmerkmale des Tätigkeitsfeldes aus Sicht der Fachkräfte, die in vier verschiedenen Berufsfeldern tätig sind

(jeweils Anteil der Befragten (%), die Veränderungen für dringlich halten)

Frage Nr.	Jugendhilfe voll-	Jugendhilfe teil-station. Betreuung	Kinder-tages-Ein-richt.	Verbände/ Organi-sationen	Prüfgrößen insges. 1)	Prüfgrößen pädag. 2)
1a Berufsfeld insgesamt	69.9	80.5	77.6	3)		7.22*
1b Persönliches Tätigkeitsfeld	59.2	35.6	60.7	40.7	26,97**	18,41**
2 Raum/Austattung	34.2	35.5	59.2	29.3	53,47**	46.70**
3 Beziehungen im Team	28.4	23.9	31.2	28.3	1,72	1.70
4 Beziehungen zu KollegInnen	28.2	20.0	27.8	18.5	5,98	2.80
5 Beziehungen zu Fachdienst	37.5	29.5	38.0	2)		2.21
6 Beziehungen zur Leitung	33.7	45.2	23.3	24.2	17,18**	14.38**
7 Zusammenarbeit mit Eltern	34.1	29.3	38.0	3)		2.54
8 Zusammenarbeit m. and. Instit.	23.8	31.8	34.8	34.4 4)	10,98*	6.77*
9 Berufliche Qualifikation	40.2	32.9	44.5	20.2	19,00**	3.74
10 Zeitliche Arbeitsbedingungen	56.9	31.5	38.2	22.5	52,62**	33.36**
11 Arbeit mit Kindern/Jugendl	50.3	47.1	67.0	32.2	39,34**	21.48**
12 Aufgabenverteilung im Team	16.2	12.8	15.2	20.2	1,89	< 1
13 Vergütung	76.7	85.6	85.0	63.3	22,17**	9.27**
14 Gesellschaftliche Bedingungen	64.7	79.2	76.7	45.8	32,41**	12.72**
15 Weiterbildung/Aufstieg	67.3	80.7	73.6	48.3	26,14**	7.68*
16 Standort der Einrichtung	7.1	15.6	6.5	3)		8.35*
Durchschnitt 5)	45.5	46.7	50.3	33.6		
Gesamtdurchschnitt	42.8	42.2	46.9	--		

Zwischen Berufsfeldern: Chi-Qu.= 108.84, df=3, 1%-Niv.sign.

Zwischen päd.Berufen: Chi-Qu.= 40.42, df=2, 1%-Niv.sign.

---

1) Vergleich zwischen den vier Berufsfeldern. Prüfgröße Chi-Quadrat jeweils df = 3 (* = 5%-Niveau sign., ** = 1%-Niveau sign.)

2) Vergleich zwischen den drei pädagogischen Berufsfeldern. Prüfgröße Chi-Quadrat jeweils df = 2 (* = 5%-Niveau sign., ** = 1%-Niveau sign.)

3) Frage nicht enthalten

4) Frage nur teilweise vergleichbar (vgl. Text)

5) (ohne Fragen 1a, 5, 7, 16)

2. Einschätzung von Veränderungen der Gegebenheiten des Tätigkeitsfeldes im Verlauf der Berufsausübung: Vergleich zwischen den Berufsfeldern (jeweils spaltenweise in Prozentwerten)

Teilfrage Nr.	Jugendhilfe voll- stationäre Betreuung	Jugendhilfe teil- stationäre Betreuung	Kinder-tages-Ein-richt.	Verbände/ Organi-sationen	Prüfgrößen insges. 1)	Prüfgrößen pädag. 2)
(a) Tätigkeitsbedingungen insgesamt						
verbessert	40.7	44.3	28.5	26.4		
teils/teils	47.5	39.2	52.2	52.9		
verschlechtert	11.8	16.5	19.4	20.7	18.74**	14.18**
(b) Raum/Austattung						
verbessert	45.4	36.7	45.3	37.9		
teils/teils	41.4	54.4	33.6	35.6		
verschlechtert	13.2	8.9	21.1	26.4	24.41**	16.89**
(c) Beziehungen im Team						
verbessert	56.3	66.7	62.4	52.9		
teils/teils	36.1	29.5	30.6	29.9		
verschlechtert	7.6	3.8	7.0	17.2	18.78**	4.81
(d) Beziehungen zu KollegInnen						
verbessert	36.3	43.0	47.1	29.9		
teils/teils	52.8	46.8	40.6	56.3		
verschlechtert	10.8	10.1	3.3	13.8	23.79**	16.84**
(e) Beziehungen zu Fachdienst						
verbessert	29.1	36.4	31.0	3)		
teils/teils	55.9	45.5	56.6			
verschlechtert	15.1	18.2	12.4			4.14
(f) Beziehungen zur Leitung						
verbessert	29.2	31.2	63.9	41.4		
teils/teils	49.2	45.0	27.3	41.4		
verschlechtert	21.6	23.8	8.8	17.2	43.10**	43.03**
(g) Zusammenarbeit mit Eltern						
verbessert	27.5	35.4	42.1	3)		
teils/teils	60.7	59.5	42.5			
verschlechtert	11.8	5.1	15.4			25.57**
(h) Zusammenarbeit mit Institutionen						
verbessert	22.9	28.9	31.1	28.7 4)		
teils/teils	62.0	55.3	61.5	63.2		
verschlechtert	15.1	15.8	7.3	8.0	14.04*	12.68*

(Fortsetzung)

Teilfrage Nr.	Jugendhilfe voll-stationäre Betreuung	Jugendhilfe teil-stationäre Betreuung	Kinder-tages-Ein-richt.	Verbände/Organi-sationen	Prüfgrößen insges. 1)	Prüfgrößen pädag. 2)
(i) Berufliche Qualifikation						
verbessert	24.0	33.8	25.6	27.6		
teils/teils	57.8	58.1	55.1	62.1		
verschlechtert	18.3	8.1	19.2	10.3	9,82	6.77
(j) Zeitliche Arbeitsbedingungen						
verbessert	28.8	40.5	32.3	25.3		
teils/teils	39.0	41.8	39.9	44.8		
verschlechtert	32.1	17.7	27.8	29.9	9,63	7.96
(k) Arbeit mit Kindern/Jugendlichen						
verbessert	22.9	30.0	21.5	12.6		
teils/teils	50.8	53.8	41.1	57.5		
verschlechtert	26.2	16.3	37.4	29.9	23,37**	17.34**
(l) Aufgabenverteilung im Team						
verbessert	49.7	44.3	50.2	26.4		
teils/teils	41.0	53.2	39.1	60.9		
verschlechtert	9.3	2.5	10.7	12.6	26,01**	7.88
(m) Vergütung						
verbessert	18.6	26.3	22.7	25.3		
teils/teils	47.9	51.3	50.2	46.0		
verschlechtert	33.5	22.4	27.1	28.7	7,18	6.22
(n) Gesellschaftliche Bedingungen						
verbessert	5.1	1.5	8.8	10.3		
teils/teils	52.2	53.0	50.2	57.5		
verschlechtert	42.8	45.5	41.0	32.2	11,37*	6.04
(o) Persönliche Belastbarkeit						
verbessert	25.9	29.1	23.3	3)		
teils/teils	39.7	24.1	39.6			
verschlechtert	34.5	46.8	37.1			8.13
(p) Weiterbildung/Aufstieg						
verbessert	18.5	32.5	18.1	16.1		
teils/teils	51.2	31.2	52.2	59.8		
verschlechtert	30.3	36.4	29.6	24.1	17,46**	13.48**

(Fortsetzung)

Teilfrage Nr.	Jugendhilfe voll- stationäre Betreuung	Jugendhilfe teil- stationäre Betreuung	Kinder- tages- Ein- richt.	Verbände/ Organi- sationen	Prüfgrößen insges. 1)	Prüfgrößen pädag. 2)
(q) Standort						
nicht berechnet						
(r) Schwere der Störungen						
verbessert	10.2	7.8	8.7	3)		
teils/teils	37.5	33.8	18.4			
verschlechtert	52.3	58.4	72.9			31.63 **
Durchschnitt[5]						
	31.3	35.7	35.2	27.8		
	48.2	46.9	44.9	51.4		
	20.6	17.4	19.9	20.9		

Zwischen Berufsfeldern: Chi-Qu. = 33,31, df = 6, 1%-Niv.sign.

Zwischen päd.Berufen: Chi-Qu. = 19,43, df = 4, 1%-Niv.sign.

---

1) Vergleich zwischen den vier Berufsfeldern.
Prüfgröße Chi-Quadrat jeweils df = 6 (* = 5%-Niveau sign., ** = 1%-Niveau sign.)

2) Vergleich zwischen den drei pädagogischen Berufsfeldern.
Prüfgröße Chi-Quadrat jeweils df = 4 (* = 5%-Niveau sign., ** = 1%-Niveau sign.)

3) Frage nicht enthalten

4) Frage nur teilweise vergleichbar (vgl. Text)

5) (ohne Fragen e, g, o, q, r)

Fragebogen zur Berufsfeldanalyse (FBFA)

Einrichtung Nr. ....

Mit diesem Fragebogen wollen wir **Ihre persönliche Berufssituation** genauer kennenlernen und **Probleme Ihres Berufsfeldes** besser verständlich machen. Ihre Antworten sollten sich weitgehend auf die Erfahrungen in **Ihrem persönlichen Tätigkeitsbereich** beziehen.
Alle Ihre Vorschläge, gerade auch zur **Veränderung** Ihres Tätigkeitsfeldes, sind für uns sehr wichtig.

- *Bitte denken Sie aber daran, daß auch Ihre Angaben zur linken Spalte - "Was sollte* beibehalten, nicht verändert *werden?" - für die Auswertung wichtig sind!*
- *Wir erwarten von Ihnen nicht die Beantwortung* **jeder** *Teilfrage.*

1. Veränderungen für alle in meinem **Berufsfeld** Tätigen erscheinen mir

nicht so wichtig/dringlich 1 ····· 2 ····· 3 ····· 4 ····· 5 ····· 6 **äußerst** wichtig/dringlich

Veränderungen in meinem **persönlichen Tätigkeitsfeld** halte ich für

nicht so wichtig/dringlich 1 ····· 2 ····· 3 ····· 4 ····· 5 ····· 6 **äußerst** wichtig/dringlich

(*Bitte immer die Ziffer ankreuzen, die Ihre Einschätzung am ehesten wiedergibt*).

Wird die Form Ihrer eigenen Tätigkeit gegenwärtig geändert? ( ) ja ( ) nein

2. Veränderungen im Bereich der **baulichen oder räumlichen Gegebenheiten / der Ausstattung** halte ich hier in meinem Arbeitsbereich für

nicht so wichtig/dringlich 1 ····· 2 ····· 3 ····· 4 ····· 5 ····· 6 **äußerst** wichtig/dringlich

Woran haben Sie dabei gedacht: Was sollte

beibehalten werden	**vor allem verändert** werden?
....	....
....	....
....	....
....	....
....	....

Wo würden **Sie** ansetzen, um in diesem Bereich sinnvolle Verbesserungen herbeizuführen?

....

....

....

3. Veränderungen der Zusammenarbeit und der persönlichen Beziehungen **im Team** halte ich für

nicht so wichtig/dringlich 1 ····· 2 ····· 3 ····· 4 ····· 5 ····· 6 **äußerst** wichtig/dringlich

Woran haben Sie dabei gedacht: Was sollte

beibehalten werden | **vor allem verändert** werden?

....

....

....

....

Wo würden **Sie** ansetzen, um in diesem Bereich sinnvolle Verbesserungen herbeizuführen?

....

....

....

....

4. Veränderungen der Zusammenarbeit und der persönlichen Beziehungen **mit Kollegen / Kolleginnen** außerhalb des Teams halte ich für

nicht so wichtig/dringlich 1 ····· 2 ····· 3 ····· 4 ····· 5 ····· 6 **äußerst** wichtig/dringlich

Woran haben Sie dabei gedacht: Was sollte

beibehalten werden | **vor allem verändert** werden?

....

....

....

....

Wo würden **Sie** ansetzen, um in diesem Bereich sinnvolle Verbesserungen herbeizuführen?

....

....

....

....

5. Veränderungen der Zusammenarbeit und persönlichen Beziehungen zu den **Fachdiensten** halte ich für

nicht so wichtig/dringlich 1 ····· 2 ····· 3 ····· 4 ····· 5 ····· 6 **äußerst** wichtig/dringlich

Woran haben Sie dabei gedacht: Was sollte

beibehalten werden	**vor allem verändert** werden?
....	....
....	....
....	....
....	....

Wo würden **Sie** ansetzen, um in diesem Bereich sinnvolle Verbesserungen herbeizuführen?

....

....

....

....

6. Veränderungen der Zusammenarbeit und der persönlichen Beziehungen **zur Heimleitung** halte ich für

nicht so wichtig/dringlich 1 ····· 2 ····· 3 ····· 4 ····· 5 ····· 6 **äußerst** wichtig/dringlich

Woran haben Sie dabei gedacht: Was sollte

beibehalten werden	**vor allem verändert** werden?
....	....
....	....
....	....
....	....

Wo würden **Sie** ansetzen, um in diesem Bereich sinnvolle Verbesserungen herbeizuführen?

....

....

....

....

7. Veränderungen der Zusammenarbeit mit den **Eltern** der von mir betreuten Kinder und Jugendlichen halte ich für

nicht so wichtig/dringlich 1 ····· 2 ····· 3 ····· 4 ····· 5 ····· 6 **äußerst** wichtig/dringlich

Woran haben Sie dabei gedacht: Was sollte

beibehalten werden	**vor allem verändert** werden?
....	....
....	....
....	....
....	....

Wo würden **Sie** ansetzen, um in diesem Bereich sinnvolle Verbesserungen herbeizuführen?

....

....

....

....

8. Veränderungen der Zusammenarbeit **mit anderen Institutionen** halte ich für

nicht so wichtig/dringlich 1 ····· 2 ····· 3 ····· 4 ····· 5 ····· 6 **äußerst** wichtig/dringlich

Woran haben Sie dabei gedacht: Was sollte

beibehalten werden	**vor allem verändert** werden?
....	....
....	....
....	....
....	....

Wo würden **Sie** ansetzen, um in diesem Bereich sinnvolle Verbesserungen herbeizuführen?

....

....

....

....

9. Veränderungen der **beruflichen Qualifikationsvoraussetzungen** halte ich für

nicht so wichtig/dringlich 1 ····· 2 ····· 3 ····· 4 ····· 5 ····· 6 **äußerst** wichtig/dringlich

Woran haben Sie dabei gedacht: Was sollte

beibehalten werden | **vor allem verändert** werden?

....

....

....

....

Wo würden **Sie** ansetzen, um in diesem Bereich sinnvolle Verbesserungen herbeizuführen?

....

....

....

....

10. Veränderungen meiner **zeitlichen Arbeitsbedingungen** halte ich für

nicht so wichtig/dringlich 1 ····· 2 ····· 3 ····· 4 ····· 5 ····· 6 **äußerst** wichtig/dringlich

Woran haben Sie dabei gedacht:

Was sollte **beibehalten** werden | **vor allem verändert** werden?

....

....

....

....

Wo würden **Sie** ansetzen, um in diesem Bereich sinnvolle Verbesserungen herbeizuführen?

....

....

....

....

11. Veränderungen meiner **Arbeitsbedingungen für eine bessere fachliche Arbeit** mit den Kindern / Jugendlichen halte ich für

nicht so wichtig/dringlich 1 ····· 2 ····· 3 ····· 4 ····· 5 ····· 6 **äußerst** wichtig/dringlich

Woran haben Sie dabei gedacht: Was sollte

beibehalten werden	**vor allem verändert** werden?
....	....
....	....
....	....
....	....

Wo würden **Sie** ansetzen, um in diesem Bereich sinnvolle Verbesserungen herbeizuführen?

....

....

....

....

12. Veränderungen der **Aufgabenverteilung im Team** halte ich für

nicht so wichtig/dringlich 1 ····· 2 ····· 3 ····· 4 ····· 5 ····· 6 **äußerst** wichtig/dringlich

Woran haben Sie dabei gedacht: Was sollte

beibehalten werden	**vor allem verändert** werden?
....	....
....	....
....	....
....	....

Wo würden **Sie** ansetzen, um in diesem Bereich sinnvolle Verbesserungen herbeizuführen?

....

....

....

....

13. Veränderungen der **Höhe oder Art der finanziellen Vergütung** halte ich für

nicht so wichtig/dringlich 1 ····· 2 ····· 3 ····· 4 ····· 5 ····· 6 **äußerst** wichtig/dringlich

Woran haben Sie dabei gedacht: Was sollte

beibehalten werden	**vor allem verändert** werden?
....	....
....	....
....	....
....	....

Wo würden **Sie** ansetzen, um in diesem Bereich sinnvolle Verbesserungen herbeizuführen?

....

....

....

....

14. Veränderungen der **gesellschaftlichen Rahmenbedingungen**, die sich auf mein Berufsfeld auswirken, halte ich für

nicht so wichtig/dringlich 1 ····· 2 ····· 3 ····· 4 ····· 5 ····· 6 **äußerst** wichtig/dringlich

Woran haben Sie dabei gedacht: Was sollte

beibehalten werden	**vor allem verändert** werden?
....	....
....	....
....	....
....	....

Wo würden **Sie** ansetzen, um in diesem Bereich sinnvolle Verbesserungen herbeizuführen?

....

....

....

....

15. Veränderte Möglichkeiten für **berufliche Weiterentwicklung und beruflichen** Aufstieg halte ich für

nicht so wichtig/dringlich 1 ..... 2 ..... 3 ..... 4 ..... 5 ..... 6 **äußerst** wichtig/dringlich

Was sollte **beibehalten** werden?

....
....
....
....

Was sollte vor **allem verändert** werden?

....
....
....
....

Wo würden **Sie** ansetzen, um in diesem Bereich sinnvolle Verbesserungen herbeizuführen?

....
....
....
....

16. Veränderungen des **Standortes / der Ortslage** meines Arbeitsplatzes halte ich für

nicht so wichtig/dringlich 1 ..... 2 ..... 3 ..... 4 ..... 5 ..... 6 **äußerst** wichtig/dringlich

Was sollte **beibehalten** werden

....
....

Was sollte vor **allem verändert** werden?

....
....

Wo würden **Sie** ansetzen, um in diesem Bereich sinnvolle Verbesserungen herbeizuführen?

....
....

17. Gibt es noch **andere**, bisher nicht berücksichtigte Gegebenheiten Ihres Berufsfeldes, deren Veränderung Ihnen wichtig erscheint? Wo sehen Sie **dabei** Ansatzpunkte für Verbesserungen?

....
....
....
....

18. Haben sich im Verlauf Ihrer Tätigkeit im Gruppendienst nach Ihrem Eindruck **Veränderungen** ergeben?

	eher verbessert	teils/ teils	eher verschlechert
a. Tätigkeitsbedingungen insgesamt	( )	( )	( )
b. Baulich-räumliche Gegebenheiten, Ausstattung meines Arbeitsbereichs	( )	( )	( )
c. Zusammenarbeit im Team	( )	( )	( )
d. Zusammenarbeit mit anderen Kollegen	( )	( )	( )
e. Zusammenarbeit mit Fachdiensten	( )	( )	( )
f. Zusammenarbeit mit der Leitung	( )	( )	( )
g. Zusammenarbeit mit Eltern	( )	( )	( )
h. Zusammenarbeit mit anderen Institutionen	( )	( )	( )
i. Berufliche Qualifikationsvoraussetzungen	( )	( )	( )
j. Zeitliche Arbeitsbedingungen	( )	( )	( )
k. Arbeitsbedingungen für fachliche Arbeit mit den Kindern/Jugendiichen	( )	( )	( )
l. Aufgabenverteilung im Team	( )	( )	( )
m. Höhe, Art der finanziellen Vergütung	( )	( )	( )
n. Gesellschaftliche Rahmenbedingungen	( )	( )	( )
o. Meine persönliche Belastbarkeit	( )	( )	( )
p. Berufliche Weiterbildung/Aufstieg	( )	( )	( )
q. Standort meines Arbeitsplatzes	( )	( )	( )
r. Schwere der Störungen bei den Kindern/Jugendlichen	( )	( )	( )
s. Sonstiges:	( )	( )	( )
t. Sonstiges:	( )	( )	( )

19. Nehmen wir an, jemand fragt Sie vor oder während seiner Ausbildung, ob er/sie sich für den Beruf des Heimerziehers entscheiden soll - in welche Richtung würde Ihr Rat gehen?

Ich würde wahrscheinlich
( ) klar abraten
( ) eher abraten
( ) Vor- und Nachteile etwa gleich gewichten
( ) eher zuraten
( ) klar zuraten

Als **Hauptpunkte** würde ich nennen

auf der **positiven** Seite	auf der **negativen** Seite
....	....
....	....
....	....
....	....
....	....
....	....

20. Gruppenblatt: Kinder / Jugendliche in Ihrer Gruppe

(Wenn Frage 20 im Team ausgefüllt wird, bitte **jedem** Fragebogen eine Kopie beilegen)

Wie oft wird das Kind / der Jugendliche besucht?
(bitte jeweils ankreuzen:)
1 = mehrfach pro Woche
2 = wöchentlich
3 = monatlich
4 = seltener
5 = nie

Kind/ Jugendl.	Alter	Geschl.	In meiner Gruppe seit *Mon./Jahr*	Schul- und Berufsausbildung *(bei Berufsausbildung bitte auch Schulabschluß angeben)*	Vorauss. Ausscheiden aus meiner Gruppe *Mon./Jahr*	von der Mutter	vom Vater	von Freunden außerhalb des Heims	sonst noch häufiger von
Kind 1	......	w m	....	....	.... / unbek.	1 2 3 4 5	1 2 3 4 5	1 2 3 4 5	....
Kind 2	......	w m	....	....	.... / unbek.	1 2 3 4 5	1 2 3 4 5	1 2 3 4 5	....
Kind 3	......	w m	....	....	.... / unbek.	1 2 3 4 5	1 2 3 4 5	1 2 3 4 5	....
Kind 4	......	w m	....	....	.... / unbek.	1 2 3 4 5	1 2 3 4 5	1 2 3 4 5	....
Kind 5	......	w m	....	....	.... / unbek.	1 2 3 4 5	1 2 3 4 5	1 2 3 4 5	....
Kind 6	......	w m	....	....	.... / unbek.	1 2 3 4 5	1 2 3 4 5	1 2 3 4 5	....
Kind 7	......	w m	....	....	.... / unbek.	1 2 3 4 5	1 2 3 4 5	1 2 3 4 5	....
Kind 8	......	w m	....	....	.... / unbek.	1 2 3 4 5	1 2 3 4 5	1 2 3 4 5	....
Kind 9	......	w m	....	....	.... / unbek.	1 2 3 4 5	1 2 3 4 5	1 2 3 4 5	....
Kind 10	......	w m	....	....	.... / unbek.	1 2 3 4 5	1 2 3 4 5	1 2 3 4 5	....
Kind 11	......	w m	....	....	.... / unbek.	1 2 3 4 5	1 2 3 4 5	1 2 3 4 5	....
Kind 12	......	w m	....	....	.... / unbek.	1 2 3 4 5	1 2 3 4 5	1 2 3 4 5	....

21. Wenn Sie die Gruppe betrachten, die Sie derzeit betreuen: Sind darunter Kinder / Jugendliche, die Ihre pädagogische Arbeit eher **bereichern** oder **erleichtern**?

( ) nein, derzeit nicht ( ) ja, ... Kinder / Jugendliche

Falls ja, bitte etwas näher beschreiben:

Kind . . . (entsprechend Gruppenblatt): ....

....

Kind . . . (entsprechend Gruppenblatt): ....

....

Kind . . . (entsprechend Gruppenblatt): ....

....

22. Sind derzeit Kinder / Jugendliche in Ihrer Gruppe, die Ihre pädagogische Arbeit überdurchschnittlich stark **belasten** oder **erschweren**?

( ) nein, derzeit nicht ( ) ja, ... Kinder / Jugendliche

Falls ja, bitte etwas näher beschreiben:

Kind . . . (entsprechend Gruppenblatt): ....

....

Kind . . . (entsprechend Gruppenblatt): ....

....

Kind . . . (entsprechend Gruppenblatt): ....

....

23. Wieviele Kinder / Jugendliche sind aus der von Ihnen betreuten Gruppe **ausgeschieden:**

1987/88: .... Kinder / Jugendliche 1986/87: .... Kinder / Jugendliche

24. Wie oft haben Sie **normalerweise** Besuch von Kindern **von außerhalb der Einrichtung** in Ihrer Gruppe?

( ) mehrmals täglich
( ) einmal täglich
( ) mehrmals pro Woche
( ) mehrmals im Monat
( ) selten, fast nie

25. Gibt es bestimmte Zeiten, die für Sie **immer wieder**, ziemlich **regelmäßig** stärker belastend oder unangenehm sind?
(Bitte erläutern sie diese kurz).

* im **Tagesablauf:** ....

....

....

* im **Wochenrhythmus:** ....

....

....

* im **Jahresverlauf:** ....

....

....

26. Wenn Sie an das **zurückliegende Schuljahr** 1988/89 denken:
Gibt es Zeitpunkte, die Ihnen als besonders belastend in Erinnerung sind?

( ) nein ( ) ja, ein Zeitpunkt ( ) ja, mehrere Zeitpunkte

Falls ja, bitte kurz beschreiben: Wann war das, was lag vor? ....

....

....

....

27. Wie hoch schätzen Sie jetzt, **zum Untersuchungszeitpunkt**, den Umfang Ihrer Belastung im Vergleich zur durchschnittlichen Belastung in Ihrem Berufsalltag ein?

wesentlich geringer als üblich wesentlich **höher** als üblich
2 .... 1 .... 0 .... 1 2

28. Spüren Sie Auswirkungen der beruflichen Belastung auf Ihr **gesundheitliches Wohlbefinden?**

( ) nein ( ) ja, gelegentlich ( ) ja, sehr stark

Falls ja: In welcher Form?

....

....

....

....

29. Ergeben sich durch Ihren Beruf Auswirkungen auf das **Privatleben?**

( ) nein, kaum

( ) ja, eher positiver Art; z.B.:

....

....

....

( ) ja, eher negativer Art; z.B.:

....

....

....

30. War oder ist für Sie die Frage des **Berufs- oder Tätigkeitswechsels** ein Gegenstand **ernsthafter** Überlegungen?
(Mehrfachankreuzungen möglich)

( ) nein ( ) ja, früher ( ) ja, derzeit ( ) ja, aber eher in der Zukunft

Falls ja, bitte versuchen Sie sich zu erinnern: Wie lange waren Sie ungefähr im Beruf tätig, als Ihnen zum ersten Mal diese Überlegung kam?

Nach etwa .... Jahren meiner Tätigkeit.

31. Falls für Sie die Frage des **Tätigkeitswechsels** akut werden sollte: Welche Möglichkeiten sehen Sie für sich?
(Mehrfachankreuzungen möglich):

( ) Tätigkeitswechsel im jetzigen Beruf, und zwar ....
( ) Rückkehr in einen bereits erlernten Beruf
( ) Umschulung, und zwar in Richtung ....
( ) Arbeitslosigkeit, gegebenenfalls Frühverrentung
( ) Sonstige ....

Biographische Angaben:

32. Mein Alter: .... Geschlecht: ( ) w ( ) m

Haben Sie Familie? ( ) ja ( ) nein

33. Ausbildung/Berufsabschluß als ....

34. Sind Sie Mitglied eines Berufsverbands oder einer beruflichen Interessenvertretung?

( ) ja ( ) nein

35. Beginn Ihrer Tätigkeit im Gruppendienst im Jahr ....

36. Merkmale Ihrer derzeitigen Gruppentätigkeit:

a. Findet in Ihrer Gruppe an 365 Tagen im Jahr Ganztags-Gruppenbetreuung statt?
( ) ja ( ) nein

Falls nein, wann nicht? ....

b. Durchschnittlich habe ich jede ..... Nacht Bereitschaft.

c. Gab es im vergangenen Jahr in Ihrer Gruppe regelmäßige Schwerpunktzeiten mit Mehrfachbetreuung

* durch volle Fachkräfte? ( ) nein ( ) ja

Falls ja, wann (Tage, Tageszeit): ....

....

* durch Erzieher im Anerkennungsjahr? ( ) nein ( ) ja

d. Zählt der Vormittag an Werktagen in Ihrer Gruppe als Dienstzeit?

( ) nein ( ) ja, an durchschnittlich ...... Tagen.

37. Wann konnten Sie zum letzten Mal an einer Fortbildungsveranstaltung teilnehmen?

einrichtungsintern: ca. .... (Monat/Jahr)

einrichtungsextern: ca. .... (Monat/Jahr)

Falls schon länger nicht mehr, warum? ....

....

....

....

38. Waren Sie seit Beginn Ihrer Tätigkeit im Gruppendienst

* im jetzigen Heim tätig? ( ) ja ( ) nein

Falls nein: In wieviel anderen Einrichtungen und wie lange? ....

* vollzeitig tätig? ( ) ja ( ) nein, nicht von .... bis ....

weil ....

39. Haben Sie noch eine andere Ausbildung?

( ) nein ( ) ja, als ....

Und waren Sie noch in anderer Form berufstätig?

( ) nein ( ) ja, als ..../.......... Jahre.

40. Bitte geben Sie uns den Namen Ihrer Gruppe im Heim an: ....

41. Weist Ihre gegenwärtige Tätigkeit **Besonderheiten** auf, die sich von üblichen Bedingungen Ihres Berufsfeldes in anderen Einrichtungen oder Teams unterscheiden?

keine Besonderheiten 1 ····· 2 ····· 3 ····· 4 ····· 5 sehr **ausgeprägte** Besonderheiten

Worin bestehen diese?

....

....

....

....

Wir wären Ihnen dankbar, wenn Sie uns für denkbare Rückfragen hierzu eine Telefonnummer und eventuell Ihren Namen nennen würden:

....

Wir versichern an dieser Stelle nochmals ausdrücklich, daß wir sämtliche persönlichen Angaben absolut vertraulich behandeln.

Selbstverständlich werden wir Sie über Ergebnisse der Untersuchung (aber erst Anfang 1990) informieren.

Nochmals herzlichen Dank für Ihre freundliche Mitarbeit!